목회 수업 30
Best Advice

BEST ADVICE edited by William J. Carl III
copyright© 2009 Westminster John Knox Press
100 Witherspoon Street, Louisville, Kentucky 40202-1396 U.S.A.
All rights reserved.
Used and translated by permission of Westminster John Knox Press
This Korean edition copyright© 2011 by Hong Sung Sa, Ltd., Seoul,
Republic of Korea

이 책의 한국어판 저작권은 Westminster John Knox Press와 독점계약한 (주)홍성사에 있습니다.
신저작권법에 의해 한국 내에서 보호받는 저작물이므로 무단 전재와 무단 복제를 금합니다.

목회 수업 30

30인의 목회자에게 듣는 최고의 조언

윌리엄 칼 III 엮음 | 람형천 옮김

홍성사

차례

머리말 8 | 옮긴이의 말 10

01 목회하는 나의 동료들에게 13
조애너 애덤스 / 모닝사이드 장로교회 목사

02 청중이 설교에 대해 하는 말에 귀를 기울이라 23
로널드 앨런 / 크리스천 신학교 설교학·신약학 조교수

03 목회자가 겪는 세 가지 유혹 33
크레이그 반스 / 셰이디사이드 장로교회 목사

04 설교의 정의를 향하여 45
데이비드 바틀릿 / 컬럼비아 신학대학원 설교학 교수

05 왜 교회 안에 머물러 있는가? 55
존 뷰캐넌 / 〈크리스천 센츄리〉 발행인 겸 편집자

06 설교에 대한 또 다른 생각들 67
데이비드 버트릭 / 전 밴더빌트 대학교 예배·설교학 교수

07 교회의 갈등을 최소화하라 77
윌리엄 칼 III / 피츠버그 신학교 학장

08 지쳤을 때 설교할 힘을 찾기 87
자나 차일더스 / 샌프란시스코 신학교 설교학·스피치-커뮤니케이션 교수

09 서명 설교 97
프레드 크래독 / 전 에모리 대학 설교학·신약학 교수

10 다양화 다루기 107
미겔 데 라 토리 / 아이리프 신학교 사회윤리학 교수

11 무너진 데를 보수하기 117
케서린 로즈 핸더슨 / 오번 신학교 학장

12 내 조언을 듣지 말라 127
제임스 하웰 / 마이어스파크 연합감리교회 목사

13 당신은 모든 해답을 가지고 있지 않다, 그래도 괜찮다 139
메리 린 허드슨 / 멤피스 신학교 설교학·예배학 교수

14 상상과 성경해석 연습 147
클리오퍼스 라루 / 프린스턴 신학교 설교학 교수

15 모든 목회자는 지역 목회자다 159
마이클 린드발 / 브릭 장로교회 목사

16 공에 초점을 맞춰라! 169
토머스 롱 / 애모리 대학교 신학부 설교학 교수

17 설교: 긍정과 권면 181
제니퍼 로즈 / 오스틴 장로교 신학교 설교학 조교수

18 설교는 어디에서 오며, 누구와 함께, 누구를 위해 하는 것인가 191
존 매클루어 / 밴더빌트 신학교 설교학 교수

19 설교학적 금언들 201
앨리스 매켄지 / 남감리교 대학교 퍼킨스 신학교 설교학 교수

20 머리를 맑게 하려면 213
얼 파머 / 얼 파머 미니스트리즈 설립자

21 하나님이 주신 교회 끌어안기 225
유진 피터슨 / 리전트 칼리지 영성 신학 명예 교수

22 네가 나를 사랑하느냐? 237
림형천 / LA영락교회 목사

23 효과적인 목회자와 설교자가 되는 법 247
조지프 로버츠 주니어 / 히스토릭 에벤에셀 침례교회 목사

24 하나님을 사랑하고 당신의 사람들을 사랑하라 259
마거리트 슈스터 / 풀러 신학교 설교학 교수

25 어느 늙은 목사의 청하지도 않은 조언 269
가드너 테일러 / 콩코드 침례교회 원로 목사

26 하나님, 감사합니다. 내 심장이 뛰고 있어요! 281
토머스 트뢰거 / 예일 대학교 신학부 기독교 커뮤니케이션 교수

27 배움과 목회자의 삶 291
리앤 반 다익 / 웨스턴 신학교 교수

28 설교자를 위한 질문 301
돈 오토니 빌헬름 / 베다니 신학교 설교학·예배학 교수

29 설교자를 위한 조언 311
윌리엄 윌리몬 / 전 듀크 대학교 기독교 사역학 교수

30 특별한 사람들을 사랑하기 321
스티븐 토시오 야마구치 / 전 그레이스 장로교회 목사

주(Notes) 331

머리말

여러분의 관심 분야에 대하여 저명한 지도자들을 초대해 축하연을 열게 되었다고 상상해 보십시오. 그들 중 몇몇은 이제 막 떠오르는 스타들이지만 대부분은 노련한 베테랑들입니다. 여러분은 그들 가운데서 선택을 해야 합니다. 돈 매킴이 나에게 이 훌륭한 책을 편집해 달라는 부탁을 해왔을 때 내가 해야 할 일이 바로 그것이었고, 저자를 선정하는 이 작업은 즐거운 특권이었습니다. 선택된 지도자들을 초대했고, 놀랍게도 승낙의 답들이 곧바로 왔습니다. 저명한 초청객들이 목회와 설교를 진설(陣設)하는 이 연회에 기쁘게 참여해 주었습니다.

이 식탁 주위에 모여든 다양한 목소리들이 특히 나를 기쁘게 합니다. 이 식탁은 대화 내용을 통해 더욱 풍성해질 것입니다. 설교에 초점을 맞춘 저자들도 있고, 목회 지도력에 초점을 맞춘 저자들도 있고, 두 가지 다 언급한 이들도 있습니다.

우리 가운데 어떤 이들이 이 분야에서 얼마나 오랫동안 수고해 왔는지 알고 있기에, 나는 여러분이 여기서 천 년이 넘는 세월 동안 축적된 경험을 얻게 되리라 생각합니다.

이 책에서 발견하게 될 연회에 여러분을 초대하게 되어 매우 기쁩니다. 여러분 자신의 속도에 맞추어 그것을 맛보고 시도해 보십시오. 어쩌면 이 만찬은 여러분이 한자리에서 소화하기에는 너무 양이 많을 수도 있습니다. 목회적이고 설교학적인 지혜로 마련된 이 식탁은 보통의 뷔페보다 훨씬 많은 요리들을 차려 놓았기 때문입니다. 천천히 그것을 맛보고 즐기십시오.

이제 이 향연에 오신 여러분을 환영합니다. 앞으로 여러분의 삶과 사역에 이 향연이 축복이 되기를 기원합니다.

펜실베이니아 주 피츠버그에서
윌리엄 칼 III

옮긴이의 말

《목회 수업 30 Best Advice》이 출간된 것을 진심으로 기쁘게 생각합니다. 이 책을 통하여 목회의 소중한 지혜를 저명한 지도자 30명에게서 들을 수 있기 때문입니다. 이 책을 편집한 윌리엄 칼 박사는 피츠버그 신학교 총장입니다. 그는 목회자다운 목회자 그리고 설교자다운 설교자를 양성하는 데 비전이 있는 유능하고 열정적인 지도자입니다. 그는 설교학 교수이자 성공한 목회자로서의 경험을 바탕으로 자신의 비전을 힘차게 펼쳐 나가고 있습니다. 이 책은 교회가 말씀 안에서 더욱 새로워져야 한다는 그의 꿈의 한 실현이라 할 수 있습니다.

윌리엄 칼 박사는 서문에서 이 책을 설교와 목회에 관한 놀라운 만찬 식탁으로 표현하고 있습니다. 설교학에 조금이라도 관심이 있는 사람이라면 저자들의 이름을 보면서 놀라움을 금하지 못할 것입니다. 이 분야에서 세계적이라고 불릴 만한 대가들이 총망라되었기 때문입니다. 저자들은 훌륭한 목회자 그리고 설교학 교수일 뿐 아니라 성서신학, 윤리학 그리고 리더십 등 다양한 분야의 학자들입니다.

설교와 목회는 결코 단순하지 않고 어렵고 깊이 있는 작업입니다. 이 점에서 이 책은 다이아몬드와 같습니다. 다양한 각도로 조명될 때 아름다운 빛을 발하는 다이아몬드와 같이 이 책은 설교와 목회를 통하여 하나님의 아름다우심이 드러나게 하는 데 큰 도움을 줄 것입니다.

아무리 좋은 음식도 결국 자신이 소화하는 것이 중요한 것처럼 이 책이 큰 유익이 되려면 특정 분야의 지식을 얻기보다는 책의 내용들로 목회자인 자신의 삶을 조명해 보는 것이 중요합니다.

  책을 읽으면서 무릎을 치거나 나 홀로 미소를 띠게 됩니다. 공감하고 많은 깨우침을 얻기 때문입니다. 보통 긴 설교보다는 짧은 설교가 어렵고 긴 소설보다는 짧은 시가 언어의 함축성이 요구되는 법입니다. 이 분야 최고의 지도자들이 평생의 경험을 짧은 지면으로 표현하고 있기에 이 책은 단순히 머리로 읽기보다는 삶으로 읽어야 합니다.

  저자 중에 제임스 하웰 박사는 역설적으로 "나의 조언을 듣지 말라"고 합니다. 회중의 삶의 자리, 교회가 존재하는 시대 그리고 그곳에 세움을 입은 설교자 모두 독특하기 때문입니다. 참다운 설교와 목회는 흉내 내거나 베껴서 가능한 것이 아니라 내 삶을 통하여 하나님의 뜻을 찾아내야만 가능한 것입니다. 이 놀라운 만찬 식탁에 부족한 사람도 저자로 동참하게 된 것을 영광스럽게 생각합니다. 이 일은 한국 교회의 영성과 영향력이 그만큼 커져 간다는 의미라고 확신합니다. 한국 교회의 외적인 성장과 함께 세계 교회에 크게 기여할 수 있는 내면의 성장이 더불어 이루어지기를 기도하면서 이 책이 그러한 일을 돕는 데 공헌하리라고 확신합니다.

  마지막으로 이 귀한 책을 한국 교회와 지도자들을 위하여 출판해 주신 홍성사와 번역 교정에 수고해 주신 강선규 선생께 진심으로 감사드립니다.

LA영락교회에서
림형천

01

조애너 애덤스 Joanna M. Adams

모닝사이드 장로교회 목사다. 조지아 주 애틀란타에 살고 있으며,
애틀란타와 시카고에 있는 여러 교회에서 사역했다.

목회하는 나의 동료들에게

나는 생명을 주는 성령의 능력, 하나님의 변치 않는 약속 그리고 예수 그리스도의 복음에 대해 상기시키고 싶다. 거의 30년 전, 성전 바닥에 무릎을 꿇고, 안수를 받고, 말씀과 성찬 사역을 감당하는 특별한 직무를 받았을 때, 나는 내 삶을 이 영적 실재(實在)에 헌신하였다. 안수 받던 그 영광스러운 날 이래로 내가 배운 가장 중요한 사실은 '우리가 살아가는 것이 그러하듯, 은혜로 사역한다는 것이다.' 지금부터 말하는 내용은 내가 그 길을 걸어 오면서 얻게 된 몇 가지 깨달음들이다.

목회는 어렵다

목회는 내가 생각했던 것보다 훨씬 어렵고, 내가 안수 받을 때 상상했던 것보다 더 힘들다. 내가 신학교를 갓 졸업하고 부름 받은 도심지의 교회에서 맞은 첫 주일은 성령강림절이었다. 나는 특별 행사를 위해 붉은색 셔츠를 구입했다. 예배 후 친교실에서는 오이 샌드위치와 치즈 과자 그리고 라임 셔벗 펀치가 갖추어진 더할 나위 없이 멋진 환영회가 베풀어졌다. 새로운 친구들과 만남을 마음껏 즐기고 있는데 한 장로님이 내 어깨를 툭툭 치셨다. "저기, 목사님하고 이야기를 나누고 싶어 하는 사람들이 있는데요." 고개를 돌려 맞은편을 바라보니, 내가 지금까지 본 가장 슬픈 얼굴을 한 두 사람이 계단 끝에 서 있었다.

내 첫 번째 반응은 '누가 저 사람들을 이 멋진 파티에 초대했지?'라는 것이었다. 그 일을 생각하면 지금도 부끄럽다. 나는 감정을 억제하고 방을 가로질러서 그들이 있는 쪽으로 걸어갔다. 그들은 그 이후 내가 만나게 될 수많은 노숙인들 중 첫 번째 사람들이었다. 그들은 정신적인 질병에 시달리고, 계속되는 불운에 몸살을 앓고 있었으며, 세상에 친구가 단 한 명도 없는 부부였다. 그 장로님과 나는 그들이 밤을 지낼 만한 곳을 찾느라 오후 시간을 다 허비했지만, 부부가 그 밤을 함께 보낼 수 있는 은신처는 그 도시 어디에서도 찾을 수 없었다. 결국 우리는 그 남편을 남성들이 거처하는 자선 시설로, 그리고 아내는 여성들을 위한 시설로 데리고 갔다. 그들은 서로 작별 인사를 하며 눈물을 흘렸다.

나는 그날, 예수님이 종종 낯선 사람의 모습으로 오신다는 것을 배웠다. 그분은 문 앞에 서서 두드리고 계신다. 그분을 들어오시게 했을 때, 우리는 영원히 변화된다. 장로님과 내가 오래전 그 성령강림주일에 그러했던 것처럼 말이다. 우리 교회는 가장 작은 자들, 소외된 자들 그리고 잊혀진 자들을 긍휼히 여기고 그들의 편이 되어 주는 일을 감당하는 선두주자가 되어 갔다. 나는 우리 주님을 영접하고 그분의 길을 따르는 것이 힘들다는 것을 일찌감치 알게 되었다. 나는 시 의회 앞에 서서 공공 화장실을 새로 지어 달라고 요청하기도 했다. 우리가 노숙인 친구들을 위해 개설했던 보호 시설에 머무르면서 나는 수많은 밤을 잠들지 못하고 설쳐야 했다.

그렇게 멋모르고 감당했던 처음 몇 달을 지나 몇 년이 흘러갔고, 나는 다음과 같은 말씀으로 회중을 성만찬에 초대하면서 때로 눈물이 차올랐다. "수고하고 무거운 짐 진 자들아 다 내게로 오라. 내가 너희를 쉬게 하리라. 나는 마음이 온유하고 겸손하니 나의 멍에를 메고 내게 배우라. 그러면 너희 마음이 쉼을 얻으리니"(마 11:28~29).

예수님은 문 앞에 서 계신 손님이셨다. 그분은 식탁의 주인이셨다. 그분은 어느 곳에서나 은혜를 베푸시는 분이셨다.

목회는 즐겁다

목회는 내가 상상했던 것보다 훨씬 즐겁고 의미 있는 일이다. 하나님의 말씀과 씨름하고 연구하면서 매주를 보내게 하고, 오랜 시간에 걸쳐 성령의 도우심으로 하나님과 다른 사람들 그리고 자신을 이해하기 위한 길들을 새롭게 만들어 가게 하는 직업이 어디 있겠는가? 나는 월터 윙크가 말해 준 어떤 여인에 관한 이야기를 좋아한다. 그녀는 성경을 머리 위로 높이 들고 자기가 사는 작은 마을 주위를 걸어 다녔다. "왜 매일 같은 책을 들고 다니세요? 당신이 읽을 수 있는 다른 책들이 그렇게 많이 있는데요." 그녀는 대답했다. "예, 다른 책들이 많지요. 그렇지만 이것은 나를 읽을 수 있는 유일한 책입니다."

매 주일 설교한다는 것은 얼마나 엄청난 특권인지 모른다. 물론 두려움을 느끼는 것이 부적합하다는 걸 안다. 하지만 모든 피조물을 새롭게 하시고 구속하시는 하나님의 계획에 헌신하는 가운데 하나님이 내게 주신 선물들을 전할 시간이 오기를 기다릴 수 없을 지경인, 그런 때들이 있다. 그보다 더 잘할 수는 없을까? 내 설교가 하나님의 현존을 체험하도록 인도하는 데 효과적인지 아닌지 알 수 있는 더 좋은 방법들이 있으면 좋겠다. 내가 씨름하고 땀 흘리고 연필 지우개를 깨물어 가며 준비한 바로 그 설교를 듣고 누군가 나에게 다음과 같은 메모를 남기기도 한다. "오늘 제게 꼭 필요한 말씀을 해주셔서 감사합니다."

목회에서도 마찬가지다. 내가 가장 깊은 만족감을 느끼는 일은, 함께한 사람들 외에는 아무도 모르지만, 그 가운데서 하나님이 나를 희망의 도구로, 하나님의 사랑을 구현하는 대리인으로 삼으셨다는 것을 느낄 수 있는 일상의 목회적 만남들이다.

예산 목표를 달성하거나 등록 교인이 는다거나 하는 성공의 더 큰 표지들은 시간이 지남에 따라 점점 덜 중요한 것으로 여겨진다. 그보다 더 중요한 것은 사람들과의 관계이고, 웃음이 터지는 순간들, 눈물을 흘리는 시간들, 세례를 주기 위해 아기들을 안고 있는 특권, 성만찬 예식을 감싸는 놀라운 신비, 하나님과 이웃을 섬기는 새롭고 효과적인 방법들을 발견했을 때 맛보는, 영혼 깊숙한 곳에서 흘러나오는 감동과 전율이다.

더 중요한 것은 하나님이 자라게 하실 거라고 확신하는, 희망이 가득한 사람들이 뿌리는 겨자씨들이다. 사역의 가장 큰 기쁨은 하나님의 사람들이 기꺼이 믿음으로 행하고자 할 때 하나님이 하실 일을 보는 것이다. 초기에 만들어진 교회 보호 시설들로부터 더 많은 시설들과 더 많은 지원 그룹들이 만들어졌고, 더 많은 급식 프로그램들, 더 많은 저비용주택 프로그램들, 더 많은 보육 시설들, 더 많은 직업 훈련 프로그램들이 생겨났다.

설교 강단으로의 나의 첫 단독 비행은 설교학적으로 보면 내 최고의 시기는 아니었지만, 적어도 말씀은 내게 깊이 와 닿았다. 내가 섬기던 회중은 하나님이 겉으로는 보잘것없어 보이는 그들의 헌신을 받으시고, 그들과 함께 위대한 일들을 하실 수 있다는 것을 다양한 방식으로 신뢰하는 사람들이었다.

목회는 믿음·소망·사랑에 관한 일이다

목회의 핵심은 믿음, 소망 그리고 사랑에 관한 일이다. 우선, '믿음을 가지라.' 나 자신의 신앙심이 고조되든 침체되든 상관없이, 교회의 신앙은 시대를 관통하여 확고하게 유지되며 하나님의 신실함은 결코 흔들리지 않기 때문이다. 나는 그리스도의 복음에 깊이 뿌리 내린 교회와 교회 구성원들은 단지 생존하기 위해서뿐만 아니라 그들이 어떤 상황에 직면했든 풍성히 섬기며 충만한 삶을 살기 위해 필요한 것들을 항상 갖추고 있다는 걸 발견했다.

'소망을 가지라.' 당장 눈앞에 보이는 것과는 상관없이 미래는 하나님의 손에 있기 때문이다. 어떻게 찬송하는 것을 그만둘 수 있는가? "주님은 나에게 선을 베풀겠다고 약속하셨고, 그분의 말씀으로 나의 소망이 확고해집니다!" 사람들에게 지극히 작은 소망을 줄 수 있다면, 그들은 바로 어떤 일이든 할 수 있다. 최근 나는 한때 죽어 가던 교회가 생명력을 되찾고 새롭고 활기찬 방식으로 세상 속에서 그리스도를 섬기기 시작하도록 도와주는 특권이 있었다. 그 비밀은, "보라, 내가 모든 것을 새롭게 하노라"(계 21:5)라고 말씀하신, 그분의 약속에 기초를 둔 소망이었다.

'사랑하라.' 목회는 내가 평생 겪지 않아도 좋았을 많은 일들을 견디라고 요구하기 때문이다. 교회의 높은 직책에 있는 여성들에 대한 편견이 생각난다. 그런 편견은 대부분 숨겨져 있지만 요즘에도 엄연한 현실로 존재한다. 언젠가 어느 신부의 아버지가 딸의 결혼식이 끝나고 신혼여행에서 돌아오자마자 자기 집안의 모교회에서 또 한 번 예식을 치러야겠다는 이야기를 했다. 여성이 주례하는 결혼 예식을 그가 신뢰하지 않았기 때문이다.

'사랑하라.' 과민하게 하거나 화나게 하는 일들이 많기 때문이다. 하지만 과민함이나 분노는 하나님의 목적에 봉사하는 데 전혀 도움이 되지 않는다. 포용이라는 숙제가 나와 우리 교회에 여전히 아주 중요한 것으로 남아 있음에도, 세월이 흐르면서 나는 기독교적 전투를 향한 열의를 잃어 왔다. 나는 마틴 루터 킹이 몽고메리 버스 보이콧(Montgomery bus boycott, 1955년 흑인 차별 철폐를 주장하며 집단적인 버스 승차 거부와 비폭력 시위를 벌인 사건—옮긴이)과 그의 편의 승리를 확증했던 미대법원의 결정 이후 홀트 스트릿 침례교회에서 회중에게 한 이야기를 기억한다. "우리 문명의 혈관에 새로운 차원의 사랑을 주입할 영광스러운 기회가 우리 앞에 놓여 있습니다. 전 세대에 걸쳐 지금도 여전히 반향을 일으키는 한 외침의 소리가 있습니다. '여러분의 원수를 사랑하십시오. 여러분을 저주하는 사람들을 축복하십시오. 여러분에게 무례하게 대하는 사람들을 위해 기도하십시오. 그러면 여러분은 하늘에 계신 아버지의 자녀가 될 것입니다.'"[1]

사도 바울은 우리에게 모든 것 중에 오직 사랑만이 영원히 지속될 것이라고 말한다. 사랑이 쉽다는 말은 아니다. 그러나 회중과 더불어 새로운 사역을 시작하면서 내게 조언을 구하는 모든 사람에게 나는 사랑이 열쇠라고 말한다.

"당신은 지금부터 1년이나 5년 후 보게 될 회중이 아니라 바로 지금 있는 그대로의 회중을 사랑해야 합니다. 당신은 사람들을 알아 가야 하고, 실제 있는 그대로 그들 각 사람을 사랑해야 합니다. 당신의 탁월한 목회 사역과 훌륭한 설교에 의해 변화되어 당신이 그렇게 되었으면 하고 바라는 모습의 사람들이 아니라 실제로 있는 그대로의 그들을 사랑해야 하는 것입니다. 사랑 안에서 함께 살고 난 뒤에야, 당신은 희망 가운데 함께 앞으로 나아갈 수 있습니다."

모세가 히브리 백성 모두에게 함께 광야를 건너가자고 말해야 했을 때 얼마나 난처했을까 하는 생각을 이따금씩 한다. 그들 모두와 함께 말이다. 그가 그들을 좋아하지 않았던 날들, 그들이 그를 좋아하지 않았던 날들이 분명 있었을 것이다. 마음에 들지 않는 사람들은 언제나 있었을 것이고, 모세도 늘 호감이 가는 인물만은 아니었을 것이다. 여러 해 동안 나는 프레드릭 뷰크너가 "사랑은 본래 감정이 아니라 의지의 행위다"[2]라고 한 말을 떠올리며 위안을 얻곤 했다. 물론 때로 사랑은 그 이상이기도 하다. 목회자로서 사람들을 사랑하고 사람들에게 사랑받는 것은 더없는 선물이다. 심지어 내가 그들을 실망시키고, 그들의 기대를 저버릴 때에도 그들은 줄곧 나와 함께 해왔다. 그들이 나를 실망시킬 때에도 나는 결코 그들을 사랑하기를 멈추지 않았고, 우리가 모두 은혜로 구원받은 죄인이라는 사실을 잊지 않았다.

목회의 장을 파악하라

당신이 일하고 있는 장을 파악하라. 이것은 목회자가 자신이 섬기는 회중의 특수한 정황을 중시해야 함을 의미한다. 나는 다섯 개의 다른 교구에서 목회를 해왔다. 각 교구는 독자적인 문화, 특정한 방식의 예배, 공동체와 접촉하는 고유의 방식이 있었다. 좋은 발상이라 해서 그것이 마치 대체 가능한 상품인 양 이곳저곳에 그대로 적용할 수는 없다. 새로 사역을 시작하는 교회에 당신을 초보자로 인정해 달라고 하라. 그리고 그들을 어떻게 이끌어 가야 하는지 그들이 당신을 가르치게 하라.

목회 현장에 있는 동료들에게 가장 하고 싶은 말은 '내가 범한 실수들을 반복하지 말라'는 것이지만, 우리 모두는 그런 조언이 별 도움이 되지 않으리라는 것을 알고 있다. 내가 저지른 대부분의 실수는 나의 인간적인 한계를 인정하지 않으려는 기질과 관련이 있다. 다시 말하면, 나는 멈춰야 할 때를 알지 못했다. 나는 설교하러 일어서는 순간까지 설교 준비를 한다. 그리고 나서는 설교 도중에 떠오른 생각 때문에 준비한 설교의 일부를 빼먹는다.

내가 두 번째로 사역하던 교회의 동료 목회자가 그 점에 대해 지혜롭게 충고해 주었음에도, 나는 종종 너무 많은 시간 일을 한다. "집에는 언제 가려고요? 일주일에 칠일 동안 일하는 건 악마뿐이라는 걸 모르시나요?"

세월이 흐르면서 나는 한계를 설정할 필요가 있고 그 안에서 살아야 한다는 것을 예전보다 더 절실히 깨달았다. 내가 모든 공간을 다 차지해 버리면, 성령께서 영감을 주시거나 다른 사람들을 격려해 줄 여지가 없다는 것을 배웠다. 요즘 나는 내 몸이 보내는 메시지에 좀더 주의를 기울인다. 그리고 나의 삶에 그리고 가족이나 친구들과 나누는 윤택하고 풍성한 삶에 더 많은 주의를 기울인다. 나는 요즘, 이전에 그랬던 것처럼 혹독하게 나 자신을 다루지 않는다. 그럼에도 이전보다 한층 더 진지하게 목회를 생각하게 되었다. 세상은 그리스도와 그분의 사랑에 대한 새롭고 의미 있는 이야기가 어느 때보다 절실하다.

마지막으로, 나는 사도 바울의 확신에서 위안을 얻고자 한다. "우리가 이 보배를 질그릇에 가졌으니 이는 심히 큰 능력이 하나님께 있고 우리에게 있지 아니함을 알게 하려 함이라"(고후 4:7). 하나님의 질그릇 중 하나가 깨어지고 응어리지는 그 모든 일 이상으로, 삶에는 훨씬 더 힘든 것들이 존재한다.

02

로널드 앨런 Ronald J. Allen

인디애나 주 인디애나폴리스에 있는 크리스천 신학교에서 설교학·신약학을 가르친다. 가장 최근에 출간한 저서로는 *The Teaching Sermon*과 스코트 블랙 존슨, 바버러 브래이스델과 함께 쓴 *Theology for Preaching: Authority, Truth, and Knowledge of God in a Post Modern Ethos*가 있다.

청중이 설교에 대해 하는 말에
귀를 기울이라

경청은 설교에서 핵심적인 일이다. 책이나 학회, 신학교 강의와 평생교육 프로그램 등은 설교자들에게 다음과 같은 것에 귀를 기울이라 권한다.

- 성경 본문과 기독교 교리, 관행이 성도들에게 믿거나 행하라고 권면하는 바들.
- 청중이 처한 삶의 자리, 즉 문화, 관심사, 분위기, 그리고 청중과 그보다 큰 사회 속에서 작용하는 다른 역학관계들.
- 청중의 개인적·사회적 경험, 즉 그들의 삶의 이야기, 그 순간 그들에게 일어난 사건, 그들의 희망과 두려움 그리고 질문들.
- 통찰력을 주는 다른 원천들. 예를 들어 철학, 예술, 정치적 분석, 사회학, 심리학 등.

지난 몇십 년 동안, 설교 분야에서 인정받는 몇몇 지도자들은 청중을 설교 준비에 초청하라고 권면했다. 예를 들면, 존 매클루어는 공동 설교(collaborative preaching) 과정을 주창하기 위해 원탁 토론(roundtable discussion)이라는 이미지를 사용한다. 설교자들은 설교 한 주 전에 그 성경 본문과 관련된 주제들이 청중에게 어떻게 중요한 의미가 있는지 확인하고자 성도들과 모임을 갖는다.[1] 어떤 설교자들은 이제 매주 사전에 의견을 수렴하는 모임을 주관한다.

청중이 설교에 대해 하는 말에 귀를 기울이라

나는 이러저러한 노력들에 찬사를 보내면서, 설교자가 청중에게 귀를 기울일 수 있는 한 가지 방법을 더 제시하고자 한다. '청중이 설교에 대해 하는 말'을 들으면 목회자들이 자신의 설교를 듣고 있는 청중의 정황을 더 깊이 이해할 수 있으며, 따라서 청중에게 더 가까이 다가갈 수 있는 설교를 개발할 수 있다. 또 그렇게 경청하면 목회자가 청중 문화의 다른 측면들을 더욱 통찰력 있게 이해할 수 있다.

이 발견은 내가 설교의 세계에서 어떤 특이한 상황을 인식하면서 시작되었다. 설교는 청중을 위해 준비하는 것이다. 그러나 책, 논문, 강연 그리고 설교자들이 설교를 개발할 수 있도록 돕기 위한 워크숍들 가운데서, 청중 자신이 설교를 들었을 때 몰두한 경험(혹은 집중하지 못한 경험)에 대해 보고해 주는 것은 거의 없다. 설교에 대한 대부분의 접근은 특별한 신학적 관점(예컨대 바르트 신학)이나 철학적 접근, 의사소통 이론, 여러 형태의 문학 비평, 혹은 목회에서 일화가 될 만한 경험들에 기초한다. 예를 들면, 설교에 대한 첫 번째 학문적 작업에서 나는 수잔 랭거의 예술철학을 활용했는데, 그것은 성경 본문과 해석 및 설교를 이해하기 위한 방법으로 예술적 요소와 감정 표현에 초점을 맞추는 것이다. 설교에 대한 연구가 청중을 향하게 될 때조차, 그것은 청중이 이야기한 것보다는 설교자가 청중을 관찰한 것에 의존하는 경향이 있다.

몇 년 전 크리스천 신학교는 릴리 재단의 후원으로 정기적으로 설교를 듣는 사람들을 인터뷰하였다. 청중이 설교에 집중하게 하는 요소와 그렇지 않은 요소가 무엇인지 묻는 것이었는데, 나는 부책임자인 매리 앨리스 멀리건과 함께 설교학 교수단의 도움을 받아 책임자로 일했다. 우리는 청중 스물여덟 그룹 가운데 263명의 사람들과 대화를 나누었다. 그중 아홉 그룹은 주로 아프리카계 미국인으로 이루어져 있었고, 열여섯은 주로 유럽 혈통인 사람들이었으며, 셋은 인종적·민족적으로 혼합되어 있었다. 미국 중서부에 있는 그 그룹들은 아프리카 감리감독 교회(African Methodist Episcopal Church), 다양한 침례교회들, 크리스천 교회(Chrisian Church), 그리스도의 제자들(Disciples of Christ), 메노나이트 교회 그리고 연합 감리 교회들 같은 유럽 교단들과 열둘의 유서 깊은 아프리카 감리 교단 가운데서 모은 사람들이다. 반가량은 개인적으로 인터뷰를 하였고, 나머지는 소규모 그룹으로 인터뷰를 했다. 인터뷰는 한 시간에서 한 시간 반가량 계속되었다.

질문들은 아리스토텔레스의 수사학적 범주에서 택한 네 가지 주제를 중심으로 구성되었다. 인터뷰 대상자들에게는 다음 네 가지 중 어떻게 그들이 설교에 몰두하게 된다고 생각하는지를 물었다. 첫째, 설교의 '중심개념'(Ideas)에 의해(Logos). 둘째, 설교에 의해 촉발된 '감정'(Feeling)에 의해(Pathos). 셋째, 설교자의 '인격'(Character)에 대한 인식과, 그들과 설교자와의 관계에 대한 의식에 의해(Ethos). 넷째, 설교의 전달 방법 혹은 '구체화'(Embodiment)에 의해. 인터뷰 대상자들에게 그들이 이제 막 들은 설교에 대해 이야기해 달라고 하기보다는, 설교를 들어 온 오랜 경험에 의지하며 특별한 예를 들 수 있는 일련의 질문을 던졌다.

내가 가장 놀란 점은 설교가 대부분의 청중에게 얼마나 큰 중요성을 지니는가 하는 것이었다. "만약 예배에 설교가 없다면, 무엇을 잃어버리게 될까요?"라고 질문했을 때, 몇몇 사람들은 딱 잘라 이렇게 말했다. "나 자신입니다." 다른 수십 명의 사람들도 그들이 하나님의 임재와 목적을 분별하고 응답하도록 도와주는 설교를 중요하게 여긴다고 했다. 설교는 그들이 누구인지 그리고 그들이 무엇을 해야 하는지 분별하도록 돕는 데 핵심적인 역할을 한다.[2] 나는 청중은 설교를 가치 있게 여긴다고 오랫동안 생각해 왔지만, 이 응답자들은 그 확신을 더욱 강화해 주었다. 이 자료로 볼 때, 설교자는 설교에 자신의 최선의 시간과 주의를 쏟아야 한다고 결론지을 수밖에 없다.

우리가 배운 수많은 실제적인 내용들이 다음 네 권의 책에 제시되어 있다.

- 《말씀을 살아 있게 하라: 교인들에게서 배운 교훈들 *Make the Word Come Alive: Lessons from Laity*》은 인터뷰 대상자들이 설교에서 찾고자 하는 열두 가지의 가장 보편적인 특징들을 명시하고 있다. 이것들은 '하나님이 원하시는 것이 무엇인지 알 수 있도록 우리를 도와줄 것'에서부터 '잘 들을 수 있도록 크게 말해 줄 것'에 이르기까지 다양한 범위에 걸쳐 있다.[3]
- 《설교 듣기: 관계, 내용 그리고 느낌 *Hearing the Sermon: Relation-*

ship, Content, and Feeling》은 설교자와의 관계에 대한 인식, 설교의 논지, 그리고 감성적인 측면들이 설교를 진지하게 받아들이려는 청중의 의지에 어떻게 기여하는지에 대해 상세하게 살펴볼 뿐 아니라, 대부분의 청중이 이러한 경우들 중 어느 하나를 통하여 설교에 몰입하기 시작한다는 것을 보여 준다.[4]

- 《설교 신뢰하기: 청중이 설교에서 듣는 것*Believing in Preaching: What Listeners Hear in Sermons*》은 설교에서 다루는 열 가지 주요 주제에 관한 청중의 이해를 다룬다. 그것은 설교의 목적에서부터 권위와 성경, 나아가 논쟁의 여지가 있는 주제들에 관한 설교와 어떻게 설교가 청중을 공동체로 형성하는지에 이르기까지 다양하다. 몇 가지 놀라운 내용도 있다. 예를 들면, 청중은 중대한 여러 쟁점들에 관하여 설교자가 신학적 해석을 제공하길 원한다는 것이다.[5]

- 《청중에게 듣기: 설교학적 사례 연구*Listening to Listeners: Homiletical Case Studies*》는 여섯 개의 인터뷰 기록을 상세히 살펴본다. 다섯 명(아프리카계 미국인 두 명, 유럽계 세 명. 그 중 여성 세 명, 남성 두 명)의 개인과 인종적으로 혼합되어 있는 하나의 소그룹에서 나온 자료들이다. 이들과의 인터뷰에 대한 설명은 우리가 이 청중으로부터 설교에 대해 배울 점들을 강조한다.[6]

이 인터뷰와 책들이 특별하게 다루고 있는 설교와 경청에 관한 통찰을 넘어서서, 이 연구는 각각의 청중마다 나름의 청중 문화가 있다는 사실을 알려 준다. 결과적으로, 설교자는 이 책들에서 설명하는 발견, 원리, 결론들을 단순히 서로 다른 지역의 교회에 동일한 방식으로 적용할 수는 없다. 그 지역 청중이 설교를 들을 때의 분위기를 이해하기 위해, 설교자는 바로 그 청중 가운데 있는 청중에게 귀 기울일 필요가 있다.

청중에게 귀 기울이기 위한 전략들

설교자가 설교에 대한 청중의 인식을 파악하기 위해 선택할 수 있는 방법은 여러 가지가 있다. 청중이 설교에서 무엇을 중요하게 여기는지 알 수 있는 가장 좋은 방법은 청중을 상대로 개별적으로 또는 소그룹으로 인터뷰하는 것이다.[7]

연구를 통해 우리는 현 목회자의 특정 설교에 대해서보다는 청중이 설교를 듣는 과정 전반에 걸쳐 설교에 대한 그들의 인식에 특별히 인터뷰의 초점을 맞추어야 함을 알았다. 몇몇 청중은 그들의 현 목회자가 하는 설교에 대해 직접 언급하기를 망설인다. 물론 설교에 대한 자신의 반응을 예시할 때 청중은 종종 그들이 현 목회자에게 들은 특정한 설교를 인용할 것이다.

인터뷰는 통상적으로 그 교회의 설교자가 아니라 다른 사람이 진행해야 한다. 청중은 다른 사람에게는 아주 솔직하게 그들의 의견을 제시하는 반면 설교자 앞에서는 자유롭게 이야기하기를 망설인다. 담임목회자는 교회 밖에 있는 관계자(예컨대 이웃 교회 목회자나 사회사업가)에게 인터뷰를 해달라고 할 수도 있다. 물론, 설교자와 사람들 사이에 신뢰가 쌓여 감에 따라, 담임목회자가 직접, 특히 소그룹들과 함께 인터뷰할 수도 있을 것이다. 다시 말하지만, 목회자가 자신의 설교에 대해 질문할 때보다는 일반적인 설교에 대해 질문할 때 청중은 좀더 솔직하게 말하는 경향이 있다.

인터뷰를 시작하면서, 우리가 연구에 사용했던 질문들을 활용할 수 있을 것이다. 설교자는 이 질문들을 다듬거나, 청중으로 구성된 소그룹이나 다른 목회자 혹은 목회자 그룹과 상의하여 구체적인 상황에 더 적합한 다른 질문들을 만들어 낼 수도 있을 것이다. 어떤 경우든, 인터뷰 대상자들이 아주 구체적으로 응답할 수 있도록 열려 있는 질문을 해야 한다.

다음 질문들은 우리가 연구를 하면서 실제 인터뷰에서 사용한 많은 질문들을 예시적으로 보여 주는 표본이다. 각각의 질문과 관련된 수사학적 범주를 앞에 제시해 놓았다.

- (로고스) 당신의 목회자가 설교할 때, 그분의 설교에 대해 무슨 생각을 하십니까?
- (로고스) 어떠한 때 설교가 당신에게 권위가 있습니까?
- (파토스) 당신에게 감동을 준 설교에 대해 말씀해 주시겠습니까?
- (파토스) 그 설교의 어떤 점이 당신에게 감동을 주었습니까? (이 질문은 앞의 질문에 덧붙일 수 있다.)
- (에토스) 지금까지 당신이 설교자들과 어떤 관계에 있었는지 간단히 말씀해 주십시오.
- (구체화) 설교단에서 설교자가 어떤 자세를 취하는 게 좋은지 말씀해 주시겠습니까? 정말로 호감이 가는 전달 방식은 어떤 것이었습니까?
- (일반적인 마무리 질문) 설교를 들을 때 당신에게 힘을 불어넣어 주는 데 도움이 되는 것들에 대해 설교자에게 하고 싶은 말이 있다면, 무엇입니까? (보통 이 질문을 통해 가장 의미심장한 대답들을 얻을 수 있었다.)[8]

물론, 설교자들은 인터뷰에서 모은 자료들을 혼자 숙고해 볼 수도 있다. 그러나 우리 '청중 연구' 프로젝트 위원회는 우리가 함께 일할 때 인터뷰에 대한 이해가 깊어지고 넓어질 수 있다는 사실을 발견했다. 설교자는 동료 목회자들과, 청중들의 그룹과, 혹은 가까운 신학교에서 설교를 가르치는 사람이나 지역 대학에서 연설법에 대해 가르치는 사람과 자료 분석 과정을 함께할 수 있다.

자료를 분석하는 사람들은, 인터뷰 대상자들이 설교를 들을 때 설교에 몰두하게 하는 요인들은 무엇이라고 생각하는지에 주의를 기울이려고 한다. 어떻게 해야 설교자가 지금의 설교 방식에서 그러한 특성들을 드러내 보이게 할 수 있을까? 설교에 대한 목회자의 현 접근 방식에서 청중이 설교에 몰두하지 못하게 하는 것에는 어떤 요소들이 있는가? 그렇다면, 설교자는 어떻게 해야 청중이 좀더 참여적이 되게 할 수 있을까?

또 다른 접근 방법은 청중으로 구성된 소그룹과 설교자가 청중 연구에 관한 책들 중 한 권을 읽고 자신의 관점을 돌아보는 것이다. 예를 들면, 위에서 언급한 대로 《말씀을 살아 있게 하라 Make the Word Come Alive》에서는 연구의 대상이 된 사람들이 설교에서 추구하는 열두 가지 특성들을 밝히고 있다. 당신의 소그룹은 그 내용에 어느 정도나 동의하는가? 덧붙이고 싶은 것들은 무엇인가? 어떤 부분에서 의견 차이가 있는가?

결론적인 충고들

여기서 의도하는 것은 설교자가 청중에게 그들이 듣기 원하는 것을 줄 수 있는 자격을 부여하려는 것이 아니다. 설교자의 소명은 청중이 하나님의 임재와 목적들을 올바로 해석하고 신실하게 응답하도록 돕는 것이다. 실제로, 설교자의 가장 깊은 신학적 확신들은 청중이 중요하게 인식하고 있는 내용들과 충돌할 수도 있다. 인터뷰의 목적은 설교자들이 신학적 통전성을 가지고 설교를 구체화해 갈 수 있는 방법들에 민감해지도록 돕는 것이며, 이를 통해 청중이 복음과 그 선포에 더욱 깊이 몰두할 수 있게 하려는 것이다.

청중은 설교자들 자신의 인격적 총체성을 침해하면서까지 설교에 대한 접근 방식을 바꾸길 원한다는 인상을 주지 않으면 좋겠다. 그와 반대로, 우리가 연구한 청중은 설교 강단에서 말하는 내용(지적 정직성)과 말하는 방식(언어와 구체화에서)에 가식이 없는 설교자들을 존경한다고 거듭 강조한다. 정말로 청중은 평소 행동과 달리 강단에서 거룩한 척하는 설교자들을 미심쩍어 한다. 그러나 청중은 대부분의 설교자들이 설교의 순전함을 침해하지 않으면서도 개선된 의사 전달 방식으로 그들의 설교를 변화시킬 수 있다는 것을 분명히 알고 있다.

나는 청중에게 귀를 기울임으로 깜짝 놀랄 정도로 많은 것을 배워 왔다. 실로, 설교에 관한 한, 나는 청중을 나의 가장 탁월한 스승으로 생각한다.

03

크레이그 반스 Craig Barnes

펜실베이니아 주 피츠버그에 있는 셰이디사이드 장로교회의 목사다.
저서로 *Yearning*, *Hustling God*, *God Interrupts* 등이 있다.

목회자가 겪는
세 가지 유혹

어느 누구도, 불평불만을 해소하는 일을 하기 위해, 엄청난 양의 일을 요구하는 비영리 단체를 운영하기 위해, 혹은 지역 교회 정책들의 싸움에 휘말리기 위해 신학교에 가지는 않는다. 그러나 모든 목사들은 영혼을 고갈시키는 이러한 일들의 쳇바퀴를 돌며 대부분의 세월을 보내려는 유혹을 받는다. 그런 일이 일어날 때, 당신은 벗어날 방법을 알지 못한 채 단테의 '지옥'(Inferno)에 갇혀 있는 듯한 느낌이 들 것이다. 목사가 되겠다고 한 것은 이런 일을 위해서가 아니었다. 당신은 말씀과 성례를 위해 안수를 받았다. 그것은 당신이 하나님의 말씀을 발견하고 선포하려는 헌신의 정신으로, 지옥 같은 곳까지 포함한 회중의 삶의 모든 영역으로 들어가도록 부름 받았다는 것을 의미한다.

이 참된 소명에서 벗어나게 하는 여러 유혹들이 있다. 그러나 정신을 산만하게 하는 가장 강한 유혹은 예수님이 광야에서 직면하신 세 가지 유혹에서 발견할 수 있다. 우리 시대에도 그런 것처럼, 그것은 이 땅에서 말씀이 되고 하나님의 은혜의 성례(sacrament)가 되셔야 했던 예수님의 사명을 무산시키려던 유혹이다.

이 세 가지 큰 유혹이 모두 예수님이 세례를 받으신 직후, 하늘이 열리고 "이는 내 사랑하는 아들이요 내 기뻐하는 자라"(마 3:17)는 말씀이 선포된 직후 일어났다. 죄인들을 위한 요한의 세례에 몸을 맡기시기 전까지 예수님이 이러한 칭호를 받지 않으셨다는 사실에 주목하라. 어떤 죄도 알지 못하는 분이 이 세례 안에서 우리와 동일시되셨다. 이것은 성육신의 또 다른 계시다. 그리고 그것은 예수님이 물에서 나오셨을 때 성령의 비둘기가 그 위에 내려온 이유다.[1] 하나님의 아들이 요단강가에서 우리를 찾으시고 우리와 동일시되실 때, 그 동일시는 매우 완전해서 우리는 하늘의 선포를 모든 인류에게 적용되는 것으로 들어야 한다. 또한 우리는 하나님의 사랑을 받는 자들이다. 그것은 우리가 사랑받을 가치가 있다거나 마침내 우리의 죄를 씻을 수 있는 방법을 발견했기 때문이 아니다. 그것은 우리가 모두 찾아졌고, 집으로 데려와 졌으며, 아버지와 아들의 사랑스런 관계로 입양되어 양자가 되었기 때문이다.

설교 강단, 상담 시간, 병실 그리고 회의실에서까지 이 엄청난 소식을 선포하는 것이 목회자의 핵심적인 소명이다. 다른 모든 것은 본질에서 벗어난 것이다.

배부르게 되려는 유혹

첫 번째이자 아마도 가장 기본적인 유혹은 극심한 굶주림에서 벗어나려는 것이다. 사탄의 첫 번째 유혹은 "네가 만일 하나님의 아들이어든……"이란 말로 시작한다. 다시 말하면, 사탄의 이론은 우리가 정말 사랑받는 자라면 굶주리지 않아야 한다는 것이다. 목회자들에게 자기 교인들의 굶주림을 해결해 주는 것만큼 유혹적인 일은 거의 없을 것이다.

우리는 본래 배가 고파지는 사람들로 창조되었다. 매일 아침 우리가 제일 먼저 마주치는 현상들의 하나는 식욕이다. 우리는 먹을 것에 굶주릴 뿐 아니라 친밀감과 우정, 권력과 안정감, 건강, 고통에서 벗어남에도 굶주린다. 아무리 많이 소비한다 해도 우리는 결코 영원히 만족하지 않는다. 굶주림은 실제로 계속 다시 찾아온다. 원래 그렇게 되어 있다.

만족을 모르는 욕망은 우리를 하나의 선택에 직면하게 한다. 자신의 욕구를 신뢰할 것인가, 아니면 하나님의 신실하심을 믿을 것인가? 이 선택은 하나님이 인간을 존중하시는 방식이며, 우리가 다른 피조물들과 구별되는 점이다. 우리는 자신의 욕망에 굴복하지 않을 자유가 있다.

예수님이 병든 자를 고치시거나, 귀신을 쫓아내시거나 혹은 배고픈 사람들을 먹이셨을 때 그분이 기적을 베푸신 목적은 식욕이나 건강에 대한 욕구를 충족시키려는 것이 아니었다. 그것은 사람들이 그들을 위한 하나님의 사랑에 주의를 돌리게 하려는 것이었다. 예수님이 이 첫 번째 유혹에 대한 응답으로 사탄에게 말씀하신 대로, 우리는 떡으로만 사는 것이 아니라 하나님께로부터 나오는 말씀으로 산다. "이는 내 사랑하는 아들이요." 이 말씀은 하늘로부터만 내려오는 것이었다. 그러나 "나는 너를 사랑한다"는 말씀에 유일하게 합당한 응답은 "나도 당신을 사랑합니다"라는 것이다. 그것은 오직 선택으로 확증될 수 있을 뿐이다. 그리고 오직 배고픈 사람들만이 그 선택을 할 자유가 있다.

물론, 우리가 하나님께 받은 많은 축복들은 우리가 그분을 사랑하는 이유들 중 하나다. 그래서 예수님은 우리에게 "오늘 우리에게 일용할 양식을 주시옵고"(마 6:11)라고 기도하라고 가르치셨다. 하지만 우리가 원하던 빵을 모두 얻는다면 하나님은 진정으로 사랑하는 분이 아니라 우리가 고맙게 생각해야 할 종으로 격하되어 버릴 것이다. 옛 신학자들이 종종 설명했듯이, 하나님이 우리를 위해 하시지 않는 일들에도 불구하고, 그분의 강렬한 사랑은 드러난다. 욥은 "하나님이 나를 죽이시더라도 나는 여전히 그를 신뢰하리라"(욥 13:15)고 말한다. 우리가 배고픔에도 불구하고, 여전히 그분을 신뢰하기로 하는 것이 바로 하나님을 사랑한다는 의미다.

도스토예프스키의 위대한 소설《카라마조프가의 형제들》에 나오는 대심문관은 오랫동안 내 머리에서 떠나지 않았다. 소설에서 예수님은 스페인 종교재판이 한창인 16세기 세비야(Seville) 시로 돌아오신다. 대심문관은 불그레한 얼굴에 눈이 움푹 들어간 늙은 추기경으로, 예수님을 알아보고는 그를 심문하기 위해 감옥에 던져 넣어 버린다. 심문관은 세 가지 유혹에 관한 예수님의 응답에 격노한다.

> 당신은 아무것도 갖지 않은 빈손으로 왔지만, 자유에 대한 약간의 희미한 약속을 가지고 왔다. 그것은…… 사람들이 인식할 수도 없는 것이고, 그들이 몹시 두려워하는 것이다. 왜냐하면 인간과 인간 사회에서 자유보다 더 견디기 어려운 것은 없기 때문이다. …… 결국 그들은 항상 그들의 자유를 우리의 발 아래 두고 우리에게 말한다. "우리를 노예로 삼으라. 대신 우리를 먹여 달라."[2]

회중 가운데 더 많은 어떤 것들—더 많은 프로그램, 더 많은 사람, 더 많은 돈, 더 영감 넘치는 예배 그리고 분명 더 많은 목회자의 돌봄―에 굶주린 사람들의 욕구를 만족시킬 수 있으면 우리는 소명을 다하고 있다고 믿는 것은, 목회자들에게 엄청난 유혹이다. 더 많은 것을 향한 갈망은 결코 만족될 수 없는 것이고, 계속 창출되는 욕망을 충족시키려고 더 많은 것을 해나가겠다고 약속하는 교회는 어떤 것보다 사람을 노예로 만들고 있는 것이다.

목회자의 과업은 하나님과의 더 깊은 교감을 차단하는 무언가를 제공하는 것이 아니다. 때로 새로운 프로그램이나 예배에서의 변화는 신성한 사랑을 더 깊이 체험하게 할 것이다. 그러나 흔히 그것은, 목회자를 포함해서 모든 사람들이, 하나님 한 분만이 우리가 갈망해야 할 분이라는 사실을 기억하지 못하게 할 뿐이다. 새로운 젊은 사역자가 온다고 해서 문제가 해결되는 것은 아니다.

확실히 하려는 유혹

그러고 나서 사탄은 예수님을 예루살렘 성전 꼭대기로 데리고 가서 말했다. "만일 네가 하나님의 아들이거든 뛰어내리라." 그러면서 그는 여호와께서 그 사랑하시는 자를 위해 천사들을 보내셔서 보호해 주실 것이라는 시편을 인용했다.

"너는 네가 하나님의 사랑을 받는 자라고 믿고 있지 않은가?"
"그렇다."
"너는 그것을 절대적으로 확신하는가?"

"그렇다."

"그렇다면 그것을 증명해야만 할 것 같군. 뛰어내려!"

성경을 잘 알고 계신 예수님은 사탄에게 하나님을 시험하지 말라는 말씀을 상기시키신다. 그것으로 유혹은 끝났다.

목회자들에게는 하나님의 사랑을 증명하는 것이 교구민들을 도와주는 것처럼 보일 수도 있을 것이다. 설교자들이 설교 시간 내내 의심을 제거하려고 할 때 바로 이런 시도를 하는 것이다. 그러나 사랑을 증명해야 하는 것만큼 관계에 치명적인 것은 없다. 하나님이 우리의 의심을 잠재우시기 위해 천사들을 보내신다면, 그것은 하나님의 사랑을 신뢰할 우리의 자유를 제거해 버리는 결과를 초래할 뿐이다. 굶주림과 마찬가지로, 의심은 하나님께 사랑받는 자로 살아가려는 우리의 선택에 의미를 부여하고, 본질적인 내용을 제공한다.

이러한 이유로, 설교는 드러내 보여 주는 것 이상으로 확신시키려고 해서는 안 된다. 아무도 하나님 나라에 들어가도록 누군가를 설득할 수는 없다. 우리 모두는, 하나님의 은혜의 팔에 안겨 있는 탕자들처럼, 어쩔 수 없이 집으로 돌아가고 싶은 충동을 느낀다. 설교자의 과업은 그저 그 사랑을 드러내 보여 주는 것이다. 그러면 아버지 집에 대한 기억은 회중 가운데 다시 타오를 것이고, 아버지의 활짝 벌려진 팔을 향한 여정이 다시 시작될 것이다.

그러나 설교자는 성경이 하나님에 대하여 계시하는 만큼만 그분을 드러내 보여 줄 수 있다. 항상 신비롭고, 휘몰아치는 회오리바람으로 남아 계시려는 성령께서 하셔야 할 역할이 있다. 이것은 우리 목회자들이

'왜'가 아니라 '누구'라는 문제로 더 많은 시간을 보내야 함을 의미한다. 신비롭고 거룩한 연인을 계시하는 일은 어렵다. 그래서 목회자들은 항상, 다시금 많은 설명과 논쟁을 하는 욥의 친구가 되어 버리고 싶은 유혹을 받는다. 우리가 교구민들의 삶에서 어떤 일들이 왜 일어나는지 밝힐 수 있다면, 하나님을 속박할 수 있을 거라는 생각이 든다. 그러나 우리가 속박하는 것이 무엇이든, 그것은 분명 하나님은 아니시다.

이사야 선지자는 하나님이 숨어 계시다는 사실에 감사드렸다(사 45:15). 우상과 달리, 하나님은 통제받으실 수 없기 때문이다. 우리 조직신학자들마저도 그분을 통제할 수 없다. 우리는 지적으로 짜여진 어떤 틀 밖에서 일하고 계시는 하나님을 발견하게 될 것이다. 그것은 모든 증거를 초월하여 계시는 하나님을 믿기로 선택하라고 우리를 강권한다. 또 그것은 우리를 신앙으로 돌아오게 한다. 그리고 다시, 신앙은 누구든 사랑을 지속해 갈 수 있는 유일한 수단이 된다. 하나님이 우리와 함께하시지 않으면서 그런 상태에 만족하시는 일은 결코 없을 것이다. 그래서 우리는 하나님이 숨어 계시는 것에 감사했던 옛 선지자 이사야에 동조한다.

대부분의 교구민들은 평생 한 번도 진짜 기적을 보지 못했다. 그들이 본 것은 그들을 위한 하나님의 사랑을 보여 주는 수많은 예시들이다. 그리고 그들은 자신들이 용서받았고 하나님의 상속자로서, 그리고 예수 그리스도의 공동 상속인으로서 삼위일체적인 친교로 회복되었다는 복음의 선포를 들었다. 그러나 이러한 신적 돌봄과 복음 선포의 역사는 여전히 의심의 여지를 많이 남겨 두고 있다. 그것에 대해 하나님께 감사하라.

회중은 신앙 성숙을 위해 의심이 필요하다. 의심은 적이 아니라 신앙의 동반자다. 사람들이 의심을 품고 있을 때, 그것을 정직하게 표현하게 하라. 때가 되면 그들은 자신들의 의심을 의심하게 되고, 믿음을 선택할 수 있을 것이다.

사탄과 타협하려는 유혹

사탄은 그때 예수님을 아주 높은 산으로 데리고 가서 세상의 모든 왕국을 보여 주었다. 그러고는, 만일 예수님이 엎드려 그를 예배한다면 세상 모든 왕국을 주겠노라고 했다. 다시 예수님은 말씀으로 응답하신다. "사탄아 물러가라! 기록되었으되 주 너의 하나님께 경배하고 다만 그를 섬기라 하였느니라"(마 4:10).

예수님은 "세상의 왕국들? 내가 그걸로 뭘 하겠어?"라고 말씀하시지 않았다. 예수님은 세상의 왕국들을 갖고 싶어 하셨기 때문이다. 그래서 이것은 목적에 관한 유혹이 아니다. 그것은 수단에 관한 유혹이다. 사탄은 예수님이 메시아의 과업을 포기하도록 설득하려는 것이 아니다. 그것으로 예수님을 유혹할 수는 없을 것이었다. 예수님을 유혹하는 것은, 세상 왕국을 하나님께 되돌리겠다는 그분의 목적을 이루도록 예수님을 돕겠다는 사탄의 제안이다.

우리 목회자들은 높고 거룩한 목표들이 있다. 우리는 복음을 선포하기 위해, 거룩한 말씀을 증언하는 법을 배우기 위해, 떨리는 손들을 잡아 주기 위해 그리고 교회를 섬기기 위해 신학교에 갔다. 그래서 사탄이 이렇게 말하면서 우리를 유혹하는 일은 절대 없을 것이다. "목회는 잊어버리고 보통 사람들이 하는 일들을 시작하는 게 어때?"

그건 아니다. 사탄은 우리에게 우리의 신성한 꿈을 포기하라고 하지는 않을 것이다. 그는 단지 우리에게 그러한 꿈들이 요구하는 것들에 대해 현실적이 되어야 한다고 말한다. 그는 우리에게, 우리가 확신하는 것들에 대해 약간의 타협을 해야 한다고, 그래도 그 목적이 수단을 정당화해 줄 거라고 말한다. 그는 세상이 그의 것이고, 악은 교회 구조의 많은 부분을 차지하며, 성공을 이루려면 약간의 타협은 불가피하다고 말한다. "성공적인 목회자가 되기 원한다면, 너는 그렇게 될 수 있어." 그는 약속한다. "네가 사탄과 거래를 하기만 한다면." 그 거래를 받아들이자마자, 치러야 할 대가는 목회자와 교회의 영혼들이라는 사실이 분명해질 것이다.

요즘은 사탄이 목회자들에게 어떤 특별한 거래를 하고 있는 것처럼 보인다. 확실히 이런 거래들 중 하나는 예수님이 십자가에서 부활하신 일이 결코 없는 것처럼, 그리고 이제 교회 안에서 구원 사역을 이루는 것이 목회자들에게 달려 있는 것처럼 일하는 것이다. 또 다른 사탄의 계획은 역사적이고 신학적인 위대한 전통을 보수적, 혹은 진보적인 사회 이념으로 축소시켜 버리는 것이다. 또 다른 것은 목회자를 단지 경영대학에서 최근의 경영 전략들을 배워서 적용해야 하는 진취적인 기업가들로 간주하는 것이다. 세상 왕국들은 이 모든 거래들을 일시적으로 부추길 것이다. 그러나 그중 어떤 것도 한 개인이 하나님과 사랑이 넘치는 교제 가운데 살아가는 삶을 선택하도록 돕지는 못할 것이다.

사탄이 예수님께 제안할 수 있었던 것은 그가 본 '현실' 세계가 전부였다. 예수님은 그 유혹을 거부하셨다. 왜냐하면 예수님은 그분의 마음속에 그리고 계셨던 세상—하나님이 사랑하시는 세상—에 전념하고 계셨기 때문이었다. 세상에는 현실주의자들이 너무 많고, 꿈을 꾸는 선지자들은 턱없이 부족하다. 예수님을 현실주의자라고 비난하는 것만큼 터무니없는 얘기는 없을 것이다. 그분이 메시아라고 선포하셨을 때, 바리새인들은 물었다. "너는 누구냐?" 마찬가지로 그레고리 대제, 마르틴 루터, 마틴 루터 킹, 마더 테레사 그리고 넬슨 만델라 같은 사람들도 모두, 그들의 위대한 꿈이 비현실적이라는 말을 들었다. 그들 모두 그들이 본 세계에 한정되기를 거부하고, 대신 사랑하는 비전의 궁극적 실재에 의해 살고자 했던 것을 하나님께 감사하라.

경건 생활이 목회자들에게 그토록 중요한 이유가 바로 이것이다. 경건 생활에서 목회자는 하나님과 함께 고독한 장소로 나아가며, 거기서 거룩한 꿈이 새로워진다. 목회자가 하늘의 음성을 듣는 그곳은 사랑받는 자로서 교회의 정체성을 회복하는 곳이며, 사탄의 깨끗하지 못한 거래를 거부할 용기를 발견하는 곳이다.

04

데이비드 바틀릿 David Bartlett

신약학자. 예일 대학교에서 은퇴한 후 컬럼비아 신학대학원에서 설교학을 가르치고 있다. *Feasting on the Word* 시리즈의 저자다.

설교의
정의를 향하여

여러 해 동안 나는 '설교의 정의를 향하여'(Toward a Definition of Preaching)라는 설교학 개론 과정을 가르쳐 왔다. 제목에 '향하여'라는 말을 쓴 것은 설교의 과업에 대한 나의 이해가 늘 과정에 있음을 인정하는 것이었다. (나는 해마다 그 강좌를 조금씩 수정했다.) 강좌를 '설교의 정의'라고 부르는 것이 '설교의 열 가지 규칙'이라고 부르는 것보다 더 매력적으로 들리는 것 같다. 특히 그 강의는 언제나 법칙이 아니라 복음을 전파하라는 거의 루터적인 호소로 끝나기 때문이다. '은혜를 설교하는 열 가지 규칙들'이라는 말은 모순어법처럼 보인다.

이제는 내가 그 과목을 가르치지 않은 지 여러 해가 되었다. 그러나 그 정의의 세 가지 표지들은 강조해서 설명할 만한 가치가 있다.

설교는 성경적이다

첫 번째 표지는 '설교는 성경적'이라는 점이다. 설교자가 철학자나 사회 비평가나 이야기꾼이 아니라 무엇보다 말씀의 해석자라는 것은 명백하고 여전히 핵심적인 주장이다. 신학교 1학년 때 카를 바르트의 저술을 대했을 때, 그는 하나님의 말씀은 그리스도 안에서, 그다음 성경 안에서, 그다음 우리가 성경을 해석할 때 그리스도에 대한 설교 속에서 우리에게 다가온다고 내게 가르쳤다. 그렇게 확신하게 된 이후 나는 결코 그 확신을 돌이키지 않았다.

내 동료 로버트 윌슨은 내가 이 점을 좀더 강조해야 한다는 사실을 인식할 수 있도록 도와주었다. 성경적인 설교를 준비하는 가장 좋은 방법은 성경을 읽는 것이다. 그것은 그저 성경을 읽으라는 말이 아니다. 다음 주일 설교를 위해 그 성경 본문을 읽으라는 말은 더더욱 아니다. 성경, 그 위대한 책, 그 전편을 읽으라는 의미다.

바울은 자신이 장차 계속해서 인용될 구절들을 쓰고 있다는 사실을 알지 못했다. 그는 자신이 편지를 쓰고 있다고 생각했다. 마태, 마가, 누가 그리고 요한은 그들이 기록한 복음서의 상당 부분이 대강절 셋째 주일이나 특정 예식에 쓰일 거라고는 생각지 않았다. 바울은 특별한 주제들에 대해 논리 정연하며 본질적인 주장을 펼치는 편지를 썼다. 그리고 복음서 기자들은 이야기들로, 기승전결과 갈등이 있는 담론들로만 이루어진 이야기들을 썼다.

바울과 복음서 기자들이 편지를 쓸 수 있었던, 혹은 그들의 이야기를 말할 수 있었던 유일한 이유는 그들이 구약성경의 풍성한 전통에 흠뻑 젖어 있었기 때문이다. 당신이 바울서신이나 복음서를 읽을 때, 그들이 단지 자신들의 주장을 입증하기 위한 본문으로만 구약성경을 사용한 것이 아니라 그 이야기들에 흠뻑 빠져 있고, 그 이미지들에 따라 그들의 내면이 형성되어 왔음을 깨닫게 된다. 구약을 많이 읽으면 읽을수록 신약을 더 잘 이해하게 된다. 구약과 신약을 설교할 때, 우리는 하나님의 완전한 가르침을 설교하는 데 더 가까이 다가가게 된다.

더 나아가, 성구집(lectionary, 교회력에 있는 특별한 절기 예배를 위해 선택된 본문들을 모아둔 책—옮긴이)의 지침에 따라, 설교자들이 시간을 내서 성경의 특정 책에 대한 연구들을 읽으면 좋겠다. 상세한 내용들을 점검하기에는 주석서들이 가장 좋지만, 성경 각 권들이 전체적으로 다루는 내용을 개괄할 수 있는 훌륭한 책들이 많이 있다.

물론, 대부분의 설교자들은 성경에서 뽑은 인용 구절들과 어떤 부분들에 대해 설교할 것이다. 하지만 이 보석들이 놓여 있는 더 큰 맥락에 대해 충분히 이해한다면, 설교를 더 잘할 수 있을 것이다. 또한, 예를 들어 우리가 마태복음의 중심 개념에 대해 잘 알고 있다면, 설교를 준비할 때마다 그 질문을 다시 할 필요가 없을 것이다.

설교는 인격적이다

설교의 두 번째 표지는 '설교는 인격적'—실제적이고 구체적인 사람들을 겨냥하는 것—이라는 점이다. 설교학을 가르치는 우리 모두는 우리가 특히 잘하는 설교가 어떤 것인지에 대해 표준 약관 같은 것을 이야기한다. 그런데 우리가 가장 잘하는 설교는 언제나 우리가 속한 교회 회중에게 하던 것이다. 내 강의를 들은 목회학 박사 학생들 중 많은 이들이 내게 종신 교수직을 사임하고 고용이 불안정하기는 하지만 그 매력적인 교구들 중 한 곳에 부임하는게 어떻겠느냐는 제안을 한다.

우리 교수들의 고백은 다소 낭만적이고 옛 시절에 대한 그리움이 담긴 것일 수도 있다. 그러나 그것은 부분적으로 사실이기도 하다. 내가 네 주에 걸쳐 같은 회중에게 네 편의 설교를 하는 경우조차도, 네 번째 주가 될 무렵에야 그들을 더 잘 알게 되고, 단지 그들 앞에서 설교하는 것과는 아주 다른 방식으로 바로 '그 사람들'에게 설교하기 시작한다.

이 모든 것은 가장 인격적인 설교란 설교를 듣는 사람들이 누구인지 알아야 함을 말해 준다. 그곳에 있는 그들은 어떤 사람들인가? 그들은 이번 주까지 무엇을 했는가? 그들은 무엇을 읽는가? 그들은 텔레비전에서 무엇을 보는가? 기쁨과 관심사들을 나누는 것은 특히 이번 주의 목회 기도를 위해서도 필요하겠지만 다음 주의 설교를 위해서도 필요한 일이다.

당신의 설교를 듣는 사람들을 이해하는 가장 좋은 방법은 그들과 어울리는 것이다. 청소년 그룹 모임과 여성들의 모임에 참석하라. 재정부서 회의 시간이면 딴 생각을 하며 메모지에 무언가를 끼적이고 있지 말라. 당신 교구의 성도가 추천하는 소설을 읽으라. 그 소설의 작품성이 여러분이 선호하는 것이 아니라 하더라도 말이다. 〈뉴욕 타임스〉뿐만 아니라 지역 신문도 살펴보라. 의문 사항이 있으면 웹사이트에서 그 토픽을 찾아보라. 그러면 당신의 회중 가운데 많은 사람들이 어디서 그들의 해답을 발견하는지 배우게 될 것이다. 그리고 그 사람들이 사는 지역을 산책해 보라. 멈추고, 보고, 들으라.

내가 신학생 시절 철학적 신학을 가르친 폴 홀머 교수는 설교할 때면 항상 같은 사람이 아니라 매주 다른 사람, 그러나 특정한 사람을 염두에 두고 설교를 한다고 말하곤 했다. 그것은 다소 위험한 일일 수 있다. 당신이 지금 누구를 향하여 말하고 있는지, 당신이 염려하는 것이 무엇인지를 회중 전체가 너무나 분명하게 알아채는 일이 벌어질 수도 있다. 한 사람을 염두에 두고 설교에 열의를 다했는데 그녀가 그 주에 어머니를 방문하기 위해 예배에 참석하지 않는다면 당신은 맥이 빠질 수도 있다.

그러나 전반적으로 그것은 훌륭한 조언이다. 설교를 준비하면서 경청하고 있을 것 같은 사람들의 얼굴을 떠올려 보라. 당신은 하나님이 그들의 삶 속에서 어떤 일을 하시기를 기도하고 있는가? 그것에 주목하고 그 방향으로 설교하라.

나는 지금까지 설교를 하면서도 근년에 와서야 비로소, 설교를 구별짓는 어떤 부분을 회중이 다른 방식으로 듣고, 배우고, 참여한다는 사실을 깨닫게 되었다. 가장 단순한 차원에서 보자면, 허공을 응시하고 있는 사람이 가장 주의를 기울이고 있을 수도 있고, 나를 똑바로 바라보고 있는 사람이 목사 가운과 어울리지 않는 넥타이에만 관심을 기울이고 있을 수도 있다는 것이다.

좀더 복잡한 수준에서 말하자면, 배우는 방식에서 차이란 어떤 사람들은 이야기를 좋아하며 그것들로부터 배우고, 또 어떤 사람들은 이야기를 듣는 것은 좋아하지 않지만 명제적 진술에는 뛰어나다는 것을 의미한다. 어떤 설교자들은 청중을 역설적 표현을 좋아하거나 시를 애호하는 사람들로 바꾸어 놓는 것이 설교자의 임무라고 생각한다. 그러나 우리의 과업은 하나님께서 그들을 그리스도인으로 변화시키시는 일을 돕는 것으로 충분하다. 그것은 때로 우리가 가장 좋아하는 설교 형태인 3대지 설교를 하는 대신 실례(實例)를 말하려 하거나, 혹은 그 반대로 하는 것을 의미한다. 나는 신학교에 있는 우리 대부분이 세 가지 요점을 정리한 설교를 포기했음에도, 많은 청중은 우리의 설교가 정확히 어느 지점에 있는지 알고 싶어 하며, 다가올 한 주간 동안 말씀을 기억하기 위해 한두 가지 단서를 간직하기 원한다는 것을 알게 되었다. 이상적인 경우라면 우리는 아마도 우뇌형 설교자와 좌뇌형 설교자가 돌아가며 설교를 하는 체제를 갖출 수 있을 것이다. 그러나 현실에서는 우리 대부분이 때에 따라 뇌의 양쪽 부분을 활성화시켜야 한다.

설교가 인격적이라고 말하는 것은 우리가 인간이라고 말하는 것이기도 하다. 우리가 하는 말은 우리의 존재를 반영할 것이다. 우리는 회중 앞에서 개인적인 문제들을 해결하기 위한 기회로 설교 강단을 사용해서는 안 된다. 또 우리는 설교 강단에 서서 암묵적으로 그들에게 우리를 돌보아 달라고, 우리의 목회자가 되어 달라고 호소해서도 안 된다. 감독 없는 교단의 설교자들 대부분은 그때그때 그들의 필요를 채워 주는 목회자가 되어 줄 사람들을 찾아야 한다. 목요일에 그들에게 자신의 이야기를 털어놓고, 그래서 주일에는 설교자 자신이 아니라 그리스도를 설교할 수 있게 된다.

일반적으로, 우리는 다른 누구보다도 자신에게 더 관심이 있다. 그리고 나이가 들어갈수록 자신의 추억에 더 빠지는 경향이 있다. 물론, 설교를 하면서 설교자가 자신에 대해 너무 많이 말하는 것은 위험할 수 있다. 하지만 반대로, 우리가 전적으로 관여해야 하는 것에서 떠나 있는 것처럼 보이는 것도 마찬가지로 위험하다. 설교에서 자신을 너무 많이 보여 주고 싶지 않다고 하는 설교자, 그래서 단조로운 어조로 신학적 관념들을 말하는 설교자는 자신에 대해 이미 많은 것을 보여 주고 있는 것이다. 그는 세상에서 가장 긴요한 과업으로부터 의도적으로 거리를 두는 사람이다. 혹은 그렇게 하는 것처럼 보인다. 문제는 우리가 설교 중에 '나는' 혹은

'나에게'라는 말을 얼마나 자주 하는가 하는 것이 아니다. 설교자를 포함하여 그 아침에 거기 있는 모든 사람에게 우리가 말하고 있는 것에 대하여 우리 자신이 얼마나 확신하고 있는가, 바로 이것이 문제다.

사도 바울의 편지는 신실한 증언이 어떠해야 하는지를 보여 주는 좋은 예다. 그 편지들은 모두 십자가에 못 박히신 그리스도와 만유의 만유가 되시는 하나님에 관한 것이다. 하지만 바울은 때로 "나는 복음을 부끄러워하지 않는다"고 말했다. 그리고 자기 자신에 대한 이런 언급은 바울 자신을 넘어선 세계를 가리키고 있었다. 종종 그는 자신의 말을 듣는 사람들에게—그리고 아마도 자기 자신에게—상기시켜야 했다. 그의 삶은 그가 설교했던 복음과 같은 모습으로 빚어질 것이며, 하나님의 능력은 항상 그의 약함 가운데서 완전해진다는 사실을.

설교는 복음이다

'설교의 정의를 향하여'라는 강좌는 늘 같은 목표를 지향하지만, 해가 지나면서 많은 부분을 수정하고 있다. 설교는 늘 좋은 소식이다. 물론, 그것은 설교가 편안한 소식, 값싼 은혜 혹은 고통 없는 성취라는 의미가 아니다. 모든 참된 소식이 그러하듯이, 설교는 진실해야 하는데, 그것은 설교가 항상 즐겁기만 하지는 않을 거라는 의미이기도 하다.

그럼에도, '하나님과 이웃을 사랑해야 한다'고 하는 것과 '하나님이 그리스도 안에서 당신을 사랑하시기 때문에 당신은 하나님과 이웃을 사랑해야 한다'고 하는 것은 큰 차이가 있다. 어려서부터 우리는 부모님이 '이래야 한다' 혹은 '저걸 하지 않으면 안 된다'는 말씀을 하실 때마다 그 말을 듣지 않는 쪽으로 길들여져 왔다. 설교를 하면서 우리는 이 문제를 해결해 줄 수 있을 것 같은 장치를 마련했다. '하나님과 이웃을 사랑하자'라는 식으로 표현하는 것이다. 하지만 '하자'라는 말은 여전히 '해야 한다'나 '하지 않으면 안 된다'로 들린다. '이렇게 해야 합니다' 혹은 '이렇게 합시다'라는 말을 들을 때, 회중은 곧바로 듣기를 멈추어 버린다.

나는 내 수업을 듣는 학생들에게 그들이 작성한 설교 원고를 살펴보고, '여러분은 이러이러해야 한다', '하지 않으면 안 된다', '우리는 이렇게 해야 한다' 혹은 '이렇게 하자'라는 말을 모두 빼버리라고 권한다. 거의 틀림없이, 설교가 더 풍성해짐을 보게 될 것이다. 이것은 평서형이 명령형보다 의사소통을 원활하게 해주기 때문만은 아니다. 그들의 설교가 더 풍성해지는 이유는 우리의 전 작업이 하나님께서 축복과 구원으로 인간 역사 속에 들어오셨다고 하는 심히 놀라운 은혜의 소식에 기초하고 있기 때문이다.

설교는 늘 '새로운 소식'이다. 그리고 그것은 늘 '좋은' 소식이다. 그렇지 않다면 왜 우리가 이 이상한 일을 하면서 그곳에 서 있으려 하겠는가?

05

존 뷰캐넌 John Buchanan

시카고 대학 신학부에서 신학을 공부했다. 10년 동안 오하이오 주 콜럼버스에 있는 브로드 스트리트 장로교회 목사로 있었으며, 그 기간에 교회는 〈U. S. 뉴스앤드월드리포트〉에 미국에서 모범적인 다섯 개의 교회 중 하나로 소개되었다. 〈크리스천 센츄리〉의 발행인 겸 편집자다.

왜 교회 안에
머물러 있는가?

모두들 한 번쯤 교회와 목회 밖의 삶에 대해 생각해 본 적이 있을 것이다. 내가 신학교 대신 법과 대학에 갔으면 어떻게 되었을까? 목회학 석사과정(M. Div.) 대신 경영학 석사과정(MBA)을 밟았다면, 혹은 해병대에 들어갔다면 어떻게 되었을까? 대부분의 목회자들이 단 한 번이 아니라 여러 번, 목회자가 되기로 결단했을 것이다. 사실 목회자가 된 지 40여 년이 지나서야 나는 이 직업적 결단, 부르심—청천벽력같은 소식, 한밤중에 들려오는 목소리, 우리가 긁어줄 수 없는 끊임없는 가려움증—에 대한 응답은 우리가 매일 하는 결단이라는 결론에 이르렀다.

나의 멘토 중 한 사람인 바버러 브라운 테일러(Barbara Brown Taylor)는 기품 있는 신실함과 진실함으로 글을 쓰고 연설도 하는 분인데,《교회 떠나기 Leaving Church》라는 베스트셀러를 냈다.[1] 그 책 표지에는 문이 활짝 열린 새장에서 하얀 비둘기가 날아오르는 그림이 있다. 그것은 중요한 책인데, 이 표지 그림은 테일러에게 교구 사역이 일종의 감금, 즉 날아오를 여지가 없는 작은 새장이 되었음을 암시한다.

어쩌면 우리 대다수는 누군가에게 보수를 받을 만한 다른 일을 할 줄 모르기 때문에 교회 안에 머물기로 선택할 수도 있다. 하지만 우리는 사역을 하면서 나는 법을, 심지어 솟구쳐 오르는 법을 발견하기도 한다. 나는 우리가 계속 살아 있고, 건강하며, 효과적이고, 신실하게 사역을 감당하는 것에 대해 몇 가지 생각들을 나누려고 한다.

넘어야 할 도전들

적어도 사역을 하는 데는 몇 가지 넘어야 할 어려운 도전들이 있다. 우선, 교회가 있다. 교회는 격변하는 듯한 조류 한가운데서 자신을 지탱하려고 분투하는 낡은 구조의 조직이다. 우리 중 많은 사람들이, 사역을 준비하는 상당히 많은 시간을 '제도 교회'라고 부르기 좋아하는 어떤 것을 비판하는 데 허비한다. 마치 하나님의 마음과 생각 가운데 있는 것 외에 어떤 다른 종류의 교회가 있다는 듯이 우리는 그런 용어를 사용한다. 그러고는 교회에서 안수를 받고, 그리로 뛰어들어서는 위원회들을 섬기고, 모임들에 참석하고, 교회 관료조직에서 일하는 사람들과 친분을 맺으면서 사역한다. 우리는 이 시대의 여러 이슈들에 휘말린다. 예컨대 인종, 평화, 빈곤 그리고 이제는 성적 취향의 문제와 더불어 게이와 레즈비언 그리스도인들이 안수를 받아야 하는지 받아서는 안 되는지 하는 쟁점들이다. 우리는 교회 내에서, 그리고 예전에는 동료였던 사람들 사이에서 적개심을 경험했다. 그것은 우리를 지치고 상심하게 했다.

이제 설상가상으로 그 구조들은 삐걱거리고 우리는 교회의 상황에 의기소침해진 바로 이때, 사회학자들은 우리에게 포스트모던 종교는 단지 후기 종파적(post-denominational)일 뿐만 아니라 후기 기독교적(post-Christian)이라고 말하고 있다. 현대 미국인들은 '입회자들'(joiners)이 아니라 '찾는 이들'(seekers)이다. 종교는, 교회와는 아무 상관이 없는 개인적이고 사적인 여정이다. 목회자는 결혼 예비 세미나를 하면서, 급격하지는 않지만 지속적으로 일고 있는 현저하고 전반적인 문화적 혁명에 직면한다. 예비 신부가 소개하는 예비 신랑은 이렇게 말한다. "목사님, 저는 종교적인 사람이 아닙니다. 저는 그냥 하나님을 믿습니다. 하지만 여러 해 동안 교회에 나가지는 않았습니다. 그래서 저희 결혼식에서 종교적인 내용들은 최소한으로 줄였으면 합니다."

우리는 교회에 머물러 있기 위해, 교회가 인간적인 조직이 되는 것과 성도들이 보통 사람들이 되는 것을 용서하는 법을 배울 필요가 있다. '교회의 유일한 기초는 주 예수 그리스도이시다. 교회는 물과 말씀으로 거듭난 그리스도의 새로운 피조물이다'라고 노래하는 그 실체와, 카펫의 색을 선택하거나 찬송가를 선곡하는 것으로 다투는 현실의 긴장 가운데 살고 있다.

도움이 될지 모르겠지만, 나는 교회에 머물러 있는 사람들이 기독교 역사에서 엄청난 변화의 시기에 참여하게 된다고 생각한다. 프레드릭 뷰크너는 이렇게 쓰고 있다.

> 아마도 교회에 일어날 수 있는 최선의 사건은 모든 것을 쓸어버릴 수 있는 역사의 거대한 파도일 것이다. 교회 건물이 붕괴되고, 교회 재정이 거덜나고, 주보가 낙엽처럼 공중에 다 날아가 버리고, 설교자와 회중의 차이도 다 사라져 버리는 사건 말이다. 그러면 우리에게 남는 것은 우리와

그리스도가 전부일 것이다. 이것은 맨 처음에 있었던 전부다.[2]

때로는 지금 우리에게 일어나고 있는 일이 바로 이런 일인 것처럼 느껴진다. 우리는 일종의 추방 상태에 가까이 가고 있다. 포스트모던 시대에 우리는 지금까지 누렸던 많은 특혜, 권리 그리고 권위를 잃어버렸다. 그 모든 것이 어디서 끝날지는 문자 그대로 하나님만이 아신다. 그러나 그 일부가 되는 것은 얼마나 중요하고 흥미로운 시대를 사는 것인가?

우리는 우리가 처한 곤경에 대해 '그것은 자유주의자들(혹은 보수주의자들)의 잘못이다'라며 다른 사람들을 비난하는 일을 멈추어야 한다. 그리고 우리가 붕괴해 감에도 교회들은 여전히 이 상황에서 중요한 역할을 하고 있음을 기억해야 한다. 비판적으로 사고하기를 두려워하지 않고 과학과 예술 그리고 그 시대의 중요한 이슈들에 참여할 준비가 되어 있는 종교를 더러 보게 되는 것은 다름 아닌 교회들 안에서다. 환대, 관용 그리고 무조건적인 사랑의 종교, 미디어가 좋아하는 배타적이고 폭력적인 종교와는 아주 대조적인 종교를 보게 되는 것도 바로 교회들 안에서다. 모든 것을, 심지어는 종교마저도 종교적인 소비자가 원하는 것으로 축소시켜 버리는 시장 지향성에 대한 근본적인 대안을 보게 되는 것도 바로 교회들 안에서다. 선하지만 깨어지기 쉽고 위기에 처한 창조 세계, 하나님의 세계를 진지하게 생각하는 종교, 인간의 가치가 낙태나 동성 결혼 등으로 축소되기를 거부하는 종교, 자신의 선지자적 전통을 잊지 않고 계속 정의와 평화의 하나님을 증거하는 종교를 이따금 보게 되는 것은 바로 우리와 같은 교회들 안에서다.

회중을 미래로 인도하려면 우리가 속한 그 새로운 세계를 공부하는 똑똑하고 통찰력 있는 사람들이 용기 있게 새로운 일들을 시도해야 한다. 또한 이 모험이 우리 손 안에만 있는 것이 아니며, 모든 것이 휩쓸려간다 하더라도 우리에게는 여전히 그리스도가 계시며, 지옥의 문들이 우리를 이기지 못하리라는 그분의 약속이 있음을 신실하게 믿고 기억해야 한다.

사역의 책임과 현실적인 상황들도 도전이 될 수 있다. 에일린 린드너는 우리가 '불꽃 가까이에', 흥분과 열정과 비극과 환희 가까이에, 삶의 고통과 상실과 엄청난 기쁨 가까이에 살고 있다고 썼다.[3] 사람들은 다른 어느 누구도 접근하기 어려운 차원에서 그들의 삶 가운데로 우리를 초대하고, 다른 누구에게도 말하지 않았던 것들, 평생 우리 마음속에 짊어지고 다녀야 할 것들을 우리에게 이야기한다. 그들은 직장을 잃었을 때, 배우자가 세상을 떠났을 때 우리를 부른다. 그들은 더 이상 성생활에 흥미가 없다고 말하러 오거나, 그들이 하나님을 더 이상 믿지 않는다고 선언하기 위해 우리에게 온다. 십 대 자녀가 코카인을 하고 있다고 말하러 오기도 한다. 그들은 세상을 떠난 이들의 장례를 치르기 위해 그리고 자녀를 결혼시키기 위해 우리에게 온다. 그들 자신이나 사랑하는 사람들이 위독할 때 그들은 우리가 병상에 와주기를 바라고, 인간의 전 삶에서 가장 본질적인 자리, 즉 죽음이 다가오는 순간 우리를 초청한다.

그들은 우리의 설교를 아주 많이 좋아한다고 하여, 예배 후의 칭찬이라는 미끼에 우리를 중독되게 한다. 또 우리가 가장 연약해져 있을 때 비판하여 절망에 빠지게 한다. 그들은 우리가 전쟁을 규탄했다고 해서, 또한 규탄하지 않았다고 해서 우리를 질책한다. 우리가 동성애에 대하여 말한 것 혹은 말하지 않은 것 때문에 그들은 교인 서약을 취소해 버린다. 그들은 우리의 가족을 지켜보고 있고, 우리가 받는 보수에 대해 이야기한다. 그들은 우리가 어떤 차를 타고 다니는지, 어디로 휴가를 가는지 알고 있다.

그리고 그들은 자신들의 삶 속에 우리를 들어오게 할 뿐만 아니라 우리의 삶 속에도 끼어든다. 그뿐만 아니라 그들은 매주 와서 조용히 앉아 우리가 말하는 것을 듣는다. 그보다 더 놀라운 사실이나 더 믿기 어려운 특권이 있다면, 그게 무엇일지 나는 잘 모르겠다.

테일러는 성직자가 되는 것을 '핵발전소 수석 기술자로 일하는 것보다 약간 덜 위험한 것처럼 보았다. 이 두 경우 모두 큰 위험을 감수해야 하며, 그 과정에서 불에 타버리지 않으면서 엄청난 힘에 접근하는 방법을 알 필요가 있었다'[4]고 말했다.

그러므로 이제, 불에 타버리지 않을 수 있는 방법에 관해 몇 가지 의견을 제시한다.

목회를 위한 조언

멘토를 찾으라. 나는 실천 신학, 설교학 혹은 리더십에 관해서는 한 과정도 수강하지 않은 채 사역에 내던져졌다. 폴 틸리히를 인용할 수는 있었지만, 어떻게 아기에게 세례를 주어야 하는지에 대해서는 막연한 개념조차 없었다. 그래서 나는 그 방법을 아는 목회자들을 관찰했고, 무의식적으로 그들을 모방했다. 실천적 학문을 다루는 과정들이 지적인 틀을 제공하는 한편, 우리는 그 일을 잘하는 사람들을 모방하면서 사역하는 법을 배운다. 그러므로 멘토를 찾으라. 그런 다음, 보고 따라 하라. 그것이 우리가 설교하는 것을 배우는 방법이다. 우리는 좋은 설교자들의 설교를 듣고 좋은 설교들을 읽는다. 어떤 이들은 그것을 '암묵적 멘토링'(silent mentoring)이라고 부른다. 나의 멘토였던 리버사이드 교회의 어니 캠벨은 누군가 자신을 멘토로 생각하고 있다는 사실을 인식조차 하지 못했고, 나를 알지도 못했다.

가장 중요한 것을 먼저 하라. 지속적이고 즐거운 목회의 비결은 시간 관리를 잘하는 것이다. 대부분의 목회자에게 그것은 설교 준비를 의미한다. 그것은 우리의 남은 시간들을 설교 준비를 중심으로 잘 조직화하는 것을 의미한다. 그 반대가 아니다. 보통은 자투리 시간을 이용하여 설교 준비할 시간을 억지로 짜내는 경향이 강하다. 해야 할 일이 너무 많다. 모임이 너무 많고 만나야 할 사람도 너무 많다. 나의 가장 중요한 책임은 설교를 준비하는 것이고, 그것이 가장 중요한 시간대를 차지할 가치가 있다는 걸 인식했을 때, 내 삶은 크게 향상되었다. 그래서 나는 내 가장 중요한 시간대를 설교 준비에 할애한다.

미리 계획을 세우라. 나는 설교가 스카치위스키와 같다는 것을 알게 되었다. 통 속에 머무는 시간이 길어질수록 더 좋은 상품이 생산될 것이다. 마찬가지로 준비 시간이 짧아지면 짧아질수록 그 과정은 더 어려워질 것이다. 그리고 책상 위의 텅 빈 공책을 뚫어지게 바라보며 나 좀 구해달라고 하나님께 기도하고 있는 자신을 발견하게 될 것이다. 그래서 나는 1년에 세 번, 즉 여름과 크리스마스 후 그리고 부활절 후 한 번씩 사전 계획을 위해 며칠의 시간을 갖는다. 나는 성경과 성구집 그리고 한 권의 공책을 가지고 자리에 앉는다. 매 주일을 위한 본문을 읽고 옮겨 적는다. 그리고 각각을 요약하는 문장을 쓴다. 교회력에 따라 성구집이 내게 원하는 것과 전체 교회가 생각하고 있는 것에 대한 전반적인 조망을 원한다. 장로교인인 나는 성구집을 고려하지 않고 내 나름의 방식대로 할 수도 있지만, 그래도 나는 전 교회가 매주 교회력에 따라 다루는 것이 무엇인지 알기를 원한다.

이 작업이 끝나면, 나는 다음 네 달 남짓한 동안 각각의 주일에 설교할 본문을 따로따로 한 장의 종이에 내 생각과 함께 적는다. 그때 이미 설교의 주제가 떠오른다. 이렇게 각각의 주일마다 한 장의 기록을 만드는 것은 하나의 파일을 만드는 것과 마찬가지 일이다. 그리고 나서 거기에 신문 기사, 영화, 콘서트, 예화 등을 적어 두는데, 그 주제와 관련 있는 것들을 발견할 때마다 해당하는 곳에 끼워 넣는다. 대개 이렇게 모아진 자료들은 내가 설교에 다 사용할 수 없을 만큼 많아진다.

주간의 시간을 체계적으로 계획하라. 주 중의 설교 준비에서 가장 중요한 시간대를 할애해야 한다. 월요일 아침은 기본적인 본문 연구와 주해를 위한 시간이다. 나는 화요일 이른 아침에 다시 그것을 살펴본다. 수요일 아침에는 수집해 놓은 자료들을 훑어본다. 오전 늦은 시간쯤이면 스무 장쯤 되는 원고를 갖추게 된다. 수요일 잠자리에 들기 전에 이 원고를 다시 읽고, 중요한 부분을 표시한다. 그리고 그것을 20개 정도의 문장으로 간단하게 줄인다. 거기서 멈춘다. 그리고 느낌이 좋은 주에는 내가 잠자고 있는 동안 설교가 스스로 써나갈 거라고 확신한다. 목요일 아침에는 그 20개의 문장들 가운데서 중심 개념을 찾아낸다. 그리고 원고를 쓰기 시작해서 설교가 완성될 때까지 멈추지 않는다. 나는 설교 원고를 속기가 아닌 보통의 필기체로 쓴다. 원고 없이 설교할 수도 있지만, 손으로 원고를 쓸 때 더 좋은 단어를 선택하고 더 나은 문장을 만들어 낸다는 것을 알고 있다.

이 시간은 그 주간의 나머지 시간을 좌우하는 가장 중요한 시간이다. 우리 교회 사람들은 이 일을 하라고 나를 불렀다. 유명한 설교학자 프레드 크래독의 멋진 묘사에 따르면, 그들은 내가 방문을 닫고, 성경과 씨름하고, 그러고 나서 거기서 발견한 것을 주일 아침에 보고하라며 나에게 급료를 지불하고 있다.

주간의 시간을 이렇게 계획해서 사용하면 설교자가 최악의 상황—토요일까지, 혹은 정말 더 심한 경우 토요일 밤까지 아무런 준비도 못하고 있는 상황에 처하지 않게 된다. 나도 몇 번인가 그런 경험을 했지만, 정말 끔찍하게 싫었다. 아내도 마찬가지였다.

당신이 맺고 있는 관계들에 주의를 기울이라. 가장 중요한 과업을 중심으로 삶을 체계화하는 것은 토요일을 가족, 볼일들, 공놀이 그리고 소풍을 위해 자유롭게 비워 두는 것을 의미한다. 토요일 저녁은 설교를 쓰기 위한 시간이 아니라 가벼운 차를 마시거나, 저녁 식사, 영화 감상 혹은 음악회를 위한 시간이다. 이 일에 사로잡혀 무엇보다 가장 소중한 선물—사랑하고 돌보아야 할 사람들—을 위한 시간이 거의 남지 않게 되기가 쉽다. 일은 끝이 없다. 그래서 거절하는 법을 배우는 것은 아주 중요하다. 배우자와 자녀들 그리고 사랑하는 사람들에게 주의를 기울이라.

아내는 일찌감치 경계선의 중요성에 대해 내게 가르쳐 주었다. 그녀는 단지, 모든 사람의 기대에 따르는 목회자의 아내가 되기를 거절했을 뿐이다. 우리는 우리 자녀들이 PKs(Preacher's kids, 목사의 자녀들)가 되지 않게 하기로 결심했다. 그들은 그저 우리 부부의 자녀가 될 것이다. 교회의 모임 때문에 우리 아이들의 삶에서 단 한 번밖에 없을 일들을 놓치는 경우를 몇 년 동안 겪은 후, 나는 그렇게 하는 것을 곧바로 그만두었다. 나는 "모임 중에 조금 일찍 빠져나가야 할 것 같습니다. 아들이 야구 경기를 하고 있거든요"라고 말하는 법을 배웠다.

목회적 돌봄을 지향하라. 우리는 목회자다. 우리가 목회자로서의 역할을 잘 감당하는 만큼 우리는 우리의 청중에게 다가갈 수 있고 도움이 되는 설교자가 될 것이다. 우리가 그들에게 주의를 기울이고, 그들을 사랑하고, 그들이 우리를 필요로 할 때 그들을 위해 그곳에 있어 주려 한다는 것을 그들이 아는 만큼, 우리의 청중은 우리가 말하는 것을 들으려 하고, 우리가 선지자적 역할을 감당할 수 있게 해줄 것이다. 설교를 준비하는 것처럼 목회적 돌봄은 의지와 세심한 계획이 필요하다. 이것은 전 교회의 사역이기도 하다. 그래서 그런 일이 잘 이루어질 수 있도록 방법들을 구조화하고, 목양하는 사람들이 되도록 훈련하며 힘을 불어넣어 주는 것은 우리의 과제의 일부이기도 하다. 위기에 처한 사람들을 돕고 그들과 함께 있어 주도록 조직적으로 돌보는 팀들은 교회가 돌봄의 목회를 잘할 수 있게 도와준다.

자기 돌봄을 실천하라. 설교가 잘되기를 원한다면, 자신을 잘 돌봐야 한다. 그리고 경계선에 대해, 거절하는 방법에 대해 배워야 한다. 그러면 자신을 위한 시간을 갖게 될 것이다. 영혼과 지성과 육체를 돌보는 것은 절대적으로 중요하다. 음악회, 놀이, 발레, 야구 경기, 영화 혹은 소설을 읽으며 보내는 저녁 시간은 건강과 행복을 위해 필수적이다.

우리는 전인적인 사람들이다. 그리고 목회자들이 우리가 설교하는 '전인성'을 실천하는 것은 중요하다. 규칙적인 운동, 산책, 조깅 그리고 수영은 몸과 영혼에 새로운 활력을 주고, 좋은 컨디션과 건강을 유지하게 해준다.

기도하라. 하루를 시작하면서 갖는 조용한 시간, 시편이나 경건 서적을 읽거나 하나님의 임재 앞에서 마음을 열고 고요하게 있는 경험은 나에게 생명의 근원이 된다. 내가 섬기는 교회의 아름다운 전통 중 하나는 직원들과 그 외 원하는 사람 누구나 참여할 수 있는 매일의 기도(daily prayer) 시간이다. 이것은 15분가량의 예배인데, 말씀을 읽고, 세계와 교회를 위해, 그리고 교인들 가운데 열두 명의 사람들을 위해 이름을 부르며 기도한다. 우리는 그들을 위해 기도할 것임을 알리는 편지를 쓴다. 그리고 우리가 그들을 위해 기도할 때 염두에 두기를 원하는 것이 무엇인지 말해 달라고 한다. 나는 그 편지들에 서명하면서, 그들에 대해, 그들의 기쁨과 관심사들, 염려와 도전들에 대해 생각한다. 나는 그리스도와의 연합을 경험하고, 그들의 목회자인 것이 엄청난 특권이라는 것을 깨닫는다. 은퇴할 때가 다가오면서, 나는 새로운 확신과 애정으로 목회를 사랑하고 있는 나 자신을 발견하게 된다. 그리고 우리 모두가 그렇게 되기를 바라고 기도한다. 어쨌든, 사랑할 것이 너무 많다.

06

데이비드 버트릭 David G. Buttrick

뛰어난 설교학자 중 한 명이다. 밴더빌트 대학교 신학부에서 오랫동안 예배와 설교학 교수로 있었다. *A Captive Voice: The Liberation of Preaching* 의 저자다.

설교에 대한
또 다른 생각들

대체로 나는 조언하기를 꺼리는 편이다. 어처구니없는 실수와 실수 사이를 기분 좋게 오가는 우리는, 조언에 관한 한 좀처럼 신뢰할 만하지 않기 때문이다. 게다가 조언하는 것은 성가신 도덕주의로 표류하기 쉽기 때문이다. 하지만 주제가 설교이고 꼭 필요한 것이기에, 어리석은 실수를 하는 편이 아무것도 하지 않는 것보다는 낫지 않을까 생각한다.

하나님의 밝혀지지 않은 이름을 선포해야 하는 사람들에게

첫째로, **당신의 강단에 신성하게 서라.** 쉽사리 자기 확신을 해서는 안 된다. 무엇보다도 당신은 조심스러운 자리에 서 있다. 당신은 하나님의 임재 안에서 하나님을 위해 말씀을 전하는 것이며, 당신의 말은 청중의 마음속에서 당연히 하나님을 생각하게 한다. 더구나 당신은 설교를 통해 하나님이 해방하시는 목적을 널리 알린다. 하나님의 목적에 어떤 지침을 원한다면, 십계명의 금지 조항들을 긍정적인 표현들로 바꾸어 보라. 또는 팔복의 말씀을 읽어 보라. 가난한 자는 높임을 받을 것이고, 배고픈 자는 배부를 것이고, 힘없는 자가 능력을 받을 것이며, 평화를 추구하는 자는 인정받을 것이고, 세상의 방식들 때문에 애통하는 자는 기뻐할 것이다. 이런 내용들에 더하여 기꺼이 서로 나누는 삶의 비전을 제시하라. 우리는 식당에서 웨이터들이 하는 것처럼 팔을 쭉 펴고 서로를 섬겨야 한다. 그리고 우리는 우리를 섬기는 다른 사람들을 두려움 없이 반갑게 맞아야 한다. 하나님은 섬기는 사회를 원하시는 것 같다. 부디 당신은 하나님을 위해 말하고 있다는 것을 기억하라. 그러나 당신이 하는 모든 말은 그분의 임재(Presence) 안에 일어나고 있다는 사실을 깨달아야 한다. 하나님은 우리를 의식하고 계시는 '신비로운 의식'(a mysterious Consciousness)이다. 그러므로 당신의 강단에 성스럽게 서야 한다. 물론 하나님은 자비이시며 우리는 오직 하나님의 은혜로 말미암아 의롭다 여김을 받는다. 그러나 우리는 감히 은혜를 이용해서는 안 된다. 그러므로 설교자들에게 경외는 지혜의 출발점이다. 당신이 하는 말들이 하나님이 사용하시기에 적합하도록 열심히 준비하라. 그리고 기도하라. 당신의 자아를 제쳐 둘 수 있도록 하나님께 도움을 구하라. 기도하는 것은 언제나 훌륭한 생각이다. 하나님께서 당신에게 돌보라고 주신 회중을 위해 말씀을 전하라. 궁극적으로, 이웃 사랑은 설교를 받쳐 주는데, 당신의 가장 가까운 이웃은 바로 회중석에 앉아서 말씀을 듣고 있는 사람들이다.

둘째로, **당신에게 필요한 것이 오직 얇은 성경 한 권과 예수님으로 가득 찬 마음뿐이라고 생각하지 말라.** 신학이 필요하다. 신학, 목회자로 훈련받는 내내 꾸벅꾸벅 졸았던 그 과목을 기억하는가? 성경 한 장을 펼치기도 전부터 당신은 신학이 필요하다. 이 시대 사람들은 신학 없이 사회적

· 정치적 신념—여성/남성, 흑인/백인, 가난한 자/부자, 진보주의자/보수주의자—으로 성경을 읽고 있다. 신학은 사회적 지위, 인종, 성 또는 투표 기록보다 더 넓은 신앙의 관점에서 성경을 읽도록 도와줄 수 있다. 그러나 신학은 설교 방식에도 영향을 미친다. 설교에서 당신이 선택하는 상징들과 사용하는 예화들, 사고를 발전시키는 방법들, 이 모든 것들이 신학적 성찰에 의해 인도받게 된다. 설교학은 신학의 보호 아래 있는 수사학에 불과하다. 요약하면, 좋은 설교자는 항상 좋은 신학자다. 나쁜 설교자는 그가 늘 읽어야 하는 신학책들을 보면서 지금도 여전히 졸고 있다.

셋째로, **죽어 가고 있는 사람들의 손을 정기적으로 잡아 주라.** 설교를 하려면, 살아 있는 사람들 그리고 죽어 가는 사람들과 지속적으로 관계를 맺으라. 신실한 목회자가 되라. 적어도 사흘에 한 번 정도는 가까운 병원을 찾아가 하나님의 이름으로 상담하고 축복하라. 병원에 다른 성직자가 없는 날—추수감사절, 성탄절, 신년 전야, 독립기념일처럼 응급실이 바쁜 날들에 잠깐 병원을 방문할 수도 있다. 당신이 쓰임 받기를 바라면서 주변을 배회할 수도 있을 것이다. 밤중에 전화가 걸려 오면, 가라. 사람들은 당신을 필요로 한다. 누군가의 배우자가 죽고 난 후, 당신은 며칠에 한 번씩은 전화를 하려고 할 것이다. 그러다가 매주 한 번, 그리고 점점 줄어들 것이다. 하지만 결코 그날을 잊지 말라. 필요할 때 당신의 얼굴을 보여 주라. 항상 대기하고 있어야 하는 사역에서 당신이 하는 일은 무엇인가? 종종 아무것도 아닌 것 같고 심지어 당신이 어색하고 쓸모없는 존재처럼 느껴지더라도, 거기 있으라.

동일한 상황에서 늘 사용되는 동일한 하나님의 말씀을 반복하지 않도록 주의하라. 사람들은 반복되는 말들로 다루어질 수 있는 동일한 상황에 있는 것이 아니기 때문이다. 무엇보다도, 당신이 어떻게든 인간의 눈물 보다 위에 있는 교구 관리자라는 어리석은 생각을 하지 말라. 도대체 누가 제도적인 관리에 자신의 삶을 바치려 한단 말인가! 기억하라. 교회가 구원하는 것이 아니라 하나님이 하신다. 그리고 우스꽝스럽게 들릴지 모르지만, 당신은 하나님이 구별하여 세우신 목회의 대리자다. 그러므로 당신은 출생을 축하하고, 기쁨으로 결혼식을 집례하며, 힘겨운 호흡을 하는 환자들의 손을 잡아 주어야 한다. 출생과 임종의 신비는 복음을 설교하는 것과 함께 간다. 좋은 설교자는 현장의 목회자다. 그들은 웃는 자들과 함께 웃고 우는 자들과 함께 우는 사람들이기에, 부드러운 말로 설교한다. 하지만 세례, 결혼, 장례와 같은 목회적 예식에 대한 사례는 절대 한 푼도 받지 말라. 현금 거래는 목회 사역을 부패시키고 결국 설교를 병들게 할 수 있다.

넷째로, **기법에 관심을 가지라.** 예술(art)이 아니라 기법(craft)이다. '설교의 예술'에 대한 책들이 많이 있다. 건너 뛰어라. 설교는 목공예나 요리처럼 배워야만 하는 하나의 기법이다. 자아도취적 자기표현은 결코 원하는 바가 아니다. 우리는 청중의 찬사를 이끌어 내는 잘 다듬어진 세련된 설교들 없이도 살아갈 수 있다. 좋은 설교는 청중의 생각에 스며들어 마치 그들 자신의 생각처럼 되는 것이다. 청중은 그들이 듣는 것과 분리해서 당신의 설교를 인식하지 않는다. 그들은 당신 설교의 미학적 고려에 대해 전혀 개의치 않을 것이며, 당신 또한 상관하지 말아야 한다. 대신 당신은 설교학적 기법을 연구해야 한다. 설교는 일대일의 개인적인 대화가 아니다. 당신은 모여 있는 회중에게 전적으로 다른 방식의 연설을 하고 있는 것이다. 친구들 사이에서 일대일 대화를 할 때라면 몇 분 안에 몇 개의 주제들을 이야기할 수도 있을 것이다. 그러나 대중 연설은 주의 깊게 고안된 일종의 느슨한 짜임으로, 청중의 마음속에 어떤 생각들이 자연스레 스며들게 하는 것이다. 그들은 단순히 듣는 것이 아니라, 생각들을 보고 느껴야 한다. 의미들은 그들이 필요할 때면 언제든지 다시 기억해 낼 수 있는 어떤 것, 즉 영구적 경험으로 형성되어야 한다. 연구에 의하면, 청중의 사고 속에 각 의미의 단위가 형성되는 데 걸리는 시간은 3분 정도라고 한다. 단순한 두세 문장으로 결코 많은 것을 전할 수는 없다. 그래서 당신은 설교학을 연구하고 싶은 마음이 들 것이다.[1] 할 수만 있다면 언제든지 가서 위대한 연설가들의 연설을 들으라. 그리고 나서 무엇이 효과가 있고 무엇이 효과가 없는지를 찾아내 보라. 이상적으로 말하면 설교는 견습을 통해 학습되어야 한다.

다섯째로, 설교를 하면서 당신 자신을 말할 필요는 없다. 그러나 많은 설교자들이 그렇게 하고 있다. 그들은 설교마다 지난 주간의 개인적인 경험을 참고하여 자기 자신으로 시작한다. 결국 그들 자신과 설교 주제로 초점이 분산된다. 누구를 배제시키고 있는가? 그들의 청중이다. 왜 설교자들은 그들 자신에 대해 말해야 하는가? 인정받기를 갈망하기 때문인가? 혹은 자신을 열어 놓는 것이 청중과의 관계성을 증진시킨다고 잘못 믿고 있기 때문인가?

《설교학Homiletic》을 쓰면서 나는 한 가지 예를 들었다.[2]

"어느 날 나는 운전을 하고 가다가 햇빛을 받으며 집 앞 뜰에서 춤을 추고 있는 어린아이를 보았습니다. 그 아이를 지켜보려고 차를 멈췄는데, 아이는 나를 보는 순간 춤 추기를 멈추었습니다. 나는 마치 내가 무언가를 죽인 것 같은 느낌이 들었습니다. 이와 같은 일이 당신에게도 일어난

적이 있지 않습니까?"

예상과 달리 청중 가운데 누구도 자신의 삶에서 일어난 어떤 일과 내 경험을 연관시키지 않을 것이다. 또한 청중은 내 경험을 나에게 결부시킬 것이다. (청중은 설교자가 어린 소녀들을 훔쳐보는 저속한 늙은이라고 생각하지는 않겠는가?) 당신이 당신 자신의 이야기를 할 때 언제나 두 가지 반응이 따를 것이다. 사람들은 당신의 이야기와 그들 자신의 경험을 연관짓지 않을 것이며, 또한 그 예화는 언제나 설교자를 묘사할 뿐 그 이상은 아니다. 그러면 당신은 무엇을 할 수 있을까? 만일 그 예가 중요하다면 당신은 청중의 생각 속에 그 일이 일어나게 할 수 있을 것이다.

"놀고 있는 어린아이를 본 적이 있으신가요? 어쩌면 햇빛을 받으며 자기 집 앞뜰에서 춤을 추고 있는 어린아이일지도 모르겠습니다. 그런데 아이는 당신이 보고 있는 것을 발견하고는 갑자기 춤추는 것을 멈춥니다. 당신이 아름다운 무엇인가를 망쳐 버렸다는 느낌이 들지 않을까요?"

종종 한 개인의 경험은 회중의 무의식 속으로 흘러들어 순식간에 유용하고도 강력한 경험이 될 수 있다. 당신의 경험이 너무 독특해서 청중의 생각 속에서 그 일이 일어나게 할 수 없는 것이라면, 설교에는 부적합하다. 그러면 개인의 신앙고백적 간증은 어떠한가? 이것도 자주 사용하면 지나치다. 회중에게 당신의 신앙에 대해 반드시 말해야 한다면, 1년에 한 번 정도면 충분하다. 회중의 신앙이 당신의 신앙보다 더 중요하다. 불변의 법칙을 기억하라. 설교는 전적으로 이웃 사랑에 관한 것이며 이웃 사랑은 당신 자신을 옆으로 제쳐 두는 것을 의미한다.

여섯째로, 당신의 설교가 성경적일 수 있기는 하지만, 그렇다고 너무 많은 성경 본문을 인용하지는 말라. 어떤 설교자들은 설교를 하면서 성경의 언어들을 직조해 넣으려고 한다. 성경에서 나온 단어들에 마술적 속성이 있다고 생각하는가? 그렇지 않다. 성경에서 온 단어라 할지라도 그 단어들은 종이 위에 잉크로 쓴 인간의 말이다. 문제는 문어체로 적어 놓은 성경 말씀이 설교자가 말하는 언어 가운데 삽입되는 것과 관계가 있다. 당신은 독특한 방식으로 말을 한다. 당신이 특정한 문어체 본문에서 가져 온 다른 언어를 삽입하면, 당신의 청중은 그것을 가려 들어야 하고, 그 과정에서 인용한 부분을 놓쳐 버리게 될 것이다. 한 설교를 하면서 여기저기서 인용하는 성경 구절들은 어떤 의미를 만들어 내지 못한다. 그 설교가 일반적인 방식으로 볼 때 성경적인 '냄새'를 풍길지는 몰라도 당신이 말하는 복음의 메시지를 전하는 데는 오히려 지장을 줄 것이다. 그러므로 성경을 연구하라. 그리고 깊은 성경적 의미들을 탐구하라. 그러나 너무 많은 인용문, 특히 성경 구절로 설교를 채우지는 말라.

일곱째로, **예언자적이 되기를 두려워하지 말라.** 하나님의 율법을 기초로 하는 예언적인 설교자들이 있다. 우리는 뒤를 돌아볼 수 있다. 언약에 충실하신 하나님은 시내산에서 십계명이라는 구속적 지침을 우리에게 주셨다. 하나님은 지금까지 줄곧 우리와 함께하셨다. 우리는 반드시 하나님과 동행해야 한다. 그러나 하나님의 미래를 내다보면서 예언자적이 되기란 얼마나 더 쉬운가? 하나님이 마음에 품고 계신 것이 무엇인지 보려면 팔복을 읽어 보기만 하면 된다. 하나님이 지구상에 평화를 원하시고 하나님의 가족인 인류 안에서 친선이 교류되기를 원하신다면, 우리는 70만이 넘는 이라크인에게 죽음을 가져다주었고 200만이 넘는 가족들을 그들의 가정과 모국에서 쫓겨나게 한 전쟁에 반대하여 목소리를 높일 수는 없는가? 더 나아가 이 전쟁은 우리의 도덕성의 붕괴를 가져왔다. 고문이 사용되었다는 사실은 그 실례다. 그럼에도 대부분의 강단이 침묵한 이유는 무엇인가? 아마도 우리 대부분은 말하기를 두려워했을 것이다. 우리는 대체로 보수적인 우리의 회중을 성나게 하길 원치 않았다.

하나님의 미래는 예언자적 설교의 기초다. 우리는 예수님이 전해 주시는 '하나님 나라'의 모습을 응시하면서 말씀을 전한다. 두려움은 설교학적 재간을 필요로 한다. 그러나 두려움은 하나님께 바치는 좋은 선물이 아니다. 하나님의 임재 안에서 말씀을 전하고 있음을 기억하라. 그러므로 가서 당신에게 예언자적인 말씀을 주시는 하나님과 함께하라.

여덟째로, 당신의 회중이 하나님의 신비에 맞닥뜨리도록 도우라. 우리는 우리의 제한된 '무지의 구름'(cloud of unknowing)을 인정할 뿐 아니라, 하나님의 거룩하심은 신비로우며 일반적인 인간의 경험 밖에 있다고 주장한다. 그러므로 제발 당신의 설교를 하나님의 낯섦을 없애 버리는 설명으로 채우려 하지 말라. 누구도 하나님을 아는 직접적인 지식이 없다. 그리고 어떤 누구도 하나님을 직접 체험할 수 없다. 우리가 크고 거룩하신 하나님의 신비 앞에 설 때 알 수 있는 것은, 경외심에 휩싸인 우리의 무지(awed unknowing)를 알게 되는 것뿐이다. 실제로 우리는 서로 알 수 없다. 다른 인간들, 심지어 결혼 생활을 잘하고 있는 부부들 사이에도 숨겨진 자기만의 영역은 있기 마련이다. 그러므로 이와 비슷하게 하나님의 완전한 본성은 우리의 앎을 초월한다. 하지만 우리는 말할 수 없는 신비인 그분 앞에 경배할 수 있다.

아홉째로, 제발 한 번의 설교에서 여러 생각들을 열거하지 말라. 내가 바로 지금까지 그렇게 숫자를 나열해 왔지만, 이는 짜증스러운 관행이다. 성 아우구스티누스는 열거를 추천했지만 그는 틀렸다. 만일 청중이 문장의 시작을 알리는 숫자에 고정된다면, 나머지 문장에서 이어지는 생각을 듣지 못하기 쉽다. 이것으로 충분하다. 더 이상의 숫자도 더 이상의 조언도 없다. 그러므로 이제 그만!

그런데 잠깐, 열 번째 조언이 있다. **모든 것이 은혜다.** 무슨 일이 있어도 은혜를 믿으라.

07

윌리엄 칼 III William J. Carl III

여러 신학교에서 설교학과 예배학 등을 가르쳤으며, 텍사스 주 달라스에 있는 제1장로교회에서 22년간 목사로 섬겼다. 현재 피츠버그 신학교 학장으로 있다. *The Lord's Prayer for Today*를 비롯하여 많은 저서와 논문을 발표했다.

교회의 갈등을
최소화하라

요즘 교회를 위하여 필수적이라고 믿는 목회적 리더십에 대해 말하려고 한다. 리더십의 위기는 설교를 어떻게 듣는지에 직접 영향을 미치는데, 이것은 갈등의 문화로, 성도들 사이에 점잖지만 껄끄러운 분위기를 만든다.

갈등을 피하지 말라

문화가 설교에 어떠한 차이를 낳는가? 세상에서 모든 차이를 만들어 내는 것이 문화다. 당신이 섬기고 있거나 섬기려는 회중의 문화가 역기능적이라면, 당신이 창의적인 주석이나 해석학적 분석, 신학적 반성, 본문 안팎을 넘나드는 솜씨 좋은 개요와 번뜩이는 예시 자료나 생동감 넘치는 문장들을 구성하느라 얼마나 많은 시간을 들이느냐는 정말 중요하지 않다. 사람들은 마지막 찬송을 부르고 축도를 들은 뒤에도 여전히 서로 맹렬하게 싸울 것이다. 어쩌면 당신은 설교를 통해 문화를 바꾸고 있다거나,

혹은 당신이 그 문화에 어떤 진보를 가져오고 있다고 생각할지도 모른다. 그러나 회중의 문화를 새롭게 창조하려면 설교 이상의 것이 필요하다. 단지 이 이유만으로도, 나는 종종 다른 교회로 옮기는 것을 고려 중인 목회자들에게 청빙위원회에 이렇게 말하라고 조언하곤 한다.

"여러분은 예배 때 저를 시험하셔야 하지만 우리 목회자들은 여러분을 시험하는 설교를 해야 합니다. 저는 어느 주일에 여러분의 교회를 방문해서 제가 여러분이 청빙을 고려하고 있는 후보자라는 것을 아무도 모르는 채로 저를 어떻게 대하는지 보고 싶습니다."

미국 감리교(UMC) 같은 교단들에서는 이런 일이 통하지 않는다. 일반적으로 목회자들이 그들의 교구를 지정받기 때문이다. 그러나 그런 경우에도 당신이 목회를 시작하는 교회의 문화가 어떤지 점검하는 것은 여전히 중요하다.

당신이 분열된 교회에서 새로운 목회를 시작한다면, 당신은 목회 지도자로서 중대한 몇 가지 일을 하게 될 것이고, 설교는 그중 한 부분에 불과할 것이다. 만일 당신이 '설교자 무덤'(preacher-killer) 교회를 이어받았다면, 항상 뒤를 조심하고 길거리에서 어떤 수군거림이 있는지 알려 주는 믿을 만한 사람을 찾는 것이 현명할 것이다.

기복은 있지만 건강하고 성숙한 교회에서 부름을 받았다고 상상해 보라. 거의 예상치 않을 때에 여전히 골칫거리들이 튀어나올 것이다. 특정 교구가 아무리 완벽해 보인다 해도, 겉으로 완벽해 보이는 결혼 생활에도 갈등은 존재하는 것처럼 그 표면 아래 어딘가에 숨어 있는 갈등이 반드시 있기 마련이다. 사실이 그러하다. 갈등을 피할 방법은 없다. 마태복음 18장 20절은 실제로 이렇게 읽어야 한다, "어디든지 그리스도의 이름으로 두세 사람이 모인 곳에는 논쟁이 있느니라!"

내가 말하려는 것은, 불가능할지 모르지만 우리 모두가 갈등을 피하기 위해 노력하자는 말이 아니다. 건강하고 책임 있는 방식으로 갈등을 다루어야 한다는 것이다. 내가 교회 모임들에서 여러 번 이야기했듯이 '그리스도 안에서 진정한 우정은 서로 애정과 존경을 해치지 않는 선에서 서로 의견을 달리할 수 있는 권한이 있다.'

건강하지 못한 갈등의 문제는 21세기 교회에서 매우 심각한 지경이며, 그것이 도처에 있는 교단과 회중을 분열시키고 있다. 그래서 나는 몇 년 전에 건강하고 조직적인 문화를 세우기 위한 '네 가지 S원칙'(the Four S's)이라는 프로그램을 개발하여 내가 사역하고 강의하는 곳곳에서 전수하고 있다.

네 가지 S원칙이란 (No) Secrets(직접 소통하기), (No) Surprise(놀라게 하지 않기), (No) Subversion (번복하지 않기) 그리고 (Lots of) Support(충분히 지지하기)이다. 나는 당신이 건강한 갈등을 위한 각각의 원칙들을 이해하고, 그 원칙에 따라 살아가며, 그것의 모범이 되고, 교회 지도자들과 회중에게 가르치기를 원한다. 그렇게 하면 당신은 교회의 문화를 정말로 변화시킬 수 있을 것이다. 물론, 문화의 본질적인 변화가 하루아침에 이루어지는 것은 아니며 수년이 걸리는 일이기 때문에, 인내해야 한다는 사실을 기억해야 한다. 하지만 교역자와 성도들을 망라하여 교회 지도자들 대다수가 이 원칙을 받아들인다면, 하나님의 도우심 가운데 우리는 미국은 물론 전 세계의 기독교 문화를 변화시킬 수 있을 것이다. 교회의 문화를 변화시킬 때, 사람들은 이전보다 덜 자아중심적이 되고, 덜 분열되며, 새로이 복음을 받아 세상과 나눌 준비가 되기 때문에 당신은 이전보다 더욱 깊고 심오한 경지에서 복음을 전할 수 있을 것이다.

직접 소통하기(No Secrets)

이 원칙의 목적은 사람들이 서로에 '대해' 말하는 것이 아니라 '서로에게' 말하도록 하는 데 있다. 험담과 소문은 한 교회든, 혹은 어떤 단체든 파괴할 수 있다. 최악의 경우는 이메일이나 인터넷 매체를 통해 다른 사람들에 대해 부정적으로 이야기하는 것인데, 그것은 결국 누군가에게 읽힐 것이기에 매우 어리석은 짓이다. 목회 지도자로서 내 목적은 개개인이 다른 누군가와 문제가 있을 때, 그에게 직접 찾아가게 하는 데 있다. 비난하려는 것이 아니라 그 사람으로 하여금 그가 한 말이 나를 낙담시켰다는 사실을 알게 하려는 것이다. 직접 만나라. 다른 사람의 등 뒤에서가 아니라 얼굴과 얼굴을 마주하고 갈등을 해결하는 것이 그리스도인들이 취할 수 있는 더 나은 방법이다(마 5:21~26의 권면을 따르라). 야고보는 "형제들아 서로 비방하지 말라"(약 4:11)고 말한다. 우리는 직관적으로 그것이 잘못된 것임을 안다. 그러므로 험담은 사라지고 직접 대면하여 나누는 솔직한 대화만 남아야 한다.

어떻게 하면 사람들이 '직접 소통하기' 원칙을 지킬 수 있을까? 이와 관련된 일련의 설교를 할 수도 있지만, 새신자반에서, 새로운 사역자나 장로들이나 집사들이나 여러 교회 리더들을 위한 오리엔테이션에서, 사역자들이 서로서로 또는 교구 교인들과 함께하는 자리에서 이 원칙을 가르칠 수 있다. 가장 중요한 것은 당신 스스로 그 모범을 보여야 한다는 점이다. 여기저기 다니며 다른 목사들에 대해, 교사들과 교회 지도자들 또는 교구장들에 대해, 그들 뒤에서나 모임 중에 부정적으로 말해서는 안 된다. 주의를 기울이지 않으면 너무 쉽게 그것에 빠져들게 된다. 일단 이 원칙을 예수님이 그렇게 사시고 가르치셨던 규칙으로 정착시켜야 한다. 그리고 이 원칙을 어겼을 때 "너를 봐줄 수는 없어! 너는 '직접 소통하기'의 규칙을 어겼잖아!"라는 식이 아니라 자기 양 떼를 사랑하고 가장 좋은 것으로 주길 원하는 목자같이 온화하게 요구해야 한다. 그렇게 하지 않으면, 험담은 당신 등 뒤에서도 끊이지 않을 것이다.

그러면 이 말은 당신이 어떤 비밀도 가질 수 없다는 뜻인가? 물론 그렇지 않다. 목회 지도자인 우리에게 진정 이것이 의미하는 바는 '투명성'이다. 당신은 당신이 지금 어디를 향해 가고 있는지 혹은 무슨 생각을 하고 있는지 사람들이 추측하길 원치 않을 것이다. 그들에게 알려주라. 피츠버그 신학교에서 첫 번째 교수회의를 하면서 나는 이런 말을 했다,

"제가 이곳에 취임하면 앞으로 이런 일이 일어날 거라는 말을 이미 열다섯 번이나 들었습니다. 그런데 말이죠, 모두가 틀렸습니다. 다음번에 여러분이 어떤 소문을 듣게 되면 이렇게 하시길 바랍니다. 첫째, 그 말을 전하지 마세요. 둘째, 제 사무실로 오십시오. 그러면 그 소문이 맞는지 틀리는지 알려 드리겠습니다."

이사회, 교수진들, 행정 직원들 모두 내가 무슨 생각을 하고 있는지 추측할 필요가 없다. 내가 생각하는 바는 모두 드러나고 알려져 있다. 그리고 이 단순한 원칙은 문화를 변화시켜 왔다. '건강한 갈등'이 이루어지는 공동체의 첫 번째 원칙은 바로 '직접 소통하기'다.

놀라게 하지 않기(No Surprises)

어떤 종류의 단체든, 특히 교회를 거의 파괴시켜 버릴 수도 있는 것이 있다. 당회나 어떤 위원회 모임에 참석해서 누군가가 "그 문제는 교육위원회가 이러저러하게 하는 것이 좋겠다고 제안하는 바입니다"라고 말하는데, 그 제안을 하는 사람은 정작 교육위원장에게 그런 말을 한 적이 없는 경우가 많다. 그 제안은 좋은 아이디어일 수도 있지만, 교육위원장이나 스태프의 입장에서는 무슨 일이 진행되고 있는지 누구도 알려 주지 않았기 때문에 방어적이 될 수밖에 없다. 이런 식으로 깜짝 놀란 사람들은 순간적으로 아무 말도 할 수 없지만 속은 부글부글 끓어오른다. 그러면 그들은 아무리 좋은 의견이 개진되어도 팔짱을 낀 채, 언짢은 얼굴을 하고, 소극적이면서 공격적인 행동으로 통명스럽게 반응하거나, 혹은 첫 번째 제안을 한 사람에게 아예 절대로 말을 하지 않음으로 그 제안을 무시해 버리려 할 것이다. 어찌되었든 이제 당회, 혹은 목회나 프로그램을 담당하는 스태프들 사이에는 당신이 시작한 것은 아니지만 더 커지기 전에 당신이 해소해야만 하는 분쟁과 갈등이 존재하게 되었다.

다른 사람들을 놀라게 하는 이런 교회 지도자들은 대개 세력 다툼을 하거나 자기가 책임자라는 사실을 보여 주고 싶어 하는 사람들이다. 때로는 시간에 쫓겨서 무심코 그런 일을 저지르기도 한다. 어떤 이유에서건, 사전에 모르고 있던 사람은 분명 화가 나거나 당황하게 되고, 분노하고 마음이 상한 가운데 그는 다음 주일 그리스도인의 사랑에 대한 당신의 설교에 귀 기울일 기분이 아닐 것이다. 이렇게 놀란 사람들이 결국엔 더 이상 봉사하지 않기로 해버리거나, 교회에 나오지 않다가 결국 나가 버리는 경우가 종종 있다. 누군가가 지난 밤 모임에서 그들을 놀라게 한 것이 이유의 전부다. 이처럼 놀라는 일들이 교회 안에 없어진다면 교회의 문화는 얼마나 더 좋아질까 상상해 보라.

번복하지 않기(No Subversion)

이번 것은 앞의 두 상황보다도 더 안 좋은 것일 수 있다. 교회의 부서나 위원회가 다소 논란의 여지가 있는 주제와 관련해서 매우 치열한 논쟁을 했고, 투표에 부쳤는데 당신의 의견은 소수 편이었다고 생각해 보자. 당신은 도출된 결론이 교회를 위해 잘못된 길이라고 강하게 확신하고 있기 때문에 마음이 편치 못하다. 그 제안을 무효로 하거나 재고해 볼 것을 제안하는 등, 호소해 볼 방법이 있다는 것을 알고 있지만 당신은 어떤 일도 시도하지 않는다. 당신은 다수의 표를 따라야 한다는 것을 알고 있기에 그런 생각을 머릿속에서 지워 버린다.

번복은 오늘날 교회 내에서 일어나는 가장 나쁜 일들 중 하나다. 나는 번복이 교회 전체와 단체들을 무너뜨리는 것을 보아 왔다. 당신은 당신이 생각하기에 너무나 어리석고 잘못된 생각에 대해 반대할 수 있는 기회가 있었다. 그리고 '직접 소통하기' 원칙을 따랐기 때문에, 당신이 하고 싶은 말을 했지만 역시나 투표에서 지고 말았다. 그럼에도 '직접 소통하기' 원칙은 까맣게 잊어버리고, 정당한 협의를 거쳐 당회가 통과시킨 것에 대해 부정적인 방식으로 바깥에 소문을 낼 수 있다.

모든 목회자들은 이런 일을 하는 신자들을 경험한 적이 있다. 어떻게 이런 일을 막을 수 있을 것인가? 그것에 대한 설교를 통해서? 어쩌면 도움이 될 수도 있을 것이다. 하지만 새로운 재직들을 위한 오리엔테이션 중에 교회 모든 리더들에게 '번복하기 없음' 원칙을 요구하고 스스로 그 원칙의 모범이 되는 것이 대개의 경우 훨씬 효과적이다. 나는 내가 섬기고 있던 교회에서 '네 가지 S원칙'을 세운 지 2년 후 이 원칙을 스스로 깨뜨렸다. 나는 주차장까지 가지도 않았다. 그날 밤에 한 투표 결과에 너무 화가 난 나머지 회의가 끝나자마자 회의장 옆 복도에서 장로들과 다시 토론을 시작했다. 며칠 뒤 세 명의 장로가 근사한 식당으로 점심 초대를 했다. 전혀 예상치 못한 일이다. 몇 마디 인사가 오간 후, 한 장로가 이렇게 말했다. "빌 목사님, 이제 그 네 가지 원칙에 대해 다시 말씀해 주시죠." 그 이후 다시는 어떤 원칙도 어기지 않았다.

충분히 지지하기(Lots of Support)

이것은 사도 바울이 빌립보 교회에게 보낸 서신에서 볼 수 있는, 바로 그런 종류의 격려다. 우리 모두는 확인이 필요하다. 우리는 그리스도의 몸인 교회를 참된 아가페 사랑 안에서 세워 나가야 한다. 분명 우리가 '사랑 안에서 참말'을 해야 할 때가 있는데, 중요한 것은 바로 '사랑' 안에서 참된 말을 해야 한다는 것이다. 나이가 들어 갈수록 더욱 깊이 깨닫게 되는 것은 가족 구성원, 교회 스태프들, 위원회와 회중 하나하나가 모두 격려와 긍정적 지지를 필요로 한다는 것이다.

이제 이 네 가지 S원칙은 구약성경의 윤리와 지혜 그리고 예수님이 마음속에 그리신 신약 공동체 모두를 집약하여 나타낸 것임이 분명해졌다. 십계명과 선지서들은 세상과 문화에 대해 구체적이고 직접적으로 말하기를 꺼리지 않는다. 예수님과 바울 사도 그리고 다른 신약성경 기자들은, 비록 이 세상에 있어도 시민권은 하늘에 둔 새로운 공동체 안에서 우리가 서로 어떻게 대해야 하는지를 주저하지 않고 설명한다. 특히 새로운 교회 안에서 행할 일(직접 소통하기, 놀라게 하지 않기, 번복하지 않기, 그리고 충분히 지지하기)을 살펴보기 위해 로마서 12장을 다시 살펴보라.

긍정적이고, 행복하며, 건강한 분위기의 교회에서 설교한다고 상상해 보라. 당신도 그렇게 할 수 있다. 오늘 시작해도 늦지 않다. 부서와 당회에서 이 원칙들을 요구하고 목회 리더십 가운데 당신이 모범을 보인다면, 하나님의 도우심으로 이런 분위기의 문화를 만들어 낼 수 있다. 직접 소통하기, 놀라게 하지 않기, 번복하지 않기, 충분히 지지하기라는 원칙을 모두가 지킨다면 우리는 교회를 변화시킬 수 있고 그렇게 함으로써 세상을 변화시킬 수 있다. 내가 한 가지는 확실하게 보장할 수 있다. 이런 문화 속에서 설교는 훨씬 재미있어지고 분명 더욱 보람 있는 일이 된다.

08

자나 차일더스 Jana Childers

샌프란시스코 신학교에서 설교학과 스피치-커뮤니케이션을 가르친다.
캔자스와 뉴저지에서 장로교 목사로 사역했으며
저서로는 *Performance in Preaching*,
Purposes of Preaching, *Birthing the Sermon*
그리고 *Women Preachers on the Creative Process* 등이 있다.

지쳤을 때
설교할 힘을 찾기

설교 초보자든 오랫동안 설교를 해온 사람이든, 당신은 지쳤다. 대부분의 설교자들은 지쳐 있을 뿐 아니라 염려에 빠져 있으며 자신의 능력에 대해 몹시 걱정한다. 우리는 '흠이나 주름이 없는 영광스러운 교회'의 모습을 기대하며 주일 아침 교회 계단을 오르는 선한 사람들을 마음속에 그려 보지만, 실제로 우리가 그런 교회를 만들어 낼 능력이 있는지에 대해서는 의구심을 갖는다.

때로 이러한 염려에 대해 우리가 받는 조언은 도움이 되기보다 오히려 상처를 준다. 예를 들어, 강단에서 설교할 1분을 위하여 연구하는 데 1시간을 쓰라는 등의 선의에서 해준 멘토의 말을 들은 사람들이 있을 것이다. 많은 사람에게 그런 조언은 격려와 자극이 되기보다는 오히려 의기소침하게 한다는 사실이 밝혀졌다. 하루 일지에 17시간 혹은 13시간, 심지어는 8시간도 기록하지 못했다는 사실이 우리를 괴롭혀 왔다. 우리는 다른 짐에다가 죄책감까지 더해서 무거운 발걸음으로 터벅터벅 걸었다. 그리고 지쳤다.

설교의 오랜 역사로 볼 때, 성령께서 지친 설교자들의 설교를 통해 위대한 결과를 가져오셨다는 사실은 의심할 여지가 없다. 예수님, 바울, 요한 크리소스톰, 에이미 셈플 맥퍼슨, 빌리 그레이엄이 지친 상태에서 설교했으리라는 점은 의심할 여지가 없다. 당신이 오랫동안 사역을 하면서 피곤한 채로 설교하였으리라는 것은 물론이다. 그러나 본래 설교가 피곤한 가운데 하도록 되어 있는 것은 아니라는 점 또한 의심할 여지가 없다.

좋은 설교에는 에너지와 관계된 무엇인가가 있다. 때로 이것은 이를 악물게도 하고, 입을 꼭 다물게도 하고, 숨이 막히게도 한다. 거기에는 스스로의 생명으로 날아오르고 퍼져 나가게 하는 그 무엇, 사람을 고양시키거나 폐부를 찌르거나 빨아들이는 뭔가가 있다. 그것이 무엇이든, 그것은 좋은 설교를 이루는 장식품만이 아니라 필수불가결한 구성요소다. 설교를 '대중 연설'이 아닌 '설교'로 만드는 것이 바로 이것이다. 또한 설교의 독특한 특성 중 한 부분이다. 그것은 우리가 무엇인가를 하지 않아도, 그리고 우리의 피곤함에도 불구하고 일어나는 어떤 일처럼 보인다.

이런 독특한 에너지는 어디서 오는가? 설교자로서 내가 가장 환영하는 조언과 선생으로서 내가 가장 자주 하는 조언은 그 근원을 추적해 들어가는 것과 관련이 있다. 나는 내 자신의 설교 과정은 물론 함께 일하는 설교자들에게서 몸, 말씀, 영의 세 영역에서 이 힘을 볼 수 있다.

몸의 힘

진실은 드러난다. "남자는 거짓말을 할 수 없다. 입술로 거짓을 말한다 해도, 손끝에서 진실을 말할 것이다." 이는 프로이드가 1905년에 낸《그 첫 번째 꿈*The First Dream*》에서 말한 내용이다. 프로이드가 처음 이런 말을 한 지 한 세기가 지난 지금, 이것은 남성과 여성 모두의 사역에 영향을 주는 중요한 진실을 말해 주는 표현이 되었다. 진실은 드러난다. 그리고 그 진실은 당신에 관한 진실일 것이다. 당신이 스스로에 대해, 당신이 거기 있는 것에 대해, 당신의 설교에 대해, 당신이 찾고 있는 사람들에 대해 어떻게 느끼고 있는지에 관한 진실 말이다. 이것이 강력한 이유는 무의식은 설교자에게나 청중에게나 강하게 영향을 미치기 때문이다. 나의 처음 두 조언은 이 힘을 이용하기 위한 좋은 방법들에 관한 것이다.

당신의 발을 주의하라. 스피치 교사들은 수세기 동안, 어쩌면 수천 년 동안, 몸에서 가장 정직한 부분은 발이라고 말해 왔다. 초보 설교자들이 왜 공통적으로 발을 안절부절못하는지 궁금하게 생각한 적이 없는가? 그들은 아무 목적도 없이 계속 발을 꼼지락거린다. 가만히 있지 못하는 불안한 발은 설교자의 입에서 나오는 메시지를 방해하기도 하고, 메시지의 내용과 반대의 영향을 미치기도 한다. 이렇게 안절부절못하는 발의 움직임은 불안에 떠는 설교자의 에너지를 발산시킨다. 초보 설교자들에게서 자주 보이는 이런 현상은 망설임의 결과다. 안절부절못하는 발의 움직임은 계속 싸울 것인가 아니면 도망할 것인가, 계속 설교를 할 것인가 아니면 문을 향해 달려 나갈 것인가 하는 생각으로 갈라진 설교자의 마음을 드러낸다.

발의 불안한 에너지를 통제하는 것은 강단에서 (또는 강단 밖에서) 설교하는 시간을 위해서뿐만 아니라, 그 창조적인 과정을 시작하는 데도 좋은 일이다. 연구에 의하면 일정한 속도로 서성이는 것은 창조적 에너지를 자유롭게 하고 집중시킬 수 있다. 우리 시대의 가장 유능한 흑인 설교자들 대부분이 서성이면서, 먼저 벽을 향해 그 다음에는 벽장문을 향해 그리고 창문 너머에 있는 나뭇가지에게 말을 걸면서 설교를 작성하는 것은 우연한 일이 아니다. 당신의 설교가 생명력을 갖기를, 살아 움직이는 감각을 갖기를 원하는가? 당신의 발에서 시작하라. 그곳에 있는 에너지를 훈련하고 사용하라. 그러면 당신의 창조성이 축적되고 설교하는 순간이 더 빛날 것이다.

당신 자신을 알라. 마이어스-브릭스가 매우 유용한 성격 유형(MBTI)을 분류하고 제안하기 오래 전에, 이미 스피치 교사들과 극장 감독들은 학생들의 공연 스타일을 평가했다. 학생들은 머리형(head-oriented), 가슴형(heart-oriented), 장형(gut-oriented) 세 그룹 중 하나에 속할 것이다. 우리는 이 세 특징을 필요에 따라 모두 표현할 수 있지만, 그중 다른 둘보다 어느 하나를 자연스럽게 드러내는 경향이 있다. 각 성격 유형은 그 나름의 '홈 베이스'(home-base) 혹은 비언어적 스타일이 있다.

머리형인 사람들은 손끝이나 눈을 사용하는 일련의 비언어적 행동들을 선호한다. 당신의 교회에서 일하고 있는 엔지니어를 생각해 보라. 혹은 당신이 가장 좋아하는 구약 교수를 마음속에 그려 보라. 머리형인 사람은 손가락을 세우고, 가리키고, 입 옆에 손가락을 대고, 다른 사람들보다 눈을 더 가늘게 뜬다. 그들의 눈에서 사고하는 과정을 볼 수 있다. 그들은 프로그래머, 분석가, 식별가, 분배자들이며, 그들이 바로 가장 좋아하는 제스처들은 그들이 그런 작업을 하고 있음을 보여 준다.

가슴형인 사람들은 비언어적 표현에서 손바닥과 볼을 선호한다. 복음성가 가수나 오순절파 예배자들처럼 그들은 손바닥을 쫙 펴고 볼을 활발하게 움직이며 자신들의 감정을 표현한다.

장형인 사람들의 비언어적 소통은 몸통에 집중된다. 그들은 가슴, 팔뚝 그리고 팔꿈치로 핵심적인 표현을 한다. 스포츠 팬이 구부린 팔을 들어 올려서 주먹을 불끈 쥐고 팔꿈치를 재빠르게 아래로 내리면서 '예스!'라고 외치는 그 제스처가 장형인 사람의 전형적인 제스처다.

당신이 주로 머리형인지, 가슴형인지 혹은 장형인지 알게 되면, 로마서 8장(현저하게 머리형인 본문)을 스포츠 중계로 변질시키지 않고, 다니엘서 5장(벨사살의 연회, 대표적인 장형 본문)을 철학 강의로 만들어 버리는 일이 없을 것이다. 어떤 본문이 지니는 특정한 에너지와 함께 작업하는 법을 배우면 공연히 덤벼서 스스로를 다치게 하지 않을 뿐만 아니라 오히려 최상의 에너지, 본문에게나 당신에게나 자연스러운 종류의 에너지를 자유롭게 발산할 수 있다.

말씀의 힘

다음 두 가지 조언은 성경과 설교의 관계에 대한 나의 이해를 기초로 한다. 요즈음의 어떤 설교들이 아무런 특색이 없고 무미건조한 것은 분명 설교자들이 본문을 충분히 이용하지 않기 때문이다. 우리 중 일부는 흥미진진하고 구체적이며 메시지가 선명한 본문으로부터 소심하고 빈약하고 희뿌연 색조의 설교를 만들어 낸다. 이런 설교들이, 내 동료 중 하나가 '강단 앞에 똑 떨어져서 교회 밖으로 튕겨져 나가 버리는' 설교라고 묘사한 그런 종류의 설교가 되어 버린다고 해도 전혀 놀랄 일이 아니다.

구체적이 되라. 할 수 있는 한 구체적으로 본문을 해석하라. 그들의 암호를 해독할 만큼 또는 심지어 그들이 암호를 사용했는지 아닌지를 탐지해 낼 수 있을 만큼 우리가 성경 기자들에 대해 충분히 알지 못할 수 있다. 예를 들어, 누가복음은 성경 이야기에서 없어서는 안 될 요소가 있는 위대한 복음서다. 누가복음이 없는 기독교는 상상하기도 어렵다. 하지만 누가복음을 구성하기 위해 전체를 아우르는 전략이 있는가 하는 질문은 실제적인 질문이다. 마가복음은 이와 완전히 다른 문제다. 마가복음은 정교하고 전략적으로 짜여져 있으며 본문들은 의도적으로 배치되었다. 핵심 단어와 주제의 사용은 조화롭게 편성되었다. 이것은 설교자가 명확한 해석을 통해 더욱 구체적인 설교가 가능하도록 도와준다. 마가복음은 특정한 관점을 추구한다. 당신과 나는 그것이 무엇이냐에 반드시 동의하지 않아도 된다. 이론들은 풍성하다. 그중 하나를 잡고 시험해 보라. 그것이 당신 설교의 적용 부분이나 마지막 결론에서 어떤 차이점을 만드는지 살펴보라. 그것을 더욱 세련되게 다듬을 수 있는지 살펴보라. 적어도 가끔씩은 본문을 영원한 진리를 위한 보물 창고로 보기를 거부하고, 마가 자신의 용어를 취해서 설교하라.

본문에 충실하라. 진정 '본문에 충실한 설교'라고 불릴 만한 설교를 하라. 설교를 유발하는 질문뿐만 아니라 설교가 제시하는 답이 본문에서 나오게 하라. '하나님 사랑' 혹은 '이웃 사랑'에 관한 설교에서 멈추지 말라. 성경에는 그런 방식으로 설교할 수 있는 본문들은 많다. 그러나 설교자가 그 이상을 말하는 본문들을 붙들고 씨름하는 것이 중요하다. 이따금씩 이러한 본문들을 다루는 설교를 하라. 많은 설교자들이 급여를 받기 시작한 후 곧바로 그들의 신학교 시절을 벗어나 버리는 것 같다. 학교에서 배운 기술을 제대로 사용하지 않고 자기 자신의 영적인 감을 더 많이 의지한다. 가끔은 당신이 받은 공적 교육을 잘 사용하는 설교를 하라.

영의 힘

이 마지막 조언은 성령의 영역에 속한다. 물론 성령의 움직임을 일반화하려는 시도는 터무니없는 것이다. 하나님은 하나님만의 방식으로 설교자와 일하시는데, 많은 경우 이런 방식은 우리를 깜짝 놀라게 한다. 이것은 마치 우리가 바람에 날려 인근 지역에 뚝 떨어졌을 때와 같다고 생각해 볼 수 있다. 하지만 이번 장의 목적을 고려해서, 우리는 성령께서 종종 인간의 감정이라는 영역에서 일하시는 것처럼 보인다는 사실만을 살펴볼 것이다.

감정과 화해하라. 어느 누구도 김이 서린 안경을 끼고 콧물을 훌쩍이면서 무대 끝을 배회하는 눈물 자국 난 텔레비전 복음전도자처럼 보이고 싶지는 않을 것이다. 우리 대부분은 그러한 감정을 경원시하는데, 여기에는 그럴 만한 이유가 있다. 감정은 좋든 나쁘든 강력한 힘이다. 솔직한 감정, 훈련된 감정 그리고 성령님이 사용하시도록 헌신되고 그 통제 안에 있는 감정은 모든 종류의 설교에서 적절한 역할을 감당한다. 실제로, 감정과 분리된 영향력 있는 설교를 상상하기란 어렵다.

감정은 생각을 낳는다. 감정은 우리 안에서 일어나고, 말에 덧붙여 의미의 층을 쌓는다. 우리 대부분은 이러한 경험을 안다. 당신의 정신이 그 단어를 생각한다. 당신의 입은 그것을 말하려고 준비한다. 당신의 정신적 스크린은 그 이미지를 그려 낸다. 그런데 갑자기 발끝에서부터 눈물이 솟구치거나 웃음이 나오거나 숨이 막힌다. 감정은 정교해지고 한 단어의 뼈대에 몸을 입히며, 우리 안에 그리고 우리와 청중 사이에 전기 회선을 연결한다. 그리고 감정은 찰스 바토가 묘사한 것처럼 '잉크를 피로 바꾸는'

일이 일어나게 한다.

힘의 근원

어떻게 보면, 지친 설교자에게 가장 필요 없는 것이 조언이다. 위에 언급한 것들 중 어느 하나라도 당신이 이 글을 읽기 시작했을 때보다 당신의 마음을 더 무겁게 했거나, 죄책감이 들게 했거나, 혹은 더 긴장시켰다면 무시해 버리라. 위에서 언급한 것 중의 하나라도 우리가 설교에 쓸 수 있도록 하나님이 허락하신 에너지로 향하는 데 도움이 된다면, 나는 그것으로 기쁘다. 하지만 어느 경우든 중요한 것은 설교의 과업에서 어떤 것이 당신을 열중하게 하는지, 혹은 자유롭게 하는지, 혹은 고양시키는지를 알아내기 위해 그리고 모든 은총이 의지하고 있는 그 에너지의 근원이신 분에 대해 당신이 기울이는 관심이다.

09

프레드 크래독 Fred B. Craddock

에모리 대학 신학부에서 설교와 신약학을 가르쳤다.
크리스천 처치(그리스도의 제자들) 교단에서 목사 안수를 받았으며,
As One Without Authority, *Overhearing the Gospel* 등을
비롯하여 다수의 저서가 있다.

서명 설교

    설교뿐 아니라 그 분야에서 이루어지는 대화에 뒤지지 않고 따라가려고 노력하는 사람들은 그러한 대화들이 어떻게 진행되는지를 확실히 관찰한다. 설교의 특성이나 구성 요소는 책과 세미나를 통해 철저하게, 그리고 거의 끊임없이 논의되어 왔다. 결국 이러한 논의 속에서 누군가는 설교의 다른 측면들, 즉 결코 덜 중요하지 않은 다른 면들이 무시되고 있다고 지적할 것이다. 예를 들어, '어떻게' 설교하는가에 대해 오랫동안 강조함으로써 결국 '무엇을' 설교하는가에 대한 판단은 침묵에 놓이게 된다. 혹은 이와 반대의 현상도 일어난다. 너무나 많은 세미나에서 누군가가 '회중석의 회중에 대해서는 어떻게 생각하십니까?'라는 질문을 할 때까지, 설교의 요소로서 강단에 선 설교자에만 집중할 수도 있다. 물론 이와 반대의 현상도 일어난다. 좋은 지적이다. 하지만 그러한 문제에 어떻게 대처할 수 있는가?

    설교자나 설교학 교수라도 설교에 관한 대화에서 이런 불균형을 의도적으로 만들어 내지는 않는다. 그러나 그것은 생산적인 대화에 내재되어 있는 듯하다. 한 번에 모든 것에 똑같은 시간을 할애하기 위해 주의를 기울이는 것은 매우 어리석고 헛된 일이다. 모든 것을 말하는 것은 아무것도 말하지 않는 것이다. 완전히 침묵하거나 하나에 집중하는 것, 즉 필요성은 인정하지만 다른 주제들을 한시적으로 무시하는 것이 대안이 될 수 있을 것이다. 책을 읽으면서 중요한 문장에 밑줄을 그었는데, 마지막 장에 가서 보니 모든 줄마다 밑줄이 그어져 있는 것을 발견한다면, 얻은 것은 과연 무엇이겠는가.

그렇다 하더라도, 강단에 서서 설교의 짐을 지는 누군가는 설교에 대해 글을 쓰고 강의를 하는 우리 중의 일부가 '불평'을 나무라고 우리의 '불평'을 메시아적으로 다룬다고 느낀다. "우리가 설교를 어떻게 할 것인가와 무엇을 설교할 것인가 둘 다에 대하여, 설교자와 청중 둘 다에 대하여, 역사적 신앙의 전통과 복음의 개인적인 경험 둘 다에 대하여 지침을 받을 수는 없습니까? 그런 문제들에 대해 강의를 하는 당신은 어느 쪽이든 선택할 수 있는 사치를 누리겠지만 매주 설교를 하는 우리는 매주 그 모든 것을 다루고 있습니다." 이러한 주장은 충분한 진실과 고통을 담고 있는데, 지금부터 쓰는 글은 그것에 반응하기 위한 것이다.

서명 설교란 무엇인가

나는 모든 설교자에게 '서명 설교'(signature sermon)라고 부를 수 있는 것을 준비하고 전하라고 권면한다. 우리 문화에서 '서명'(signature)은 익숙한 것이다. 요리사는 자신만의 대표적인 요리가 있고, 가수는 자신만의 대표적인 노래가 있고, 악기 연주자는 자신만의 대표적인 스타일이 있고,

화가는 자신만의 대표적인 색깔이나 시선의 각도가 있다. 예를 들어 방, 얼굴, 혹은 어떤 대상에 황금빛 광채가 나는 것은 렘브란트의 '서명'이다. 서명 설교는 틀림없는 설교자 자신의 것이 될 것이다. 분명 그것은 빌려 오거나 표절한 것이 아니며, 그 사람 자신의 존재를 뛰어넘는 것이다. 그리고 그것은 너무 특별해서 그 사람이 한 다른 설교의 주된 요지와 전혀 공통점이 없어서도 안 된다. 그 설교가 (나 자신의 설교가 아닌) 다른 사람의 것처럼 보일 만큼 특이하다면, 그것은 서명 설교가 아니다. 서명 설교는 설교자가 성경을 인용하거나, 암시하거나, 반추하는 익숙한 방법들을 구체화한다. 그것은 선호하는 문학 작품들과 종종 언급되는 도덕적·윤리적 강조점들을 포함한다. 그것은 설교자가 열정을 보이는 친숙한 요점들에 의해 힘을 받을 것이다. 그리고 서명 설교는 때로 설교자 고유의 유머에 의해 긴장이 완화될 것이다. 간단히 말하면, 이러한 설교는 회중이 "저게 바로 우리 설교자야"라고 말할 수 있을 정도로 설교하는 사람과 동일시되는 것이다. 성경을 잘 아는 어떤 학생이 성경 본문이 어디인지 제시되지 않더라도 "저건 바울이야", "저건 누가야"라고 말할 수 있는 것처럼, 청중은 서명 설교의 저자가 누구인지 분별할 수 있다.

서명 설교는 많은 경우 개인적(personal)이지만 사적(private)이지는 않다. 그것은 자신을 드러내지만 자기 자신에 대한 것은 아니다. 사진기를 들고 있는 것과 사진기에 찍히는 것은 중요한 차이가 있다. 서명 설교는 회중이 설교에서 그들 스스로를 확인할 수 있는 설교다. 그러나 그것은 편협하지(parochial) 않다. 그것은 결코 다른 곳에서는 어울리지 않는 하나의 사건이나 특정한 시간과 장소에 전적으로 집중하지는 않는다. 다른 회중을 위해서 반드시 어떤 중요한 내용을 바꾸어야 하는 그런 설교가 아니다. 그렇다고 그 설교가 모든 경우에 두루 적용되는 포괄적인 설교라는 말은 아니다. 이러한 설교는 "관계자 여러분께"라고 말하지 않고, 더 큰 교회를 대상으로, 더 큰 교회를 위하여 말한다. 그것을 듣는 회중은 전수 받은 신앙 전통의 상속자요 증인들이다. 서명 설교는 전통을 따라 흘러가는데, 잘 살펴보지도 않고 쉽게 승인해 버리는 식이 아니라, 어떤 건강한 전통이나 제도에 맞는지 따져보는 자기 비판과 함께 전승된다. 이런 의미에서 서명 설교는 반복적이면서 예언자적이다.

이것은 서명 설교에서는 좋은 구성이나 효과적인 전달 방식을 포기하라는 말이 아니다. 그런 것들은 어떤 설교에서나 중요한 역할을 한다. 몇 가지만 예를 들면, 상상력이 풍부한 언어, 설교에 등장하는 인물들 간의 대화, 적절한 비유들, 사람들과 생각들 그리고 예기되는 움직임 같은 것들이다. 달리 말하면, 내용(What)이 중요하면 할수록 방법(How)은 더욱 중요해진다.

그러면 서명 설교를 구별짓는 것은 무엇인가? 이것은 설교자가 믿는 것, 회중이 믿는 것 그리고 역사적인 교회가 믿는 것을 하나의 메시지 안에 종합하는데, 새로운 수준의 제자도를 알려 주고, 바로잡고, 요청하는 방식으로 틀이 짜여진다. 이것은 특정한 성경 본문이나 주제를 해석하고 특정한 반응을 촉구하는 다른 설교들보다 다소 길어질 수 있다. 그런 설교들은 시간이 지나면서 모든 나무에 자국을 남기는 경향이 있지만, 회중 전체가 함께 숲을 통과하도록 인도하지는 않는다. 서명 설교는 숲을 통하여 난 길을 표시해 주고 우리가 누구인지, 어디서 왔고 어디로 갈 것이며 우리가 여기 왜 있는지를 명확하게 해준다.

이것이 설교자들에게 어떤 유익을 줄지 생각해 보라! 설교 준비 자체가 기독교 신앙의 주된 이야기들을 포함시키고, 배제하고, 배치하는 즐거운 훈련을 요구하는 것이다. 대신 '설교를 준비해야지'라는 매주 반복되는 부담이 없다. 그보다는 설교의 깊이에 대한 압박이 점점 심해진다. 이것은 한 사람이 설교할 수 있는 가장 깊은 설교다. 설교자는 그 설교가 중요하기 때문에 회중이 관심을 가지리라고 생각하지만, 결론적으로 생각해 볼 때 회중이 진심으로 관심을 갖는 것은 그들 삶의 가장 절실한 필요에서 중요한 것, 그리고 그것에 감동을 주는 것이다.

서명 설교가 회중에게 어떤 유익을 줄지 생각해 보라! 단절되고 파편화된 문화 속에서, 바로 여기 '그' 이야기('the' story)가 있다. 이것은 거대 담론(metanarrative)인데, 그 안에서 교회는 그 이름을 들을 수 있고 그 위치를 찾을 수 있다. 설교에서 다루는 짤막하고 재미있는 이야기들에 생존을 걸고 발버둥 쳐 온 교회들에서 서명 설교는 환영받으리라는 점을 확신하라. 설교 사본을 요청하는 사람들이 있을 수 있으니 준비하라. 수년 동안 회중의 정신과 마음은 강단에서 선포되는 설교의 크기만 하게 축소되어 왔고, 그래서 그들은 서명 설교를 듣고 난 후 설교문을 읽고 싶어질 것이다.

"마침내 나는 우리가 누구이고 교회가 무엇인지 알게 되었습니다."

"나의 신앙을 증거하기 위한 어설픈 노력들이 부끄러웠지만 이제는 내가 무슨 말을 해야 할지 알겠습니다."

"이 설교는 내 기억의 은행에 저장될 것이고 나는 그것을 반복해서 인출해 볼 것입니다."

서명 설교의 내용을 인용하거나 언급하는 일들이 교회학교 교실에서, 그리고 교제하며 나누는 대화에서 자주 나타날 것이다. 모든 사람이 그 설교의 모든 점에 동의하는 것은 아니지만 논의해야 할 중요한 내용이 있다. 오랫동안 그 설교는 신앙 공동체의 의식을 형성하는 한 부분이 될 것이다.

서명 설교 준비하기

어떻게 서명 설교를 준비할 것인가? 우선, 주된 주제가 하나님이라는 것을 기억하라. 설교는 하나님이 어떤 분이신지 세상에서 무슨 일을 하셨는지 소개하는 것이다. 다음으로, 큰 메시지를 전개하기에 적당한 넓은 틀을 선택하라. 그런 틀은 여러 형태가 될 수 있다. 여기서는 그중 몇 가지만 제안하려고 한다. 어떤 이는 창조부터 재창조까지를 훑어보는 연대기적 접근을 할 수 있다. 또 어떤 이는 창조자, 공급자, 구속자와 같은 하나님의 전통적 이미지들을 사용할 수 있다. 사도신경을 규칙적으로 암송하는 신앙 전통에 속한 사람이라면, 그 신앙의 명제가 서명 설교 안에서 드러날 수도 있다. 설교자는 성경 이야기 가운데 주된 사건들을 다루면서 에피소드식 설교를 선택할 수도 있다. 친숙한 성경 본문에서 인용한 구절이나 유명한 찬송가에서 따온 반복 구절도 그러한 목적으로 사용할 수 있다. 히브리서 11장의 '믿음으로…… 믿음으로……'와 같은 내러티브를 떠올려 보라.

계속해서 설교의 틀을 제안하면, 고별사라고 부르는 수사학적 형식을 고려해 볼 수 있다. 고별 설교는 과거, 현재, 미래를 온전히 재현해서 이야기할 수 있게 해준다. 여호수아(여호수아 24장), 모세(신명기 33장), 스데반(사도행전 7장), 바울(사도행전 20장)의 고별사를 다시 한 번 자세히 연구해 보라. 성경 외의 예들도 많다. 워싱턴 장군이 군대에게 한 고별 연설이나 맥아더 장군이 미국 국회에서 한 고별 연설이 그 예다. 이러한 모델들을 소개하는 것이 '고별 설교'가 아님을 주의하라. '이것이 여기서 하는 나의 마지막 설교가 될지도 모릅니다'라는 어떤 암시라도 감정적 위협으로 들릴 수 있다. 이런 특별한 양식은 그 이야기의 폭이 넓어서 그 자체로 마음을 끌 수 있다.

다른 제안을 두 가지만 더 하자. 서명 설교를 성경 본문들만으로 구성할 수도 있다. 예를 들어, 창세기 1장 1절로 시작해서 요한계시록 21장 1절부터 5절 전반절까지 혹은 22장 16절부터 17절까지의 말씀으로 결론을 맺을 수 있다. 이 두 본문 사이에서 설교자는 이야기를 진척시키는 많은 목소리들 중에 선택해야 하는 어렵지만 신선한 과제에 직면한다. (이 설교에서 인용구절들의 장과 절을 언급하는 것은 도움이 되기보다는 방해가 될 수 있다.) 또 하나, 중요한 성경 인물들의 이야기를 전기적으로 구성하면서 거대 담론의 요소들을 담아낼 수도 있다.

말할 것도 없이, 틀이나 형식에 상관없이 한 가지 사실은 남는다. 서명 설교는 쉽게 빨리 준비되지 않는다는 점이다. 여러 번 추가하고, 삭제하고, 재배치하는 작업을 해야 한다. 그러나 집중해야만 가능한 명확성과 탐구해야만 얻어지는 신선한 발견의 풍성함은 설교자가 쏟은 시간과 노고를 보상하고도 남을 것이다. 그러나 서명 설교는 계속 반복해서 설교될 것이라는 점을 명심하라. 시간을 많이 쓰는 것에 마음 쓰지 마라. 사람들은 시간, 연구, 기도에 대한 지혜로운 투자를 좀처럼 개의치 않는다. 의심이 든다면, 회중에게 물어보라.

일단 대략적인 초고가 나오면 그것을 옆에 제쳐 놓고 거리를 두라. 어느 정도 시간이 지난 뒤 다시 돌아가 보라. 그러나 이제는 연구하는 자세보다는 예술적인 관점에서 살펴보라. 이것은 눈보다는 귀를 위해 준비된 설교라는 사실을 기억하라. 어떻게 들리는가? 문장들이 살아 있는가? 설교 안에서 어떤 흐름이 그 다음 내용을 기대하게 하는가? 청중은 그 설교가 어디론가 가고 있다는 확신과 결말에 대한 어떤 감각을 갖게 되는가? 단어들이 시각, 청각, 미각, 감각 또는 후각에 자극을 주고 있는가? 설교에 등장하는 인물들은 행동하고, 말하고, 설교 안에서 진정한 대화를 하고 있는가? 결국 성경은 일차적으로 대화다. 하나님이 말씀하시기를, 하와가 말하기를, 노아가 말하기를, 모세가 말하기를, 라헬이 말하기를, 마리아가 말하기를, 바울이 말하기를, 예수가 말씀하시기를……. 독자들을 끌어들이고, 그래서 빠져 있는 것을 존재하게 하고, 사고와 감정에 호소하며 독자들이 동반자가 되게 하는 것은 다름 아닌 그 본문의 대화적 성격이다. 이러한 화자-청자의 동반자 관계가 형성되면 설교자는 결론과 해답을 섣불리 회중의 귀에 집어넣으려 하지 않는다.

대략적으로 준비해 둔 초고에 이런저런 수사학적 질문들을 던지는 것은 초고를 설교로 변형시킨다. 서명 설교가 설교자의 설교 레퍼토리에 있는 다른 많은 단편들에 비해 좀더 본질적이고 더 스케일이 크고 더 중요하기 때문에 저절로 회중의 관심을 얻고 주의를 끌 거라는 생각은 지혜롭지 않다. 반대로, 그것이 서명 설교이기 때문에 그 내용에는 최고의 수사학적 기술을 동원해야 하고, 효과적인 전달에 열정을 쏟아야 하는 이유가 더 많은 것이다.

서명 설교의 유익

서명 설교는 1년에 한 번, 해마다 같은 주일에 설교하는 것이 적절하다. 예산 조정이나 교회학교 어린이들의 진급 등 다른 일들로 바쁘지 않은 주일을 선택해야 한다. 성령강림 주일이나 교회 창립 기념 주일 같은 날은 어떤가? 서명 설교 주일은 교회 안팎으로 광고해서 아주 특별한 날로 다루어야 한다. 모든 교인들과 방문객들이 그날 무슨 일이 있을지 알게 하라. 서명 설교를 한 지 몇 년 후, 교인들이 "오, 제발 다시는…… 그 설교는 전에도 몇 번 들었는데, 그냥 그걸로 됐어요"라고 말하는 일은 없을 것이다. 오히려 기대감이 더 커지고, 출석 인원은 줄기보다 늘 것이다. 왜 그럴까? 다른 주일과 달리 이 주일에는 하나님의 이야기가 더욱 충실하게 나누어질 것이기 때문이다. 흩어져 있던 점들이 서로 연결될 것이기 때문이다. 청중은 그들 스스로를 단순히 어쩌다 예배에 참석하게 된 한 무리가 아니라 하나의 신앙 공동체로 확실히 인식하게 될 것이기 때문이다. 그리고 특별한 인식의 힘이 있기 때문이다. 이 설교를 이미 몇 차례 들었기 때문에 청중은 그 메시지를 인식하고 기억하며 자신의 것으로 간직한다. 청중은 "내가 설교자라면 꼭 말하고 싶은 설교가 바로 이것입니다. 너무 중요한 설교여서 친구들을 몇 명 데려왔습니다"라고 말할 것이다.

10

미겔 데 라 토레 Miguel A. De La Torre

카스트로 혁명 직전 쿠바에서 태어나 가족과 함께 생후 6개월에 난민이 되어 미국으로 건너갔다. 종교가 인종, 계급, 성차별과 억압에 미치는 영향에 특별한 관심이 있으며, 콜로라도 주 덴버에 있는 아이리프 신학교 사회윤리학 교수다. *Reading the Bible from the Margins*를 비롯하여 저술가 상을 수상한 다수의 저작들이 있다.

다양화 다루기

위대한 현대 신학자이자 유명한 시사 코미디 쇼 '더 콜버트 리포트The Colbert Report'의 진행자 스티븐 콜버트는 최근 '흑인 친구' 자리를 만들기 시작했다. 정치적 올바름(Political Correctness, 차별적인 언어나 행동을 피하는 원칙. 정치적으로 좋은 인상을 주기 위해 인종과 성 등 곤란한 문제를 포용하려는 태도—옮긴이)의 중요성을 인식한 콜버트는, 혹시라도 인종차별주의자라고 비난받을 경우를 대비해서 그가 지목할 수 있는 흑인 자리를 만드는 것이 절실하겠다고 생각했다. 그는 인종차별주의자로 보이지 않으려고 엄청난 노력을 했는데, 많은 지원자들 중에서 선택하기 전, 물론 그는 태생적으로 '색맹'(피부색에 대해 전혀 편견이 없어서 구별도 하지 못한다는 의미—옮긴이)이었기 때문에 다른 누군가에게 어떤 사람들이 흑인인지 물어보아야 했다. 우리 모두 이처럼 주장하지 않는가? 유감스럽게도 콜버트가 자기 친구들을 인종적·민족적으로 다양하게 조직하려는 시도는 많은 교회들이 그들의 회중을 다양화하기 위한 접근 방식과 유사하다. 몇몇 교회들에게는 다양화를 향한 소망이 새로운 공동체를 만들기 위한 것이기보다는 정치적 올바름을 위한 것이다.

진짜 다양화를 원하는가

수년 전 30여 명의 백인 목사들이 전체 지역사회를 위한 하나의 모델로 그들의 회중을 다양화하기 위한 최선의 방법이 무엇인지 토론하기 위해 모였다. 백인들만을 위한 설교에 지친 그들은, 그들의 회중을 요한계시록에서 그리고 있는 이상적인 교회의 모델, 즉 "모든 족속과 방언, 백성과 나라"(계 7:9~10)에서 온 사람들이 하나님의 보좌를 둘러싸고 있는 그 모델에 좀더 가까운 모습으로 만들고 싶어 했다. 나는 그들의 진정성을 인정하기는 했지만, 그 방에 모인 사람들 가운데 나를 포함해서 단 두 명의 유색인종 목사가 있을 뿐이라는 사실을 안 순간, 우리의 모임부터 문제가 있음을 알 수 있었다. 한 시간가량 그 백인 목사들은 주로 그들의 교회와 지역사회 안의 다양화의 이슈들을 다루는 데 그들이 선견지명이 있다는 사실에 서로 자화자찬하며 시간을 보냈다. 그러고 나서 고귀한 목적을 위한 행동 방침들을 생각해 내기에 이르렀다. 그들의 계획이란, 각자 자신들의 강단에 유색 인종 목사를 초청하자는 것, 회중이 함께하는 시도로 유색인종 교회들과 결연을 맺거나, 재정적인 도움이 필요한 유색인종 교회를 지원하자는 것이었다. 그런데 재미있는 사실은, 백인 목사들의 아이디어들에 대해 그 방에 있는 단 두 명의 유색인종 목사에게 아무도 조언이나 의견을 묻지 않았다는 것이다. 내가 이미 알고 있던 아무 효과가 없을 전략들, 더 나쁘게는 백인 목사들에게 자기들이 시도는 해보았지만 유색인종 공동체들이 '관심을 갖지 않아서' 실패했을 뿐이라는 변명거리를 줄 전략들에 대해 한 시간 동안이나 듣고 난 후, 마침내 내가 입을 열었다.

"어째서 당신들은 내가 당신들의 교회에서 예배하기를 '원하기'까지 할 거라고 단정하시나요? 몇 세기에 걸쳐 차별을 받았는데, 왜 내가 이제 당신들이 부르면 뛰어가야 하나요? 당신들의 회중이 인종차별주의자가 아니라는 것을 증명하기 위해 한두 명의 유색인종을 회중석에 둠으로써 당신들의 교회가 좋게 보일 거라고 생각하나요?"

내 질문은 사람들에게 그다지 잘 받아들여지지 않았다. 그럼에도 나는 계속해서, 내 성(姓)이 히스패닉처럼 들리기 때문에 더 높은 이자를 부과하려는 은행원의 옆자리에 앉게 됐을 때 기도하기란 어렵다는 것을 이야기했다. 내가 히스패닉이라는 사실 때문에 부당하게 교통위반 스티커를 발급한 경찰관이 옆에서 나를 바라보고 있을 때 주님을 찬양하는 것은 참 어려운 일이다. 맞은편에 앉은 어떤 교인이 불법체류자에게 자비를 베풀기를 거부했다는 사실을 알면서도 하나님의 자비를 선포하는 것은 힘든 일이다. 회중 안에 있는 그런 사람들이 정직하고 심각하게 그들의 백인 우월 의식과 계층의 특권 문제를 다루기 시작하지 않는다면(그런 것 같지 않지만), 나와 대부분의 유색 신앙인들은 교회 건물 '밖'에서 일어나는 일들은 잊어버린 척하고 교회 안으로 들어오게 될 것이다.

비록 그런 교회에 다니려 했다 할지라도, 나는 그 회중 안에서 유배생활을 하는 것이나 마찬가지였을 것이다. 300년 된 독일 찬송이 유럽계 미국인들의 영혼을 감동시킬 수 있을지는 모르지만, 그것이 영적으로 나에게 해줄 수 있는 것은 정말 아무것도 없다. 내가 어떻게 다른 문화의 언어와 양식으로 하나님을 찬양할 수 있는가? 나의 '성가대'는 어디 있는가? 내 형제와 자매들의 '간증'은 언제 듣게 될까? 나와 같은 종족의 사람들에게 예배는 많은 경우 잘 짜인 시간표에 맞춰 진행되는 활동들이라기보다 모든 사람이 참여하는 일종의 '잔치'에 더 가깝다. 대부분의 잔치가 그러하듯이 정해진 시간을 넘어간다 해도 별 문제가 아니다.

심지어 주변부 교회의 교인들이 설득되어 백인 교회에 다니게 된다 하더라도, 그것은 이웃 혹은 '동네'에 있는 교회들에게 상당히 끔찍한 결과를 가져올 수 있다. 백인 회중을 위한 정치적 올바름은 유색 인종 교회들에게 대단히 파괴적인 영향을 미친다. 주변부 신앙 공동체 안에서 중산층이 된 몇몇 사람들은 유색 인종을 영입하려는 백인 교회들에게 인기 상품이 되어 버린다. 바이든 상원의원의 말을 빌리면, '논리정연하고, 밝고, 깨끗하고, 잘생긴' 유색인종들이 백인 교회에 흡수된다는 것은 유색 인종 교회들이 남아 있는 사람들을 사역하는 데 꼭 필요한 중산층들의 십일조를 잃어버릴 뿐 아니라 우수한 인재들을 빼앗기는 어려움을 겪게 된다는 의미다. 백인 교회들을 위한 다양화는 유색인종 교회가 직면한 고통을 더 심화한다.

다양화를 위한 조언

그리하여 우리는 '그들의 교회가 다양화되기를 바라는 백인 목회자들에게 줄 수 있는 가장 훌륭한 조언은 무엇인가?'라는 질문에 맞닥뜨리게 된다. 또는 로드니 킹이 남긴 "우리 모두가 그냥 사이좋게 지낼 수는 없는가?"라는 불후의 질문에 답해야 한다. 어떤 교회도 먼저 '구원받지' 않고 다양화를 고려해서는 안 된다. 즉, 전 회중은 반드시 그들의 죄악을 예수 그리스도의 십자가 위에 못 박아야 한다. 더 자세히 말하자면, 교인들은 그들이 그리스도 안에서 새로운 피조물이 되기 위해 그들의 백인 우월주의와 계층적 특권 의식을 십자가에 못 박아야 한다. 그리스도 안에서 새로운 피조물이 된다는 것은 비유적인 의미가 아니라 문자 그대로의 의미다. 교회가 교회 스스로에게 물어야 하는 질문은 바로 교회가 모든 사람들이 주님을 예배할 수 있는 장소가 되기 위해 얼마나 자발적인 변화를 하고 있는가 하는 것이다. 다양화를 원하는 교회는 '이것이 우리가 항상 해온 방식이고, 당신이 우리에게 들어오기를 원한다면 당신은 반드시 변해야 하며 우리처럼 되어야만 한다'는 태도를 견지하는 한 결코 성공할 수 없다.

'구원받은' 교회는 그들의 교리나 하나님을 예배하는 방식에 맞추어 세상을 변화시키는 데 별 관심이 없다. 오히려 상처입고 깨어진 세상과 적절하게 관계를 맺기 위해 그리스도를 닮은 모습으로 얼마나 더 변화되어야 하는가에 초점을 맞춘다. 그런 교회들은 사도행전에 기록된 첫 번째 기독교 공동체가 보여 준 모범을 따른다. 초대교회는 그리스도를 위하여 여러 편견들을 버렸다. 사도행전은 초대교회가 성령의 역사를 따르기 위해 어떻게 이방인들을 믿음의 동료로 받아들이고, 할례를 폐기하고, 여자들이 교회를 이끌도록 임명해야 했는지를 묘사한다. 초대교회가 다문화적인 세계를 만났을 때, 그들은 다른 문화의 사람들이 몇몇 사회 정치적 문화 규범을 꼭 바꾸지 않고도 예수 그리스도를 따르는 자들이 될 수 있도록 스스로를 변화시켰다. 본질적으로 사도행전은 성령께서 그 교회에 스스로 부과된 종교적 우월주의를 어떻게 근본적으로 변화시키셨는지에 대한 이야기다.

유럽계 미국인 문화에 의해 최적화된 기독교에 근본적으로 도전하는 것 외에도, 교회는 그 지역사회에서 적극적인 변화의 도구가 되어야 한다. 목사만이 아니라 교인들도, 굶주리고 목마르고 헐벗고 소외되며 아픈 사람들과, 제도화된 폭력의 세력에 대항하다 투옥된 사람들과 연대하여 당당히 일어설 수 있는가? 교회는 과연 이런 가장 작은 자들을 위하여 모든 것을 걸 수 있는가? 답해야 하는 진짜 질문은 이것이다. 교회는 백인의 특권과 계층 우선권을 보호하기 위해 고안된 바로 그 제도화된 사회적 권력 구조를 기꺼이 적극적으로 깨뜨릴 의지가 있는가?

다양화를 원하는 목회자들이 이 문제를 다루는 위원회를 만드는 대신 모두 함께 모여 그 구성원들을 보호하고 격려하는 하나의 가족인 '파밀리아'(familia)를 만든다면 성공할 것이다. 단순히 회중을 다양화하는 것에 이의를 제기하는 한편, 서로 돌보는 관계야말로 유색인종 교회들의 필요를 이해하는 데 핵심적이다. 소외된 사람들과 연대하여 일어서는 것, 억압받는 자들과 함께 걷는 것, 투표권을 박탈당한 사람들의 운명을 나누는 것, 그리고 쫓겨난 사람들과 정의를 위해 투쟁하는 것은 비싼 대가를 치러야 하는 일이다. 교회가 존경받을 만한 체면이라는 대가를 치르거나 심지어 목회자가 자신의 직업이라는 값을 지불해야 할 수도 있다. 그러므로 제자도의 대가를 헤아려 보는 것이 필수적이다. 기독교의 다양화를 향한 문화적 시도는 근본을 바로잡아 감으로 시작된다. 자신의 필요에 앞서 다른 사람의 필요를 먼저 생각하는 복음적 소명을 실현하면서, 자기 교회의 이익에 반하여 유색인종 교회들과 연대하는 것보다 더 급진적인 것은 없다.

소자와의 연대

그러나 어떻게 목회자가 자신의 회중을 이러한 구원의 비전으로 이끌 수 있을까? 해방을 설교하는 것, 바로 죄로부터의 해방을 선포함으로써 가능하다. 백인 교회들에서 선포되는 설교는 너무나 자주 개인적 경건에 집중된다. 예를 들어, 어떻게 더 좋은 그리스도인이 될 것인가, 어떻게 더 기도하고, 어떻게 좀더 예수님과 가까워지고, 어떻게 더 큰 기쁨을 구하고, 또는 어떻게 하나님을 더 신뢰할 것인지에 대한 방법들 말이다. 그러나 그러한 설교들은 그 지역사회에서 인종적·민족적 차별과 부조리로 고통 받는 사람들과 연결시켜 주지는 못한다. 지배 문화에서 비롯한 개인의 내면적 경건(초개인주의적인 사회를 반영하는 명백한 영적 측면의 증거)이 우리에게 사회 정의를 실천하라는 그리스도의 부르심보다 더 중대하게 다루어지는 경우가 너무나 많다. 교회의 설교와 가르침의 목적은 적절한 개인 경건을 제시하는 것이 아니라 현실을 변화시키는 것이다. 우리 중에 소자들이 직면한 현실을 태생의 문제로 만들지 못하거나, 실제적인 실천보다 추상적인 토론에 기반을 둔 어떤 설교도 기독교적 사변에 불과하다. 그것은 분명 기독교가 그 제자들에게 요구하는 바가 아니다.

백인 회중이 다른 인종 이웃들이 당하는 고난을 염두에 두기 시작할 때, 교회를 다양화하려는 희망은 현실이 된다. 그러나 그 교회가 회중을 다양화하는 데 실패한다 할지라도, 그 교회는 소외된 자들과 연대함으로써 구원을 발견하게 될 것이다. 어떤 교회는 회중석에 더 많은 유색인종이 앉아 있게 하는 것을 궁극적인 목적으로 삼지 않고 해방의 과정에 적극 참여한다. 또 어떤 교회는 예수 그리스도의 교회가 되는 것을 유일한 목적으로 삼기 위해 해방의 과정에 참여하는데, 이러한 노력에 누가 동참하는지도 전적으로 하나님께 맡긴다. 사도행전은 첫 번째 그리스도인들을 이렇게 묘사한다. "하나님을 찬미하며 또 온 백성에게 칭송을 받으니 주께서 구원 받는 사람을 날마다 더하게 하시니라"(행 2:47).

  백인 교회들은 그들이 밀어붙이는 다양화의 시도가 유색인종 교회들에게 얼마나 부정적인 영향을 미치는지에 민감해야 한다. 지역사회에서 직면하는 가난과 소외는 많은 유색인종 교회들에도 그대로 반영된다. 몇몇 교인들이 중간 계층으로 오르기도 하고, 그들의 자녀들이 고등 교육을 받게 되면서 그들은 백인 교회들이 원하는 형태의 '다양화'를 갖추게 된다. 백인 교회가 그런 교인들을 영입하는 것은 그들의 모교회로부터 자원과 출석인원을 빼앗는 일이 되고 만다. 백인 교회들이 교회의 다양화에 관해 심각하게 생각한다면, 그 동기에 걸맞은 최선의 헌신은 유색인종 교회의 양을 빼앗는 것이 아니라 그 교회들이 잘 성장하도록 도와주는 것이다. 그런 교회들과 연대한다는 것은 특권층 교회에게 "'당신들은' 우리가 어떻게 당신들과 동행하기를 원하십니까?"라고 물어보게 하고, 그래서 백인 교회가 무엇이 최선인지를 알고 있다는 환상을 버리게 할 것이다.

  지난 수세기 동안 그리고 지금까지도, 백인 우월주위는 만유의 창조주 하나님을 찬양하기 위해 하나님의 모든 자녀들이 한 방에 함께 앉기를 거부해 왔다. 수세기 동안 규범화되고 합법화된 분리와 차별은 권력을 가진 사람들이 '아하!'하는 깨달음의 순간을 경험했다 해서 한 세대 내에 없어지지는 않는다. 그런 주장은 하나님의 힘을 그들의 힘으로 혼동하는 사람들을 계속 교만하게 할 뿐이다. 언젠가는 회중이 "모든 족속과 모든 방언과 모든 백성들과 모든 나라"를 반영하는 날이 올지도 모른다. 그러나 우리가 제도화된 인종차별 문제들을 철폐하려는 노력을 기울이지 않고 지금 다양화를 밀어붙이는 것은 그 이슈를 토크니즘(tokenism, 진정성 없이 명목상 생색만 내려고 하는 형식주의―옮긴이)으로 환원하는 것이다.

  오늘날 활발하게 사회정의를 구현하는 백인 교회들이 심은 씨앗들은 언젠가 미래 세대에 다양화의 열매를 맺을 것이다. 그 과정은 더디고, 어렵고, 힘들고 위험할 것이다. 그러나 우리는 수세기 동안 반복해 온 백인우월주의라는 죄의 결과를 원 상태로 돌리기 시작할 수 있다. 그 일은 현재 일반적으로 행해지는 하나님 백성들 간의 분리를 없애고, 보좌에 앉으신 어린양을 찬양하기 위해 모인 사람들이 더 이상 그들의 피부색이나 민족성 때문에 차별받지 않는 하나님의 '파밀리아'라는 이상을 실재로 실현함으로써 가능해질 것이다.

11

캐서린 로즈 핸더슨 Katharine Rhodes Henderson

뉴욕에 있는 오번 신학교 학장이다. 다양한 사회적 이슈들에 대해 진보적이고 기독교적인 입장에서 적극 참여하고 있으며, 많은 대중 연설과 대중 매체를 통해 목소리를 내고 있다. *God's Troublemakers, How Women of Faith are Changing the World*의 저자다.

무너진 데를
보수하기

신학교 교수이면서 설교자였던 사람의 딸로서, 나는 결코 목회자가 되거나, 목회자와 결혼하지는 않으리라 결심했다. 하지만 난 그 두 가지 모두를 하고 말았다. 고등학교 고학년 때, 그리고 대학 저학년 때의 확고한 무신론 시기를 지나, 한스 큉의 《왜 그리스도인인가 On Being a Christian》를 읽고 난 후 나는 다시 기독교 신앙에 연결되었고, 커다란 궁금증과 많은 질문을 안고 신학교에 입학했다. 내가 발견한 것은 뉴욕시 북서쪽 지역의 중심에 있는 웨스트 파크 장로교회라는 '교회'(The Church)였다. 그 교회는 허접하고 몹시 쇠락했으며, 육적으로 침체되게 하는 공간이었고, 행정적인 면에서도 제대로 기능하지 않은 듯한 곳이었다. 하지만 그 내부에서 일어나는 일은 영광스러운 것이었다. 규모는 작지만 인종적으로나 민족적으로는 참으로 다양한 그 회중은 이웃과 세상을 향한 일에 전적으로 헌신되어 있었다. 그들이 하는 일은 이웃을 교회로 환영해 맞이하기, 뉴욕 시가 가난한 사람들을 위한 주택 사업에 구조적 변화를 꾀하도록 압력 넣기, 미 전역을 대상으로 비핵화를 위한 평화 목회 사역하기, 가난한 노인들을 위한 프로그램을 실시하고 그들의 집을 방문하기, 갈 곳 없어 방황하는 교회 인근 지역 어린이들과 청소년들을 위한 방과 후 학교를 운영하기 등이었다. 교회 인근 지역은 내가 한 번도 경험해 보지 못한 정신없고 시끌벅적한 곳이었다. 그러나 우리가 거룩한 땅에 서 있다는 점에는 의심의 여지가 없었다. 나는 하나님의 나라를 발견했다고 느꼈고, 이 경험을 통해 목회로의 소명을 확신할 수 있었다.

공적 리더로서의 목회자

내 경험을 소개하는 것으로 이 글을 시작했다. 왜냐하면, 자신이 소명을 받았을 당시의 사람들, 장소, 광경, 목소리, 냄새 그리고 언어를 통해 처음 받은 소명의식을 회상해 보는 것은 목회의 삶에 시금석이 되기 때문이다. 웨스트파크 장로교회에서 시작한 첫 목회 경험은 나에게 대단히 중요한 것이었고, 교회는 본질적으로 교회 자체를 위해서가 아니라 세상을 위해 존재한다는 기본적인 진리를 각인시켜 주었다. 설교자들과 목회자들을 위한 내 조언은 두 개의 본문에 기초한다. 첫째는 이사야 58장이고, 다음은 부활하신 예수님이 제자들에게 찾아오셔서 그들을 위해 물고기를 구워 주시면서 그들이 맡은 사명의 중심 되는 교리—"내 양을 먹이라"—를 환기시키시는 요한복음의 한 부분이다.

이사야서의 말씀은 하나님께서 우리에게 "흉악의 결박을 풀어 주기 위해" 부르셨다는 것을 분명하게 상기시킨다. 이런 결박을 풀어주는 일은 "압제당하는 자를 자유롭게 하고, 모든 멍에를 꺾으며, 주린 자에게 양식을 나누어 주고, 유리하는 빈민을 집에 들이는" 구체적인 형태로 나타난다. 이런 행동에 대한 약속은 하나님의 임재(Presence)다. "네가 부를 때에는 나 여호와가 응답하겠고, 네가 부르짖을 때에는 내가 여기 있다 하리라." 정의와 자비와 평화의 행동들은 이사야 선지자가 우리에게 묘사해 주는 대로 '무너진 데를 보수하는 자', '길을 수축하여 거할 곳이 되게 하는 자'가 되도록 우리를 이끌어 간다.

목회자와 설교자에게 내가 간절히 바라는 것은 공적 리더, 활동가 그리고 종의 역할이다. 여러 가지 면에서 이것은 납득하기 어려울 수 있다. 이런 역할들은 자신들의 요구를 가까이서 충족시켜 주기를 원하는 회중의 바람과 어긋날 수 있고, 임원이나 능숙한 관리자로서의 목회자 이미지와 상충될 수 있다. 또 그것은 오번 신학교에서 행한 '잃어버린 연결들'(Missing Connections)[1]이라는 연구 결과 드러난 대로, 종교 지도자들이 공적 광장에 현실적으로 부재하다는 현상을 뒤엎는 것일 수 있다. 그리고 현실적으로 목회자와 설교자가 그 바쁜 일정 속에서 공적 부르심을 위해 쓸 수 있는 시간을 어떻게 찾아낼 수 있단 말인가?

그러나 나는 정의를 구현하는 공적 리더에 대한 성경적 명령은 거부할 수 없으며, 더 나아가 공적 리더로 참여하는 것은 다른 무엇보다 목회를 생기 있게 유지해 준다고 주장한다. 국가 평화 법안을 발의하기 위한 단체 지도자로 활동 중인 나의 동료 목회자는 이런 운동을 다음과 같이 표현한다.

> 나는 지역 교회 목회자로서 지역적 쟁점들과 그보다 광범위한 쟁점들 모두에 관여해 왔지만, 언제나 일종의 지역 교구적 관점에서 그 문제들을 바라보았다. 전 세계적인 문제들에 너무 깊이 관여한 나머지 교회 내부

의 친교를 잊어버리는 일은 절대 없었다. 나는 언제나 동시에 두 방향으로 관심을 넓힐 수 있었고, 두 방향은 서로 자극을 주고 힘을 북돋워 주는 상호보완적 관계였다.[2]

나는 이렇게 영역을 확장하고, 교구의 벽을 넘어 가교 역할을 감당하는 것이 신실한 믿음의 일부분이며, 당신의 건강을 위하여서나, 당신이 이끄는 길로 따라가고 실천하는 당신의 교인들을 위하여서나 유익한 일이라고 생각한다. 종교 지도자들이 공적인 활동에 활발하게 참여하는 것은 치안 판사의 역할이 목회자의 역할보다 더 고귀한 소명이라고 생각했던 존 칼빈이 꿈꾸던 것이다.

사형 반대 운동을 이끌어온 가톨릭 종교 지도자 헬렌 프리진 수녀는 이런 참여를 실천하는 또 한 명의 동료다. 그녀는 자신의 공적 사역을 '핵심적인 영적 원동력'이라고까지 부르는데, 나는 이것을 영적 '훈련'이라고 부르고 싶다.

> 사람들과 함께 사형수 수감동을 방문하는 일은 나에게는 닻을 내리는 것과 같다. 그것은 기준선이다. 살인 사건 피해자 가족과 함께 있고 그들과 함께 기도하는 것—그것은 개인적인 일이다. 그리고 각 사람은 하나의 우주다. 내 연설은 이런 경험들에서 나온 것이고, 그래서 연설 내용이 그만큼 좋을 수 있는 것이라고 나는 생각한다. …… 내가 사람들과 함께 하는 개인적 경험을 유지해 오지 않았다면, 나는 표류하고 있거나 아니면 무작정 싸우다가 나가떨어지고 말았을 것이다. 가난한 사람들과 연대하고, 그들의 친구가 되고, 고통 받는 사람들의 삶에 관여하는 것은 '핵

심적인 영적 원동력'이다. 그것이 없다면 당신은 표류하기 시작할 것이고, 당신의 경험에 대해 이런 주석을 달기 시작할 것이다—한 번 물러났다, 두 번 물러났다, 세 번 물러났다. 그러므로 고통 받는 사람들의 존재는 핵심적이다.[3]

공적 사역을 위한 네 가지 전략

그렇다면 공적 사역이라는 영적 훈련은 실제로 어떤 것이며, 어떻게 이루어지고, 또 어떻게 유지될 수 있을까? 네 가지 전략을 소개하고자 한다.

첫째, **당신의 마음에 특별히 문제가 되는 한 가지 공적 사안에 의해 움직이도록 해보라**. 정의에 대한 당신의 열정은 어디에 있는가? 환경과 지구 온난화 문제에 대해서인가? 아니면 인근 지역에 사는 아이들에게 천식을 일으키는 소각장에 관한 것인가? 혹은 아내와 자식들로부터 떨어져 강제 추방될 위험에 처한 불법 이민자의 시각에서 바라본 이민 정책에 대해서인가? 혹은 당신의 교회 계단에서 얼쩡거리며, 잠을 자기도 하고, 소변을 보기도 하는 노숙인에 대한 것인가? 아니면, 직장에서 해고되고, 집이 압류되면서 집과 삶의 터전을 모두 잃어버린 교인에 대한 것인가?

당신의 마음이 깨어지듯 열리고, 공감의 엔진이 돌아가기 시작하면, 당신은 그 사안에 대해 알게 되고, 전문가가 되기도 한다. 어떤 구조적 문제들이 이 특정한 인간 상황의 저변에 깔린 불평등을 조장하고 있는가? 지역적, 국가적, 혹은 국제적 요인들은 무엇인가? 어떤 지배 권력과 세력들이 관련되어 있는가? 이 문제를 바라보는 어떤 신학적 혹은 성경적 관점들이 있는가? 목회자나 교인들이 행동가로서 그 문제와 어떤 관련을 맺을 수 있는가? 세상을 치유하고 회복하는 일에 헌신한 사람으로서 당신은 어떻게 다를 수 있는가?

이와 관련해서 최근 그리스도인들이 벌인 가장 중요한 운동 중 하나는 허리케인 카트리나 피해 복구 활동에 참여한 것이다. 그들은 이방인들을 맞아들이고, 재건을 돕는 중요한 일에 초기부터 참여하였다. 그 다음 단계는 그런 끔찍한 사태로까지 이어진 인종적·사회계층별 분리에 대해 깊이 이해하는 것이고, '가진 자와 갖지 못한 자'의 격차와 관련된 구조적인 문제를 분석하는 것이다.

공적 사안들에 깊이 관여하고 연구하는 것은 설교자에게 특별한 희망을 갖게 하는 부수적 효과를 낳기도 한다. 헬렌 프리진 수녀는 자신이 사형제도라는 공적 사안에 깊이 관여하는 것이 자신의 설교와 대중 연설 전반에 큰 변화를 가져왔다고 고백한다. 그리고 그녀의 말은 사실이다.

첫 번째 전략은 두 번째 전략으로 이어진다. **언론을 대하는 당신만의 요령을 개발하라.** 일반 대중을 상대로 연설하는 것은 설교단에서 하는 것과는 전혀 다른 기술을 요구한다. 우리의 마음을 산란하게 하는 공적 사안들에 대해 탁월하고 믿을 만한 연설가가 되고자 한다면, 새로운 웅변 능력을 기르기 위해 다양한 분야를 넘나드는 훈련이 필요하다. 오번 신학교에서의 연구를 통해, 우리는 종교 분야 전문가들을 위한 연설 훈련 프로그램을 제공하고 있다. 나는 최고의 설교자들이 조바심 때문에 텔레비전 카메라 앞에서 무너지는 모습을 보아 왔다. 라디오나 텔레비전, 신문의 논평란 혹은 블로그를 이용하기 위해, 우리는 필요한 말만 편집하여 방송하는 세상 속에서 신학적 메시지를 전달하는 방법을 배울 필요가 있다.

종교는 근본적으로 개인적인 문제라고 생각하여 공적인 자리에서는 종교적 신념에 대해 침묵하는 것을 내면화해 왔거나, 공적인 자리의 다양성과 세속성에 두려움을 느낀다면, 더 많은 대중에게 효과적으로 의미를 전달할 수 있는 언어를 찾기란 쉬운 일이 아닐 것이다. 그러나 이것이 바로 우리에게 하라고 하신 일이다. 이런 일을 통해 우리는 젊은 세대 그리고 종교와는 전혀 무관한 사람들과 접촉하고 교제할 수 있는 기회를 얻기도 한다. 이들은 바로 우리가 어떻게 하면 믿음을 전파할 수 있을지 알기 위해 온갖 노력을 기울이는 바로 그런 지역의 주민들을 대표한다.

대중 연설자라는 새로운 역할은 목회자들이 흔히 참석하지 않는 모임들, 예를 들어 사업가, 정치인, 교육자, 학교 운영위원, 시청 회의, 청문회, 문화 활동 모임 등 지역사회에서 열리는 모임들에 참여하여 그들과 대화할 기회들을 열어 줄 것이다. 당신의 목표는 당신을 둘러싼 세상에서 '활동가'가 되는 것인데, 이것은 당신 자신이 신문 첫머리를 장식하기 위한 것이 아니라 다른 사람들과 더불어 긴급한 인간적 필요들을 해결하기 위한 전략을 짜기 위한 것이며, 당신만의 독특한 자원을 가지고 그 논의에 기여하기 위한 것이다.

더 효과적인 공적 지도자가 되기 위한 세 번째 전략은 **당신의 문 앞에서 당신을 기다리고 있는 종교 다원주의적 환경을 살펴보는 것이다**. 미국은 세상에서 종교적으로 가장 다양한 나라지만, 종교 지도자인 우리는 다른 종교 전통에 대해 아는 것이 거의 없다. 로버트 우스나우가 전거를 제시한 대로, 우리는 종종 피하기 게임(Avoidance Game)[4]을 한다. 우리의 신학교들은 이제야 겨우 학생들에게 다원화 사회를 준비하도록 가르치고 있다. 하지만 종교적 다양성은 오늘날 목회자들이 경험하는 최고의 도전이자 기회의 하나다.

무너진 데를 보수하는 자가 되려는 종교 지도자들로서, 우리는 같은 지역에서 일하는 동료 종교인들 사이의 분열을 치유할 수 있다. 그러나 추수감사절이면 연례적으로 교회, 유대교 회당, 이슬람 사원이 벌이는 연합 행사—이런 행사 자체로도 의미 있는 것임에는 틀림없지만—를 넘어서야 한다. 우리는 다른 종교의 믿음, 특별히 이슬람에 대해 배워야 한다. 단순히 관용하는 차원을 넘어 인정하고 이해하기 위해, 다른 종교 전통의 의식을 경험해 볼 필요가 있다.

깊은 종교적 차원에서 유대인이 되거나 이슬람교인, 힌두교인 혹은 불교인이 된다는 것은 무엇을 의미하는가? 당신의 회중은 다른 종교 전통과의 부단한 대화에 어떻게 참여할 수 있는가? 그러한 대화를 통해 우리는 다른 종교의 문헌들을 비슷하게 혹은 다르게 읽을 것인지를 판단할 수 있게 된다. 각각의 종교 전통들은 이웃 사랑과 이방인들에 대한 호의를 어떻게 보여 주고 있는가?

그런 대화의 목적은 다른 종교에 대해 호감을 갖거나 선입견을 없애려는 것—이런 노력들은 중요하다—이 아니라, 이런 관계를 맺음으로써 당신이 지역사회와 세상 가운데서 정의와 평화를 이루어가는 데 필요한 동역자를 얻으려는 것이다. 가톨릭 신학자 폴 니터는, 세상에서 고통 받는 사람들은 종교인들이 싸움을 중단하고, '양을 먹이는' 일에 동참해 주기를 울부짖으며 호소한다고 상기시켜 준다. 그러므로 다종교간 대화의 목적은 협력해서 행동하는 것이다.[5]

넷째이자 마지막 전략은 **당신 자신의 신앙 전통에 더 깊이 뿌리 내리는 것인데, 역설적이게도 이것은 당신이 속한 지역에 있는 다른 종교인**

들을 더 깊이 인정하는 것에서 시작된다. 이것은 직관에 반하는 것처럼 보이지만, 다종교간 협력 활동에 참여한 사람들은 일반적으로 자신의 종교 전통에 더 깊이 참여하게 되는 경험을 한다. 당신이 좀더 탁월한 공적 지도자가 되었을 때 이 점은 더 중요하다. 당신이 어떤 위기 상황에 대해 언급해 달라거나 문제 해결 요청을 받는 사람들 가운데 하나가 된다면, 당신 자신의 종교 경전이나 신학적 전통에서 지혜와 힘을 얻을 뿐만 아니라 통찰력을 얻어 낼 수 있는 것은 매우 중요한 일이다.

유대인 신학자이자 학자이며 활동가인 아브라함 여호수아 헤셸은 인권 운동에 활동가로 참여하는 영적 훈련을 '우리는 우리의 발로 기도하고 있다'는 이미지로 묘사하였다. 도처에 흩어져 있는 목회자들과 설교자들에게 내가 바라는 것은, 공적 지도자로서, 정의를 위해 두드러진 활동을 하는 연설가로서, 무너진 데를 보수하는 자로서, 그리고 하나님의 도우심으로 세상을 치유하고 보수하는 일을 하며 다른 사람들을 이끌어 가는 자들로서 우리의 역할을 선언하고, 또 선포하는 것이다.

12

제임스 하웰 James C. Howell

12년 동안 데이비슨 연합감리교회의 담임목사였으며, 파이퍼 대학과 후드 신학교에서 구약학을 가르쳤다. 현재는 노스캐롤라이나에 있는 마이어스파크 연합감리교회 담임목사로 있다. *Yours are the Hands of Christ, the Practice of Faith*를 비롯하여 다수의 저서가 있다.

내 조언을 듣지 말라

나는 결혼식 설교를 하면서 자주 '예배자'들에게(아마도 그들은 내 설교가 빨리 끝나고 피로연을 즐기고 싶어 하는 단순한 '하객들'일 것이다.) 이렇게 말한다. "결혼식 피로연에 가시면, 신랑이나 신부에게 인생이나 결혼생활에 대한 조언을 해주고 싶은 유혹을 받게 될 것입니다. 그러나 그러지 마시길 바랍니다. 왜냐하면 각각의 결혼은 그 나름의 고유한 모험이기 때문입니다."

설교나 목회에 대한 조언을 해달라는 요청을 받지만, 나는 오히려 조언하지 않으려고 자제하려 한다. 왜냐하면 당신의 소명은 독특하고, 시간과 장소도 새롭고, 당신의 이해에 따라 도전적이기도 하고, 성취감을 주기도 하고, 또 정신을 쏙 빼놓기도 하는 일이기 때문이다. 그래서 내가 당신에게 주는 조언은 적절하지 않을 수도 있고, 심지어 의기소침하게 만들 수도 있다. 나는 목회가 아주 멋진 일인 동시에 끔찍한 경험이기도 하다는 것을 알고 있으며, 지혜 뭉치를 나누어 주는 낯선 사람은 별 도움도 되지 않으면서 냉랭하게 느껴진다는 글을 읽은 적도 있다.

게다가 하나님은 당신이 나처럼 되기를 원치 않으실 것이다. 나는 몇몇 위대한 설교자들과 신학계의 유명인들에게 굽실거리기도 했고, 그들의 행동을 따라 하고 그들이 이루어놓은 것들을 재생하기도 했다. 그러던 어느 날, 차 뒷좌석에 앉은 딸아이가 자기 남동생에게 화가 나서 불평하는 소리가 들렸다. "얘가 나를 따라 해요!"

그렇다. 당신은 누군가의 흉내를 내면서 성장한다. 그러나 당신 자신이 누구인가를 배울 때까지, 하나님께서 그렇게 되도록 창조하신 그런 사람이 될 때까지 성숙은 이루어지지 않는다.

당신 자신이 되어라

누군가로부터 너무 많은 조언을 듣지 마라. 당신 자신이 되어라. 이 말은 특히 설교학에 있어서는 이해하기 어려울 수도 있다. 목회자가 다른 누군가가 되려고 안간힘을 쓰거나, 설교풍의 목소리로 허풍을 떨거나, 잔기술로 재주 부리는 것은 설교자와 청중 사이에 얇은 유리벽을 만들 뿐이고, 그 설교는 지루해진다는 사실을 나는 알고 있다. 어떤 설교가도 지루함의 땅에 갇혀 있지 않다는 것은 다행한 일이다. 내가 만나 본 사람들은 모두 재미있고, 흥미롭고, 완전히 낯설기도 했는데 그 사람 하나를 알기 위해 평생이 걸려야 할지도 모른다. 강단에서 다른 누군가가 아니라, 바로 그 사람이 되라. 흉내 내는 사람은 금방 식상해진다.

그러므로 내 조언을 듣지 마라. 당신 자신의 조언을 들어라. 당신 자신과 이야기하라. 나는 차 안에서, 샤워하면서, 걸어가면서, 자전거를 타면서 그렇게 하곤 한다. 당신이 어릴 적에 했기를 바라는 일인데, 다름 아니라 백일몽을 꾸면서 최고의 조언을 얻어 보라. 언젠가 우리 교회에서 안식일에 대해 강조했더니 한 사람이 다가와 이렇게 물었다,

"그러니까 일요일은 내가 아무것도 하지 않는 날이라면, 하루 종일 무엇을 해야 하나요?"

나는 웃으며 말했다,

"백일몽이요."

소년 시절 나는 집 뒤에 있는 숲 속의 큰 바위에 올라가서는 백일몽을 꾸면서 느긋하게 오후를 보내곤 했다. 그런 시간은 어린이를 위해서도 좋고 목회자들에게도 좋다. 자연과 접촉하게 될 때, 아이디어가 떠오른다. 단순해질 수 있다. 이것은 우리 목회자들에게는 그리 익숙지 않은 것이다.

조언이라기보다는 고백에 가까운 이야기를 나누려고 한다. 우리 모두는 자신이 생각조차 못한 방식으로라도, 모두 누군가의 학생이다. 나는 누구에게 목회와 설교를 위한 단초들을 얻어 왔는가? 동료 목회자나, 선배 혹은 목회 분야에서 탁월한 모범을 보인 사람들로부터가 아니다. 그들은 성직자가 아닌 사람들에 비해 절반도 도움이 되지 않는다. 사실 내 상상력은 스스로 목회나 설교에 대해 조언해 줄 것이 아무것도 없다고 하는 사람들, 심지어 자신들은 하나님을 믿지도 않는다고 하는 사람들에 의해 넓어지고 확장되어 왔다.

내 조언? 내 고백? 건물 밖으로 나가서, 교회 내부자나 목회 전문가가 아닌 사람들과 대화해 보라. 교회에 다니는 것이 바보 같은 짓이라고 생각하는 사람, 영적으로 민감하지 않은 사람, 당신이 하는 일이 무엇인지 잘 알지 못하는 사람의 말을 들어 보라. 물론 나는 이 점에 대해 신학적

관점에서 매섭게 훈계할 수도 있을 것이다. 예를 들어, 예수님은 종교 안에 있는 사람이 아니라 세상 속 사람들과 접촉하셨고, 우리가 의미 있는 복음주의자나 선교 지향적이 되려 한다면, 외부인들이 어떻게 생각하는지를 배워야 한다고 말할 수 있을 것이다.

설교를 듣지 마라

여기서 내가 말하는 것은 신학적으로 그렇게 고상한 것이 아니다. 이것은 단순하면서도 당혹스러운 진실인데, 성직자 됨에 대해 말하는 성직자나 설교학에 대해 장황하게 설명하는 설교가는 나를 지루하게 만든다―불행히도 나 자신도 남을 지루하게 만드는 사람의 하나였다! 생각해 보면, 다른 전문 분야에 있는 사람 중에 내 분야의 일을 나보다 더 잘하는 사람이 있는 것이 사실이다. 설교를 생각해 보아도, 성직자가 아닌 연설가들이 내가 하려고 애쓰는 것을 나나 다른 설교학자들보다 훨씬 더 잘하는 경우가 있다.

설교를 잘하고 싶다면 설교를 듣지 마라. 설교자가 아닌 위대한 연설가를 생각해 보라. 윈스턴 처칠은 연설의 대가였는데, 그는 문단 형식으로가 아니라 사람들이 실제로 말하는 방식인 '시 형식'으로 글을 쓰면서 준비했다(자주 목욕탕 안에서). 그는 말을 더듬거나, 잠시 멈추거나, 머리를 긁적이는 행동 등을 대단히 치밀하게 분석하며 거울 앞에서 끊임없이 (그 집의 집사와 가정부가 증언하듯이, 자주 벌거벗은 채로) 연습했다.

텔레비전을 켜보라. 변호사가 배심원들 앞에서 최종 변론을 하는 모습을 보라. 사실들은 불분명하고, 그래서 매우 많은 부분이 위태로운 상황에 있다. 그 변호사는 단편적으로 알려진 사실들, 법정을 장악하는 강한 정서, 치켜 올려진 눈썹, 그리고 목소리의 높낮이와 굵기를 조절하는 방식을 어떤 방식으로 결집하여 열두 명의 배심원들이 무죄를 선고하도록 설득하는가?

'인디펜던스데이'(Independence Day)와 같은 유명한 영화를 보라. 그 영화에서 빌 펄먼이 역을 맡은 대통령은 마이크를 잡고 사람들을 자극하고 분발하게 하는 연설로 많은 퇴역 조종사들을 세상을 구원하기 위해 다시 규합한다.

당신의 기억을 돌아보라. 한때는 당신의 반쪽이던 그 낯선 남자가 데이트하는 여성의 손을 잡고 "당신을 사랑합니다. 저와 결혼해 주실래요?"라고 말한다. 아니면 한 남자의 끈질긴 구혼을 받는 여성이 바로 당신일 수도 있다. 강단에서 그런 일을 하라. 사랑하는 사람, 대통령, 변호사, 구혼자가 되어 보라. 그러면 당신의 설교는 솟구쳐 오를 것이다.

교회를 효과적으로 운영하고 싶다면, 교회 운영 전문가의 말을 절대로 듣지 마라. 당신의 교인 가운데는 개인 사업을 하거나, 은행 지점을 관리하거나, 광고회사에서 그래픽을 그리거나, 벽돌 쌓는 일을 감독하는 사람이 있을 것이다. 그런 사람들에게 당신이 교구 운영 방식을 설명해 주고, 교단의 명령 체계를 말한다면, 그들은 크게 웃을 것이다. 그러고 나서 그들은 당신에게 어떻게 예산을 운영하는지, 어떻게 무례한 손님들과 관계를 맺는지, 어떻게 직원들을 모으고 권한을 주는지에 대해 말해 줄 것이다. 그들이 말해 주는 것은 무엇이든 하라.

비신학자의 책을 읽어라

좋은 신학자가 되려거든, 물론 신학자들의 글을 읽어라. 그러나 하나님을 믿지 않는 사람, 교회는 지독한 넌센스라고 생각하는 사람, 교회에서 상처 받고 다시는 돌아오지 않으려는 사람, 당신이 생각하기에 너무나 특이한 영성에 심취한 여성을 찾아라. 그들의 말을 듣고, 그들이 생각하는 방식을 파악하라. 그들의 질문을 무시해 버리지 말고 그 문제들을 안고 고심하라.

에이브러햄 링컨은 당시의 성직자들에게 깊은 감동을 받지도 않았고, 열심히 성경을 읽는 사람도 아니었다. 그는 신학적 훈련을 받지도 않았지만, 만물 가운데 나타나는 하나님의 마음과 방법들에 대한 그의 깊은 이해는 대부분의 설교에서 우리가 듣는 시시한 것들과는 비교도 되지 않았다. 오늘날 전쟁이나, 정치나, 도덕적 이슈들에서 하나님은 누구 편에 서 계신가? 링컨은 남북의 경계선에 서서 "남과 북 모두 같은 성경을 읽습니다.……그러나 전능자께서는 그분의 목적을 갖고 계십니다"라고 선언했다.

우리는 물론 글을 읽어야 한다. 스티븐 킹이 작가들에게 준 조언은 우리 설교자들에게도 완벽하게 적용된다.

> 거의 글을 읽지 않는 사람이 글을 쓰고 자신이 쓴 글을 사람들이 좋아할 거라고 기대하리라고는 잘 믿어지지 않는다. 읽을 시간이 없다면, 쓸 시간(혹은 도구)도 없다. 나는 어디를 가나 책을 들고 가고, 그 책에 빠져들 수 있는 온갖 기회가 있다는 것을 발견한다. 그 요령은 조금씩 홀짝

이듯이 마시고 오랫동안 삼키는 것처럼 책 읽는 법을 스스로에게 가르치는 것이다. 대기실, 극장 로비, 지루한 계산대 줄, 그리고 모든 사람이 선호하는 화장실에서 말이다. 오디오북 혁명으로 심지어는 운전을 하면서도 책을 읽을 수 있다.[1]

루터의 위대한 작품을 화장실에서 읽는다고 생각해 보라. 하지만 교단 출판사에서 출간한 지루한 책들이 토해내는 것들을 경계하라! 어떻게 하면 산뜻한 설교를 할 수 있는가? 성장하는 교회는 어떻게 운영하는가? 어떻게 환상적인 그리스도인을 만들어 내는가? 이런 것들 대신, 읽기도 어렵고 당신을 얼떨떨하게 만드는 좋은 신학 서적을 읽으라.

그러고는 완전히 비신학적인 책들을 가능한 한 많이 읽으라. 뉴욕에서 레스토랑을 운영하는 대니 마이어는 《테이블 차리기 *Setting the Table*》라는 책을 썼는데, 그 책에서 그는 레스토랑 사업이 실제로 음식에 대한 것이 아니라 사람에 대한 것임을 말하며, 종업원들이 친절하게 봉사하고, 말을 잘 들어 주고, 설득하고, 개인적인 관계들을 맺도록 어떻게 동기 부여를 하는지 설명한다.[2] 목회자들은 레스토랑과 유사한 무언가를 운영하고 있는 것이다. 빵과 포도주를 특색으로 하며, 사람과 친절이 전부이다.

나는 그 제목에 마음이 끌려서 해리 프랑크푸르트의 작고 훌륭한 책 《헛소리에 관해서 *On Bullshit*》[3]를 집어들었다. 이 책 제목에 당신은 얼굴을 붉힐지도 모른다. 우리를 당혹하게 하는 것은 너무도 뻔뻔하게 사용되고 있는 이 불경스러운 단어가 아니라, BS(Bullshit, 터무니없는 소리)현상들과 이런 투로 말하고 듣는 것이 우리 문화에 급속히 확산되어 가고 있다는 것이다. 프랑크푸르트에 의하면 헛소리꾼들은 거짓말쟁이가 아니다.

그는 애써 진실을 틀린 것으로 만들려 할 만큼 진리에 대해 별 관심이 없다. 헛소리꾼들은 그가 원하는 대로 당신이 움직이게 하려고 무슨 말이든 할 것이며, 당신이 어떤 일을 하게 하려고 노력한다. 강단에서 이런 헛소리꾼의 위험은 엄청나다. 청중은 헛소리를 담는 그릇을 갖고 있고, 사람들의 귀는 그들이 듣고 싶어 하는 것을 듣기 위해 쫑긋해진다. 나의 조언? 프랑크푸르트의 책을 읽고, 당신의 남은 삶 동안 안테나를 세우고, 그런 헛소리들이 당신의 입에서 나오는지 경계하라. 우리 회중 가운데 많은 사람들은 헛소리를 감지하는 훌륭한 장치가 있고, 우리가 헛소리를 퍼뜨리려 할 때 우리를 꿰뚫어 본다.

제목이 별난 또 한 권의 사랑스런 책은, 《음… 미끄러짐, 더듬기, 말실수 그리고 그것의 의미 *Um…Slips, Stumbles, Verbal Blunders, and What They Mean*》[4]이다. 마이클 에라드는 언제, 그리고 왜 사람들이 더듬거리거나, 말을 멈추거나, 잘못 말하거나, 완벽한 문장을 구사하는 사람들의 주의를 산만하게 하는지 분석한다. 그는 더듬거리거나, 말을 잠시 멈추는 행동의 장점을 기술하는데, 이런 행동은 당신이 지금 생각을 하고 있거나, 혹은 약간은 확신이 없다는 것을 드러낸다. 더 나아가, 청중은 그 잠깐 동안 당신보다 앞서 글을 쓰기도 하고, 이전의 생각에 머물기도 한다. 나는 설교 도중 말이 엉켜 횡설수설하거나, 생각이 뒤죽박죽되더라도 상당히 편안하게 받아들인다.

무능함을 인정하라

하지만 이것이 그리 바람직한 것은 아니지 않은가? 많은 좋은 조언을 받는다면 당신은 뛰어난 수준의 문장을 만들어 낼 수 있을 것이고, 영어 선생이나 연설을 가르치는 코치에게 A+를 받을 수 있을 것이다. 그러나 우리는 여기서 하나님에 대해 말하고 있다.

나는 지금까지 설교에 대해 들었던 가장 지혜로운 생각을 마음에 담아 두고 있다. "목회자로서 우리는 하나님에 대해 말해야 한다. 그러나 우리는 인간이고 하나님에 대해 말할 수 없다. 그러므로 우리는 우리의 의무와 무능함을 동시에 인정해야 하고, 바로 그 인정하는 행위로 하나님께 영광을 돌리게 된다."[5] 카를 바르트는 이렇게 모든 헛소리들을 날려 버렸다. 우리는 조언을 들음으로써 우리의 무능력을 보완할 수 있다고 생각하며 조언을 받아들인다. 이런 기대는 고상한 것이지만, 아무 소용이 없는 것이다. 그리고 이런 소용없음을 받아들이는 것, 그리고 우리의 의무를 다하지 못하고 살아갈 것임을 배우는 것, 그것이 바로 우리의 소명을 이루는 것이다.

나는 이제, 믿음의 실패란 이해하기 어렵다는 사실을 믿게 되었다. 사람들은 교회가 마땅히 그러해야 하는 모습의 껍데기에 불과하다며 교회를 외면한다. 그러나 바로 이 흠 많은 교회가, 되어야 하는 존재가 되지 못하는 어리석은 껍데기 같은 사람들을 성육신하신 주님께서 만나 주시는 공간인 것이다. 사람들은 영혼의 공허함을 느끼고 설교자들이 현명한 말로 그 빈 곳을 채워 주기를 바란다. 그러나 그 공허함은 인간들이 열심히 찾지만 발견할 수 없는 하나님이 거기에 두신 것이다. 사람들은 하나님과 종교에 환멸을 느끼는데, 우리는 이것을 기뻐한다. 왜냐하면 그런 환멸은 다름 아닌 환상을 버리는 것이기 때문이고, 우리가 하나님에 대해 품고 있었던 헛소리들을 처분해 버리는 것이기 때문이다. 우리가 섬기는 하나님은 참되고 살아 계신 하나님—절대로 궁지에 몰리지 않으시고, 영원히 신비로우시고, 하지만 확실하게 실재하시고, 다정하시고, 피할 수 없는 분—이기 때문에, 수많은 예리한 조언들을 실제로 사용할 수 있다고 믿는 얼간이들처럼 우리는 그리도 바보스럽게 행동하는 것이다.

13

메리 린 허드슨 Mary Lin Hudson

1981년 컴벌랜드 장로교단에서 목사 안수를 받았다. 체다힐 컴벌랜드 장로교회에서
전임목사로 사역하면서 설교와 가르침에 대한 많은 공부를 했다.
1992년 밴더빌트 대학에서 박사 학위를 받았고,
현재는 멤피스 신학교에서 설교학과 예배학 교수로 있다.

당신은 모든 해답을 갖고 있지 않다, 그래도 괜찮다

당신이 모르는 것을 두려워하지 마라. 대신, '알지 못함'을 설교를 위한 선물로 받아들이라. 매번 설교 준비를 시작하면서 아무것도 적혀 있지 않은 빈 페이지를 바라보며 때로 무력감을 느낄 수도 있다. 시간이 흐르면서 말씀을 찾아가는 사색은 설교자로 하여금 저 깊은 곳에서 들려오는 목소리와 대화하게 하기도 한다.

나에게 말씀이 없고, 무엇을 말해야 할지 모르는데 어떻게 설교할 수 있는가? 복음이 진실이라는 것에 대해서조차 확신할 수 없을 때 어떻게 설교할 수 있는가? 끝도 없고 공허하게 보이는 말의 세상 속에서, 아직도 해야 할 말이 남아 있는가? 이런 질문들은 설교 준비의 첫 시간에 우리를 숨막히게 하는 것처럼 보인다. 그러나 이런 질문들이 저주가 아니라, 설교자에게 주어진 선물이라면 어떻겠는가? 이런 질문들이 더 나은 설교를 위한 도약대라면 어떻겠는가?

'알지 못함'을 포용하라

설교하는 특권에는 두려움과 의심의 순간들, 목회자들이 너무나 일반적으로 경험하는 힘겨운 나날들과 때로는 잠 못 이루는 밤들이 따른다. 이러한 때 망설임, 피로감, 심지어 분노의 감정이 이는 것은 폭력과 고통으로 가득한 세상에 대한 이유 있는 반응이다. 좌절감으로 머리를 흔들거나 눈물을 닦아 내고 있지 않다면, 어쩌면 당신은 주위에서 일어나고 있는 죽음과 혼란에 관심이 없는 것인지도 모른다. 이런 순간순간에, 설교자에게 가장 흔히 예상되는 모습은 손으로 머리를 감싸 쥐거나 허공에 주먹을 치켜들고 앉아서, 하나님의 말씀이 그 침묵을 깨뜨리시기를 바라는 것이다. 이럴 때, 설교자는 사회적 통념이나 그 시대에 유행하는 미사여구보다는 무언가 다른 근원에서 나오는 한마디를 들을 필요가 있다. '알지 못함'은 잘 듣기 위한 첫걸음이다.

알지 못하는 것을 포용하는 것은 설교자가 회중을 대표하여 하나님 앞에 인간으로 설 수 있는 자유를 준다. 설교자의 삶에서 불확실성의 순간들은 여지없이 인간이 되게 하는 연약함과 맞닥뜨리게 한다. 오랫동안 설교를 해온 내 친구는 이어지는 부활절 주간 동안 계획했던 일들을 하고 있었다. 그녀는 이렇게 말했다.

"수요일 밤과 목요일 저녁 그리고 토요일 하루 종일 '부활'의 의미에 대해 말하고 있는데, 역설적인 것은 내가 부활을 믿고 있는지조차 더 이상 확신하지 못하고 있다는 것이야. 나는 최근 하나님이 나타나셔서 내 주위에 있는 죽음의 권세들을 깨뜨리시는 것을 본 적이 없어."

이럴 때, 설교자가 희망을 이야기하기 위해 피상적으로 동화 같은 결말에 호소하는 것은 아무런 도움이 되지 않는다. 그럴 때 '할렐루야'는 혀 위에서 판자같이 뻣뻣한 맛을 낼 뿐이다. 의심을 포용함으로써 설교자는 전통적인 교회에서 행해져 온 기존의 변증을 차치하고, 답을 기다리는 사람들을 위한 새로운 언어를 찾는 기회를 갖게 된다. 정직한 의심을 통하여 하나님을 대면하고, 응답을 요구하라. 이러한 대면은 하나님에 대해 진지하게 생각하게 하고, 기대를 가지고 정직하게 하나님과 관계를 맺도록 한다. 이것은 우리로 하여금, 야곱이 씨름했던 것처럼, 우리 삶의 목적과 의미를 붙잡고 씨름하게 한다.

질문이 있는 설교자는 회중석에 앉아 있는 사람들이 들어야 하게끔 인간 편에서 져야 하는 믿음의 짐들을 언급할 수 있다. 통상적인 몇몇 어구들로 요약될 수 있는 설교는 통제 불능의 세상에서 불안감을 없애 줄 수 없다. 어려운 문제들에 대해 마술적인 해결책들을 제시하는 설교는, 하나님을 행복을 위한 하나의 공식 정도로 축소시켜 버린다. 하지만 솔직한 대답과 하나님이 주시는 새로운 말씀에 대한 필요를 이야기하면서 시작하는 설교는 청중으로 하여금 더 정직하게 세상을 대면하게 하고, 더 성실하게 하나님을 알고자 하는 갈망을 불러일으킬 것이다. 알지 못하는 것을 포용하는 것은 진정한 믿음의 첫걸음이다. 그리고 이것은 설교자가 성경 본문에 좀더 주의 깊게 귀 기울일 수 있는 자유를 준다. 성경은 도구가 아니라 선물이다. 성경의 증언들은 그 자체로 설교자들에게 신비와 의미에 대해 열린 눈으로 세상을 바라볼 수 있는 렌즈를 준다. 설교자가 자신이 거기서 무엇을 발견할 것인지 이미 알고 있다고 한다면, 성경 본문을 읽는 것은 우리를 해방시키고 변화시키는 말씀을 발견하는 여정이라기보다는, 논리적 분석을 연습하는 과정일 뿐인 것이다.

몇 년 전 나는 바하마에 있는 엘류세라(Eleuthera) 섬에서 봄방학을 보낼 수 있는 흔치 않은 기회가 있었다. 따스한 바람이 산들거리고, 핑크빛 모래사장에, 날씨는 더없이 좋았다. 나는 해변용 의자에 앉아 소설도 읽고 때로 낮잠도 즐기면서 행복에 푹 잠겨 있었다. 스노클링을 시도하기 전까지는 참 만족하고 있었다. 어떻게 숨을 쉽게 쉴 수 있는지, 어떻게 마스크를 깨끗하게 유지하는지, 어떻게 버둥거리지 않고 물에 뜨는지 등, 잠수 장비에 익숙해질 때까지 한참의 시간이 걸렸다. 나는 이렇게 익숙해지는 과정과 오랫동안 싸웠다. 그러다가 마침내 편안하게 되었을 때, 나는 책에서만 보던 세상에 들어가게 되었다. 산호초 옆으로 수영을 하였고, 이 신세계로 나를 환영하는 신비하고 놀라운 바다 생물들과 숨바꼭질을 하기도 했다. 이런 생물들이 내 발가락 위로 몇 시간 동안이나 지나다니고 있었지만, 나는 이들의 존재조차 인식하지 못하고 있었다. 그러나 이제, 스노클링을 통해 이런 믿을 수 없는 경이로움과 복잡성을 지닌 세상으로 통하는 창을 발견했다. 내 한계를 떠올리며 다시 해변으로 돌아가게 하는 것은 햇볕에 타서 따끔거린다는 것을 뜻할 뿐이었다. 이제 나는 스노클링을 좋아하고, 다시 그 놀라운 아름다움과 평화를 경험하게 해주는 어떤 초대에도 마음이 열려 있다.

지식을 멈추고 대면하라

성경 해석도 스노클링만큼이나 놀랍고 보람을 가져다주는 것이어야 한다. 알지 못하는 것을 포용함으로써 설교자는 예전에 무엇이 선포되었던가를 알고 싶어 하는 순수함으로 옛 증언들에 귀를 기울이게 된다. 지식은 분석으로 이어지고, 그것은 우리로 하여금 발견되기를 기다리고 있는 '다른 것'과의 만남에서 멀어지게 한다. 지식의 멈춤(The suspension of knowledge)은 우리와 우리 주변 세계에 대한 이해를 바꾸어 놓을 수 있는 '다른 것'과의 만남으로 우리를 이끌 수 있다. 솔직한 질문은 성경과의 더 정직한 만남으로 이어진다.

알지 못하는 것을 포용함으로써 설교자는 상상하기도 어렵고 생동감도 떨어지는 너무 이론적인 생각이 아니라 바로 자기 앞에 놓여 있는 것들에 집중하게 된다. 이런 상황 속에서, 설교자는 입증해야 할 것은 거의 없고, 받아들여야 할 것이 더 많다. 그 결과, 재미없고 거의 눈에 보이지 않는 일상적인 삶의 세계가 더 생동감 있게 느껴지고, 설교의 세계에 드러나게 된다.

자신의 약함을 포용할 수 있으면 우리가 들고 있던 칼과 방패를 내려놓고, 평범한 인간성의 바다에 뛰어들어, 영광과 은혜의 자리로 다른 이들의 한계에 대면하게 된다. 시장에서 쓰이는 수사법이나 정치적 연설에서 사용되는 언어 대신, 설교자는 지배와 굴복의 비인간적인 언어들을 넘어서는 사람과 사람 사이의 정직한 표현들에 자신을 열어 놓을 수 있게 된다. 설교자가 입증해 내야 하는 것보다 받아들일 것이 많게 될 때, 가장 작은 행동이 더 큰 의미를 갖게 되고, 우리는 저 멀리 은하계에 계시던 하나님이 우리 '옆집'으로 이사 오셨다는 것을 깨닫게 된다.

나는 지난 2년간 '당면한 이슈들에 대해 설교하기'(Preaching on Contemporary Issues)라는 제목의 수업을 했다. 학생들은 교회와 세상이 직면한 정치, 사회, 경제적 이슈들에 대해 배웠다. 우리는 현재 일어나고 있는 사건들과 그것들을 사회적 의식으로 형성해 내는 수사적 표현들에 대해 살펴보았다. 하지만 그 수업에서 가장 도전이 되었던 부분은, 어떻게 당면한 이슈들에 대한 전통적인 이해를 넘어서, 그 가운데 현존하시는 하나님과 하나님의 변화시키는 능력들을 찾아낼 것인가 하는 것이었다.

학생들이 이런 이슈들을 설교와 연결시키려는 방법 중 하나는 그런 이슈의 중심에 서 있는 인물과 대면하는 연습을 하는 것이다. 이상적으로 이러한 만남은 얼굴과 얼굴을 맞대고 대화하는 것이고, 그 과정을 통해 설교자가 상대방의 다른 세계를 대면하는 것이다. 그 수업을 듣는 학생들이 현장학습을 하던 중 돈을 요구하는 노숙인 한 명을 만나던 날 바로 그런 경험이 일어났다. 그 갑작스런 대면은 어떤 강의보다 생산적이었다. 그 대면에서 경제적 특권, 사회화, 신학, 한계점이라는 온갖 이슈들이 정직한 고백과 대화를 통해 흘러나왔다. 처음에는 어색한 침묵이 흘렀다. 침묵을 깨뜨리기 위해 몇 마디 말이 나오고, 그러고 나서 누군가가 주제를 바꾸어 버리기도 했다. 하지만 나중에 학생들이 그 사건에 대해 말해야 함을 부인할 수 없게 되었을 때, 그 수업의 토론 주제는 완전히 옆으로 제껴졌다. 한 번의 단순한 만남을 통해, 학생들이 가지고 있던 전통적인 의미 체계가 혼란스러워졌고, 그런 혼란 가운데 그들은 그전까지 이해해 온 것을 재정리하기 위한 언어를 찾아야 했다. 길거리에서 이루어진 한 인간과의 만남이 새로운 세계를 탄생시킨 것이다.

은혜의 순간에 닻을 내려라

알지 못하는 것을 포용함으로써 우리는 저 멀리 있는 의미의 은하계로부터 오늘 이 지구의 삶에서 일어나는 이야기, 대화, 바보스러운 일상으로 다시 시선을 돌릴 수 있게 될 것이다. 우리는 하나님을 우리 옆집 이웃만큼이나 가까이에서 발견하게 될 것이다.

알지 못하는 것을 포용하면 때로 설교자가 아주 바보가 된 것 같고 당혹스러운 느낌이 들 수도 있지만, 새로운 확실성, 비전, 한계로 다가가는 새로운 길이 열리기도 한다. 이런 것들은 설교자가 하나님의 은혜를 더욱 심오한 방식으로 경험하고 해석할 수 있게 해주는 선물이다. 분명, 때로 설교자가 말씀의 의미를 완전히 파악하지 못하고, 자신의 경험 이상의 것을 말해야 하는 때가 있다. 여러 가지 면에서, 설교자가 매주 진부한 말에 안주하고, 성경이나 전통에서 사용하는 언어를 단순하게 반복하는 것이 훨씬 쉬울 수 있다. 이렇게 할 때 많은 경우 청중은 그런 말을 들으면서 편안하게 느낄 수도 있을 것이다. 그러나 청중의 편안함이 설교의 기준이 되어서는 안 된다. 절박한 신앙의 질문들에 대한 답을 쉽게 찾을 수 없을 때, 다른 누군가가 말한 복음에 쉽게 손을 뻗지 말아야 한다. 눈물이 흐르게 내버려 두라. 하나님을 향해 주먹을 흔들어라. 당신의 삶에서 경험했던 그 은혜의 순간으로 돌아가라. 거기에 닻을 내리고, 당신의 스노클링 장비들을 풀어 놓으라. 설교는 이 세상에 있는 존재들의 취약성, 성경 세계의 놀라운 지경, 그리고 옆집에 계시는 것과 같은 하나님의 임재를 탐험할 수 있는 기회를 준다. 당신이 모른다는 사실을 두려워하지 마라. 대신 그것을 포용하라.

14

클리오퍼스 라루 Cleophus J. Larue

프린스턴 신학교 설교학 교수. 아메리카내셔널 침례교단에서 목사 안수를 받았고, 아프리카계 미국인 예배와 설교 분야에서 탁월한 이론가이자 설교자로 인정받고 있다. 저서로는 *The Heart of Black Preaching*, *I Believe I'll Testify: Reflections on African American Preaching* 등 다수가 있다.

상상과
성경해석 연습

미국 개신교 설교, 특히 주요 교단 교회의 설교에 대한 오래된 비판은 설교가 전체적으로 너무 평범하고, 수평적이며, 색깔이 없다는 것—한마디로 상상력이 부족하다는 것이다.[1] 흔히 이런 설교는 활기 있고 흥미진진하며 도발적인 사고가 결핍되어 있고, 말씀을 새로운 방식으로 보고 말할 수 있게 하는 정신적 이미지들을 담고 있지 않다. 많은 사람들이 주로 하는 설교는 교훈적이거나, 이성적이거나, 단순한 개요를 지닌 방식인데, 이는 마치 사람들이 우리에게 바라는 것이 이런 것들뿐이라는 듯이 설교하는 것이다. 우리의 창조적 에너지는 빠르고 조용히 말씀을 전하며 힘들고 단조로운 복음을 가능한 한 빨리 배제해 버리는 데 사용된다. 한마디로 말해서, 우리는 우리 대부분이 인정하는 것보다 훨씬 자주 지루하게 말하는데, 그것은 '우리가 뭔가 말할 것이 있어서' 말하는 것이 아니라, '뭔가를 말해야 하기 때문에' 말하기 때문이다. 프레드 크래독이 "상상이 아주 일반적으로 공상과 결부되어 있어서, '단순한 상상'이라는 말이 종종 비현실적이거나 비사실적이라는 의미에서 경멸적으로 쓰이는 것은 불행하고 부당하다"[2]고 한 것은 옳은 말이다.

왜 우리가 하는 그토록 많은 설교들은 그리도 상상력이 부족할까? 우리는 아직도 모더니즘의 '드레그넷'(Dragnet) 효과—다른 것 말고 사실만[3]—로 비틀거리고 있는가? 아니면, '예쁜 설교'에 대한 존 칼빈의 두려움을 공유함으로, 많은 사람들이 청교도와 개혁주의 전통의 아무런 꾸밈 없는 '평이한 스타일'이 좋은 설교라고 믿는 것에 의지하는가?[4] 우리가 상상력이 풍부하고 창조적인 설교를 하지 못하게 하는 것은 군중이라고 할 수도 있을 것이다. 하지만 한 가지 질문은 여전히 사라지지 않는다. 선포되는 말씀과 인간의 몸을 입고 목수의 아들로 우리 가운데 오신 하나님을 섬기기 위해 우리는 어떻게 좀더 효과적으로 상상력을 사용할 수 있을까? 선포되는 말씀에 상상력을 가지고 생각해 보면, 우리는 무엇을 하고 있는가?

상상력이 발휘되도록 하라

상상은 흔히 우리 안에 잠자고 있는 것을 보고 말할 수 있게 해준다. 우리가 설교 준비를 하면서 성경을 해석할 때 너무나 자주 결여되어 있는 것이 바로 이렇게 보고 말하는 것이다. 많은 경우, 중요한 해석학적 질문에 사실적인 대답을 얻어 내려는 가운데, 기술자(technician)는 시인(poet)을 침묵하게 만든다. 그러나 불행히도, 그러한 해석적 노력의 어느 지점에선가, 설교자는 상상이 이 과정에 활발하게 참여하지 못했다는 사실을 점점 분명하게 깨닫게 된다. 상상이 초대받았을 때는 이미 너무 늦다. 상상은 해석 과정에서 단순히 하나의 '단계'(step)가 아니며, 나중에 보완하거나 첨가하는 부분도 아니고, 좀더 분명하게 할 필요가 있는 지점에서 사용하는 최신의 그럴듯한 해석도 아니다. 상상은 해석 작업 전반에 스며들어야 한다. 왜냐하면 풍부한 창조성은 순차적이고 질서정연하게 진행되는 해석 작업에 기여할 자기 차례를 기다리지 않기 때문이다. 수많은 위대한 아이디어들이 종잇조각이나 냅킨 혹은 항공권 뒷면에 기록되어 세상에 알려지는 것은 놀라운 일이 아니다. 상상은 기다리지 않는다.

상상에 마음이 열려 있기 전에 있어야 하는 단 한 가지는 성령에 열려 있는 것이다. 성령의 움직임에 열려 있는 상태는 추정될 수 있는 것이 아니라, 열심히 추구하고 있는 그대로 받아들여야 하는 것이듯 상상도 그러하다. 상상은 미리 정해진 과정에 따라 특정한 순서에 들어가도록 할 수 없다. 상상은 공저자이지, 공편집자가 아니다. 상상은 창조하고, 뭔가를 불러일으킨다. 상상은 단순히 재검토하고 재배치하지 않는다. 상상은 전 과정에 참여하고, 들을 것을 쉴 새 없이 요구한다. 상상은 가드너 테일러가 말하는, '준비(preparation)와 영감(inspiration) 사이의 신비로운 사랑'[5]의 교차로에 서 있다. 상상은 '보는 것'과 '말하는 것'의 기발한 혼합을 포함한다. 때로 우리가 그것을 말할 수 없을 때도, 우리는 그것을 볼 수 있다. 어떤 때는 그것을 말로 표현함으로써 더 잘 볼 수도 있다. 뇌를 연구하는 전문가들은 인간은 뇌가 가진 능력의 10퍼센트 정도만 사용하고 있다고 한다. 상상력의 미개발된 능력과 무한한 가능성을 고려한다면 그보다 더 옳은 말이 없다. 설교를 위한 공식적인 준비 이전에, 준비하는 동안에, 그리고 그 이후에, 상상은 때로 밀어 붙이고, 꼬드기고, 압력을 가하고, 설교자의 귀에 말을 하고, 기술적인 것이 때로 시적인 것에 자리를 양보할 때 발언권을 얻으려고 한다. 준비 과정은 기술적인 것과 시적인 것, 둘 다 필요하다. 최선의 경우는, 기술자와 시인이 창조성의 상호보완 관계에 묶여 있는 것이다. 연구하는 시간 동안 설교자는 이러한 상호교환을 경험하지 않을 수 없다. 사실적 연구가 먼저 이루어지지만 시적 추론이 자리를 잡게 됨에 따라 배경으로 물러나게 된다.

시중에 있는 설교 지침서를 살펴보면, 상상의 효과적인 사용은 많은 설교학자들에게 그리 중요한 위치를 차지하고 있지 않다. 어떤 설교학자들은 마치 상상이 기술 중심적인 설교 준비 과정에서 어떠한 자리도 차지하고 있지 않은 것처럼, 상상에 대해 언급조차 하지 않는다. 다른 설교학자들은 상상을 언급하지만, 별로 중요하게 다루지 않는다. 더욱이, '어떻게'(How-to)를 다루는 수많은 설교 책에서는, 상상의 과정을 마치 해석 작업의 또 하나의 단계에 불과한 것인 양 다룬다. 풍부한 상상력을 동원하여 생각한다는 것은 힘든 해석 과정 뒤에 그것을 천천히 갈아서 창조적인 생각이나 아이디어들을 쥐어 짜내는, 그런 과정이 아니다. 상상의 결과물들을 공식 연설로 만들어 내는 데는 수고가 필요한데, 이것은 설교가 쓰여질 때 이루어진다. 처음 우리에게 찾아오는 벌거벗은 상상력의 신선한 분출은 상상에서 수확된 결과물과는 다른 것이다. 최상의 상태에서 벌거벗은 상상력은 선물이다! 이것은 하늘에서 떨어지는 만나와 같다. 그것은 늘 웅장하고 화려하게 다가오기에 당신은 그것을 통째로 받는 데 필요한 어떤 수단도 갖고 있지 않다는 것을 알고 있고, 그저 주어지는 것을 무상으로 받을 뿐이다. 어떤 설교도 준비하는 동안 상상력의 선물로 우리에게 다가오는 모든 것을 담아 낼 수 있을 만큼 클 수 없다. 벌거벗은 상상력의 선물은 기도의 응답이다. '오, 오늘날 우리에게 필요한 것을 주옵소서.'

상상력 활용하기

상상력이 자유롭게 발휘되도록 허락된다면, 어떤 새로운 것을 생각해 내는 것이 아니라, 이미 주어진 것을 거둬들이는 데 우리의 초점이 맞춰지게 된다. 상상이 활동한다는 것은 리본을 자르는 예식이라기보다는 건설 현장과 같다. 아직 사용하지 않은 자재들이 넘쳐난다. 즉흥성이라는 점에서, 상상은 교실에서 손을 들고 인내심 있게 자기 순서를 기다리는 소심한 아이와 달리, 순서를 기다리지 않고 정답을 말해 버리는 자신만만하고 성급한 아이와 비슷하다. 상상은 과거의 질서를 속히 지나쳐버린다. 상상은 규율과 규제를 참지 못한다. 통제에 집착하는 사람은 상상 속에 내재된 돈키호테적인 강조점과 늘 갈등을 일으킬 것이다. 자유롭게 날아다니는 상상력은 무질서와 혼동을 일으킨다. 그러나 그 무질서로부터, 아레오파고스 언덕에서 아테네인들이 자부심을 느끼도록 만들어 주었을 법한 아이디어들이 샘솟는다. 거기서 생겨나는 것은 뭔가 새로운 것을 듣고 말하는 것이기 때문이다.

이론적인 정의만으로 상상력을 길들이고 이용하려는 것은 그것을 방해하는 최선의 방법이다. 당신이 글로 쓸 수 있는 최악의 것 중 하나는 상상에 대해 지루한 책을 쓰는 것이다. 이 과정이 이론적으로 함축하는 것들에 대해 사고해 온 뛰어난 학자들—그들 중에 찰스 라이스, 토머스 트뢰거 그리고 폴 스캇 윌슨이 있다—이 많지만, 이론만으로는 그 상상의 보물창고를 열지 못한다. 물론 이론적인 책들을 읽어야 하지만, 상상력을 동원하여 생각하는 과정을 선물로 받아들이면서, 이 사고의 과정을 시작해 보는 것이 중요하다고 생각한다. 이것이 어째서 그런지에 너무 집중하기보다는, 주어진 것에 초점을 맞추라. 그러다 보면 상상력이 작용하게 될 것이다. 상상력을 선물로 받아들이는 것에 대해 말하자면, 그것은 사업의 세계에서 '무의식적 능숙함'—어떤 일을 어떻게 하는지는 알지만 그것을 다른 사람에게 설명하지는 못하는 사람—이라고 부르는 상태가 되는 것을 완벽히 수용하는 것이다. 사도 바울의 표현을 빌리자면, 우리의 임무는 우리 안에 있는 은사를 불러일으키는 것이다. 상상하는 능력은 당신 안에 있다. 본문을 통하여 생각하고, 상상력을 사용해서 설교를 만들어 내는 능력은 당신 안에 있다. 상상의 근원을 안다고 해서 상상의 최종 결과물을 누리는 수혜자가 된다는 보장은 없다. 그 선물을 받아들이고, 상상의 창조성을 활용하는 훈련을 하라.

상상력을 활용하는 세 가지 방법

당신 안에 이미 있는 것을 어떻게 조직화할 수 있는가? 계속해서 자유롭게 흘러가는 상상력 넘치는 사고의 흐름을 어떻게 이용할 수 있는가? 해석 과정에서 상상을 위한 특정한 장소, 특별한 '단계', 그런 사고에 잘 들어맞는 순간이라는 것은 없다. 하지만 선물로 받은 상상력은 초기의(initial) 상상, 정보에 입각한(informed) 상상, 강화된(enhanced) 상상이라는 세 개의 축을 중심으로 돌 수 있고, 또한 돌고 있다.

첫째, '초기의 상상력 풍부한 생각들'은 가장 내밀한 존재로부터 흘러나오는 최초의 생각들과 가장 가까울 것이다. 때로 이런 아이디어들은 성경 본문을 읽기도 전에 우리가 살아온 경험에서 흘러나온다. 이런 때에는 경험이 성경을 찾는 것이다. 다른 경우, 우리가 성경 구절을 기억하면서 그

구절을 묵상할 때 순간적으로 아이디어가 흘러나오기도 한다. 또 다른 때는, 처음 어떤 본문을 읽을 때나 지속적인 초점을 가지고 성경을 읽을 때, 그것이 상상을 자극할 수도 있다. 살아온 경험이나 성경 안의 어떤 것이 상상을 자극하고, 이제 그 흐름이 본격적으로 시작된다.

초기의 상상력 풍부한 생각들은 '순수한 주관적 해석'이라는 것이 가장 적절한 표현일 것이다. 성경을 이렇게 읽는 데는 용기가 필요하다. 이것은 지략 있는 용기, 창조적으로 생각하고 그러한 생각들이 빛을 볼 수 있게 하려는 대담함이 필요하다. 그러나 이러한 대담함을 통해 얻어지는 것은 위험을 감수할 만한 가치가 있다. 초기의 상상력 풍부한 생각들이 우리의 무지, 죄성, 관능, 선입견 그리고 선호로부터 자라나는 것임에도, 이런 생각들은 해석 과정에서 여전히 어떤 역할을 감당할 수 있다. 이런 것들은 우리를 움직이게 한다! 이런 생각들은 우리가 비행기 탑승 통로에서 돌아와 활주로를 달려 상상의 비행을 할 수 있게 해준다. 이것은 성경에서도, 우리의 삶에서도 마찬가지다. 대부분의 주석 작업은 주관적 해석에 인상을 찌푸린다. 왜냐하면 이렇게 성경을 읽어 가는 방법은 그 본문이 실제로 의미하는 바를 크게 훼손한다고 생각하기 때문이다. 그러나 때로 가장 창조적인 아이디어는 바로 이렇게 잘 아는 바 없이 경이감을 느낄 때 일어난다. 처음에 잠깐 스치고 지나가는 생각들도 설교 과정에서 역할이 있기 때문에, 나는 설교자들에게 이런 생각들을 즐기고, 또 그런 생각들이 떠오를 때마다 적어 두라고 권면한다.

둘째, '정보에 입각한 상상력 풍부한 생각들'은 실제로 성경이 말하는 바에 대해 심사숙고함으로써 자라나는 생각들이다. 성경 해석에서 이 시간은 학자들과 대화하기도 하고, 본문의 의미를 발견하는 과정을 위해 일정한 연구 도구들을 사용하기도 한다. 그러나 여기서도 상상은 이러한 과정의 일부가 되어야 한다. 그 과정에 일부러 상상력을 불러들일 필요는 없다. 설교자들이 본문의 의미를 파악하고, 청중에게 본문이 주장하는 바를 찾아내는 데 계속 도움을 주는 훌륭한 해석학적 도구들이 많다.[6] 그러나 성경 본문을 연구하면서, 당신의 상상력을 유보해 두지는 않는다. 정보에 입각한 심사숙고가 상상의 과정을 방해한다는 견해에 나는 전혀 동의하지 않는다. 정보를 가지고 하는 심사숙고는 잠재적 상상력을 촉발한다. 본문 안에서 어떤 일이 일어나고 있는지 정말로 이해하기 시작할 때, 상상은 당신 앞에 무한한 아이디어들과 본문을 바라보는 새로운 방법들을 제시한다. 종이에 쓰고 있는 것이 아니라면 분명 당신은 정보에 기초한 통찰과 상상력 넘치는 가능성들 사이를 오갈 것이다. 심지어 설교자가 성경 사전이나 논문이나 주석서를 살펴보고 있을 때에도, 상상력은 그 과정에서 동일하게 작용한다. 비록 그것이 어렴풋한 통찰일지라도, 무시하지 말고 적어 두라. 이런 단편적인 생각들 대부분이 쓸모없는 것이지만, 그중 어떤 것은 설교 작성에 중요한 역할을 하기도 한다. 설교자는 본문의 의미를 발견하는 작업에 깊이 관여하면서 '아하' 하고 깨닫는 순간을 많이 경험하게 된다. 어떤 이는 상상력이 달리는 소리를 듣고, 그것이 작용하는 흥분을 느끼기까지 할 것이다. 경험 많은 설교자는 머릿속에서 상상의 알곡을 쭉정이로부터 분리해 내는 능력이 있다. 하지만 아직 경험이 적은 설교자들은 설교를 준비하는 처음 몇 년 동안에는 연구 과정 전반에서 떠오르는 생각들을 기록해 두어야 한다.

 셋째, '강화되고 상상력 풍부한 생각'이라는 축이다. 설교자가 충분한 시간을 들여 작성하여 주일 설교 시간 전에 설교가 완성되었거나, '강단에서 쓸 수 있을 정도'가 되었을 때에도, 상상은 자신을 일을 끝내지 않는다. 상상이 계속 일하도록 내버려 두라. 준비된 설교 원고에 뭔가 덧붙이기를 두려워하지 마라. 작성된 원고가 설교를 만드는 것은 아니다. 설교 원고는 살아 있는 목소리를 통해서만 생명을 얻을 수 있는, 활동이 저지된 성과물에 불과하다. 설교를 위해 강단에 선 후에라도 상상이 무엇인가를 만들어 낸다면, 값비싼 진주를 떨어내 버릴 수 있는 자유를 가져라. 설교하는 동안에도 당신의 설교는 아직 상상의 가능성들을 품고 있기 때문이다. 물론, 차분하게 마음을 가라앉혀야 옆길로 새지 않는다. 그러나 설교 중에 떠오르는 한두 개의 통찰력 있는 문장들은 설교를 강화한다. 그리고 그것은 계속해서 활동하는 상상력을 존중하며, 선포되는 말씀에 도움을 준다.

설교가 끝난 다음에도 상상력은 이미 과거의 사건인 설교를 아쉬운 듯이 돌아보고, 아이디어는 계속해서 나온다. 그 아이디어를 설교 원고에 적어 두라. 언젠가 당신은 그 설교를 다시 하거나 그 본문으로 다시 설교할 기회가 있기 때문이다.

상상력은 원하는 곳에는 어디든지 불어 간다는 점에서 성령과 유사하다. 상상은 정확하고 정밀하게 쓰여진 글에 속박되거나 길들여지기를 거부하는 갑작스런 깨달음이나 강력한 통찰력의 분출로 우리에게 다가온다. 상상력 넘치는 통찰력이 분출되는 것은 강력하고, 규정하기 어렵고, 위압적이고 순간적이다. 그것은 우리의 정신적 지평선 위로 아주 세차게 내려오기 때문에, 재빨리 우리를 스쳐 지나가는 희미한 생각들을 붙잡는 것은 때로 어려운 일이다. 어떤 것은 우리의 이성과 체면이라는 정신적 바다로 재빨리 사라지기도 하고, 다른 어떤 것은 황급하게 죽음을 맞이하는 신세가 되기도 한다. 그런 경우, 우리가 이 위대한 선물에 다시 한 번 우리 자신을 열어 놓게 될 때 그것들이 좀더 여유 있는 날 좀더 느린 속도로 되살아나 주기를 바랄 뿐이다.

15

마이클 런드발 Michael L. Lindvall

뉴욕에 있는 브릭 장로교회의 담임목사로 있다. *The Christian Life: A Geography of God*, *The Good News from North Haven: A Year in the Life of a Small Town* 등의 저서가 있다.

모든 목회자는
지역 목회자다

지금부터 쓰는 글이 무슨 의미인지, 먼저 분명하게 말하고자 한다. 목회자로서 당신이 섬기는 회중을 사랑할 수 없다면, 그 회중이 있는 지역과 문화를 사랑하지 않는다면, 당신은 떠나야 한다. 너무 오래 기다리지 마라. 목회자는 자신이 사랑하지 않는 사람들을 제대로 섬길 수 없다. 목회자가 공동체의 문화를 불편해하거나 공동체와 조화를 이루지 못한다면, 회중은 금방 알아차리고, 목회자가 자신들을 외부자로 이해하고 있음을 알게 될 것이다. 그리고 그들도 목회자를 외부자로 보게 될 것이다.

언젠가 북중부 캔자스의 고원지대에서 열린 회의에 참석한 적이 있다. 그곳의 풍경은 삭막하고 비현실적으로 느껴졌다. 경사진 초원, 한들거리는 풀밭, 회색 바위 언덕, 그리고 나무는 거의—많은 경우 전혀 없었다. 어느 날 아침 커피를 나누면서 한 나이든 여성에게 이런 풍경의 생경한 사랑스러움에 대해 이야기했다. 그러자 그녀가 말했다.

"모든 사람이 그것을 아름답다고 생각하지는 않습니다. 예전에 내가 우리 교회 청빙위원의 한 명이었던 적이 있습니다. 우리는 뉴저지에 있는 한

분을 후보자로 정했습니다. 내가 공항에 가서 그분을 태워 왔습니다. 서쪽 고원지대로 갈수록 나무는 점점 적어지고, 마을은 점점 멀어져 갔습니다. 그러자 그분의 눈은 '헤드라이트 앞에 선 사슴'처럼 바뀌기 시작했습니다. 점점 말이 없어졌지요. 인터뷰를 위해 교회로 갔는데 인터뷰 도중 갑자기 일어나더니 '하나님께서 이렇게 나무가 없는 지역으로 나를 부르시지는 않았을 것입니다. 지금 집으로 가고 싶습니다'라고 말했습니다."

나중에 가는 것보다는 지금이 훨씬 낫다.

반대로, 언제나 그렇듯이, 회중이 그들의 목회자가 자신들을 사랑하고 그들의 지역을 사랑하고 있음을 알게 되면, 그 목회자의 리더십―실은 권위―가, 거의 대부분의 경우 결국 환영받게 된다. 한 목회자들의 모임에서 담소를 나누며 이 주제를 이야기하던 중 윌리엄 슬로니 코핀 2세가 생각났다. 그는, 교인들이 목회자가 그들을 사랑하고 그들의 의견을 존중한다는 것을 아는 한, 그 목회자가 '얼마나 멀리 나갈 수 있는지'(그가 의미하는 것은 정치적으로 논란이 될 수 있는 설교나 교회 프로그램들이었다) 언제나 깜짝 놀라곤 한다고 말했다.

매사추세츠를 대표하는 전설적인 국회의원이자 하원 의장이었던 토머스 '팁' 오닐은 "모든 정치는 지역적이다"라는 유명한 팁을 주었다. 마찬가지로, 모든 목회도 지역적이다. 아니, 정치보다 훨씬 더 그렇다. 한마디로 '일반적인 목회'라는 것은 없다. 목회는 언제나 '특정한' 지역에서 '특정한' 사람들을 대상으로, 특정한 문화 가운데서 이루어진다. 모든 목회자는 지역 목회자(in loco pastoris)다.

목회와 성육신

목회의 특수성은 성육신의 특수성과 정확하게 견줄 수 있다. 성육신은, 그 정의에 따르면, 크든 작든, 희든 검든, 잘생겼든 그렇지 못하든, 한 개인의 몸 안에서 일어나야만 하는 것이었다. 마찬가지로, 성육신은 모든 곳의 예수가 아니라 '나사렛' 예수에게 일어난 일이었다. 예수님은 알렉산드리아 지방의 유대인이 아니라, 갈릴리 지방의 유대인이었다. 그분은 성육신의 삶을 하나의 구체적인 시간 속에서 사셨다. 이 모든 독특함은 말 그대로 독특하다. 그런 독특함을 좋아할 수도, 좋아하지 않을 수도 있다. 그런 독특함을 이상하고 불쾌하게 생각할 수도 있고, 흥미롭고 사랑스럽다고 여길 수도 있다. 내 말의 요점은, 이런 독특함은 하나님이 예수 그리스도를 통해 성육신한 계시를 위해 선택하신 것이라는 사실이다. 논의의 초점은 이렇다. 하나님이 그런 독특함을 선택하신 것은 하나님이 신성을 육체로 담아내기 위해 선택하신 특수함에 대한 그분의 큰 사랑을 함축하고 있다는 것이다. 이 말은, 예수의 성육신에서 특수한 요소들, 예를 들어 그분의 몸, 시간, 문화, 그분이 사시던 지역의 다른 특수한 것들, 예를 들어 다른 인간의 몸, 다른 시기, 다른 문화나 지역들보다 더 소중하다는 의미는 아니다. 오히려 모든 것이 그 나름의 독특함으로, 그리고 그것을 위해 있다는 의미다.

마찬가지로, 목회는 성육신적으로 구체적이다. 목회는 시골 목회이거나, 도시 목회이거나, 중소도시 목회이다. 회중은 부하거나 가난하거나, 성장하고 있거나 움츠러들고 있거나, 행복하거나 우울하다. 건물은 보기에 좋거나 비가 새거나, 너무 크거나 너무 작다. 문화적 상황은 세련되었거나 고향 같거나, 시골스럽거나, 중소도시이거나, 대도시이다. 여기서 성육신적인 요점은 각 개인, 각각의 회중, 각각의 상황을 이들의 독특함에도 하나님이 사랑하신다는 것이다. 마찬가지로 목회자도 회중을 하나님과 동일한 '사랑하는 사람의 눈'으로 바라보고, 그 독특한 모습 그대로의 그들을 사랑해야 한다.

전문가로서의 목회자

목회자와 회중의 관계에 대해 그 둘을 구분하여 말하고자 할 때 사용하는 두 가지 비유가 있다. 두 이미지 모두 나름의 가치가 있지만, 문제도 있다. 첫째, 오늘날 목회자를 '전문가'로 부르는 것이 아주 흔한 일이라는 것이다. 이 말은 의사나 변호사와 같은 선상에서 교육과 전문화를 의미한다. 이것은 또한 탈기독교 시대(Post-Constantinian)에 사는 많은 성직자들의 사회적 지위와 관련된 어떤 것―실은 그들이 바라는 인정의 척도―을 의미할 수도 있다. 전문가가 된다는 것은 당신의 일을 잘한다는 것, 다른 말로 하면 '전문적으로' 한다는 것을 의미할 수도 있다.

이러한 뉘앙스는 목회 사역에 대해 이야기하는 유용한 방식일 수도 있지만, 다른 의미를 담고 있기도 하다. 전문가는 필요한 서비스를 제공하는 사람인데, 이런 서비스를 제공하면서 소위 '전문적 거리'(professional distance)라고 불리는 것을 유지하려고 한다.

목회자를 전문가라고 말하는 것은, 목회자는 다른 사람들이 제대로 이해하지 못하는 것(예를 들어 성경 헬라어나 고등비평)을 교육받아 알고 있는 사람, 혹은 전문적으로 훈련받은 기술(예를 들어 목회 상담이나 공동체 훈련)이 있는 사람으로, 신학적으로 교육받지 못했고 '전문적 목회 기술'을 훈련받지 못한 회중에게 이런 것들을 제공하는 사람이라는 의미다. 이런 식으로 이해하면, 전문가로서 목회자의 이미지는 '성직자'와 '평신도'를 구분하고 거리를 둘 뿐 아니라, 당신이 하나님과 얼마나 가까운가보다는 '아는 체하는 사람'에 얼마나 더 가까운가에 관심을 갖는, 새롭고 세속적인 성직주의를 뒷받침할 수 있다.

나는 목회 사역을 이야기하면서 '전문적'이라는 용어는 되도록이면 피해야 한다고 생각하게 되었다. 이 용어는 목회자가 받는 교육에 관해서는 맞는 말이지만, 사회적 지위에 대해 함축하는 바는 주로 헛되고 자기과장적이며, 특별한 목회 기술과 신학적 전문 기술에 대한 암시는 목회를 하나의 기술—신비한 신학교의 영적 지식—로 전락시켜 버리는 것 외에는 별 도움이 되지 않는다.

예언자로서의 목회자

두 번째 비유는 목회 사역을 설명할 때 자주 쓰이고, 때론 잘 어울려 보이기도 하지만, 상당히 문제가 될 수 있는 예언자로서의 목회자다. 교회는 분명하게 예언자적 역할을 수행하라는 부름을 받았지만, 이 역할은 본질적으로 교회 공동체 전체—회중, 치리 단체뿐만 아니라 국가적인 혹은 국제적인 교회 단체들—에 속한 것이다. 개인 목회자들은 자신이 목회하는 회중이나 교단이 예언자적 목소리를 발견하도록 이끌어 가는 일을 감당하는 범위 내에서 이 역할을 해낼 수 있다.

목회 사역에 대한 예언자 비유는 구약성경에서 가장 일반적으로 예언이 제시되는 모습이 교회 안에서 재연될 때 문제가 된다. 구약에서 예언자는 타락한 이스라엘을 향해 돌이켜 신실하게 다시 언약을 지킬 것을 요구하시는 하나님을 대신하여 말한다. 이 모습이 교회 안에서 재연될 때, 목회자는 타락한 교회에게 신실함으로 돌아올 것을 요구하시는 하나님의 음성이 된다. 이러할 때 발생하는 위험은 명백하며 잠재적으로는 목회자와 회중의 관계를 치명적으로 손상시킬 수 있다.

목회자는 회중을 상대로 예언자 역할을 하도록 부름 받았다기보다는 회중과 '함께' 불평등과 불의에 '대항해서' 예언자적 역할을 감당하도록 부름 받았다. 그러나 불평등과 불의는 세상 '저기'에 있는 것이 아니라, 바로 우리, 즉 목회자들을 포함하여 하나님의 자녀들인 우리 안에, 우리 가운데 있다. 실제의 삶에서 이것은 목회자와 설교자가 걸어가야 할 어렵지만 분명한 길이다. 설교하면서 '우리는' '우리에게'와 같은 일인칭 복수 대명사를 자주 사용하는 것으로는 충분하지 않다. 목회자는 범죄함에 있어서나 부르심에 있어서나 그들이 섬기는 회중과 동일시하라는 부르심을 받는다. 예를 들어, 어느 주일 복음서 본문에 바리새인과 서기관이 등장하면, 나의 해석학적 주문(Mantra)은 이 사람들이 '너, 회중아'가 아니라 '나, 목회자'도 포함한 '우리'가 되어야 한다는 것이다. 세상의 불의와 불공평에 화가 난 목회자들—목회에 화가 나고, 자기 회중에게 화가 나고, 또 자기 자신에게 화가 난 목회자들—은 때로는 교묘하게, 성직자의 수동성으로 가려져 있기는 하지만 때로는 과격하게 자기 회중을 꾸짖는다. 그렇게 할 때, 목회자들은 전형적으로 예언자의 외투를 두름으로써 이런 행동을 정당화한다. 예언자의 외투는 목회자에게 그러한 행위가 받아들여질 수 있는 것일 뿐만 아니라 용기 있는 행동이라는 생각이 들게 한다.

기독교 신앙의 예언자적 소명은 분명하고 핵심적인 것이지만, 그 소명은 목회자에 대한 소명이라기보다는 교회의 소명이다. 계속 귀찮게 요구하고 야단친다고 해서 회중이 이 소명에 응답하게 되는 것은 아니다. 회중을 이루는 사람들이 하나님께서 그들에게 맡기신 예언자적 소명에 응답하지 않는다면, 목회자는 그들과 함께, 나란히, 공유되고 신실한 응답을 하기까지 성장하기 위해 시간과 사랑과 인내심을 가져야 할 것이다.

연인으로서의 목회자

목회자와 회중의 관계를 말할 때 결혼의 비유가 이따금 사용되곤 한다. 하지만 그것이 그리 잘 맞지는 않는다. 예를 들어 목회자는 한 곳에 영원히 머무는 경우가 거의 없는데, 그러면 목회자가 사역지를 떠날 때 그것은 이혼에 해당하는가? 나는 결혼 비유의 사촌쯤 되는 비유로서, 목회자와 회중을 연인 관계에 비유하는 것에 더 마음이 끌린다. 이것도 약점이 없는 것은 아니지만, 사랑하고 사랑받는 사람들은 내가 '희망을 가지고'라고 부르는 방식으로 상대방을 바라본다. 즉 사랑하는 사람은 사랑에 힘입어 그들의 연인을 희망을 가지고 바라본다는 것이다. 내 경험으로 보면, 사랑하는 사람은 상대방의 약점과 결점을 분명히 알고 있지만, 이런 불완전한 것들을 매력적인 것으로, 사랑스러운 것으로, 앞으로 충분히 가능성이 있는 좋은 것으로 바라본다. 물론 하나님은 '의인이면서 동시에 죄인'인 우리를 이런 식으로 바라보신다. 나는 목회자가 자신의 회중을 사랑해야 하는 방식은 다름 아닌 바로 이것이라고 믿는다. 당신은 그들의 온갖 약점과 결점들을 보게 되겠지만, 그런 불완전함을 동시에 매력적이고, 사랑스럽고, 앞으로 충분히 가능성이 있는 좋은 것으로 보는 것이다.

내가 처음 목사로 청빙을 받았을 때, 아내와 나는 우리의 고향인 중서부 지방을 떠나 아주 낯선 땅인 롱아일랜드 지역으로 이주해 갔다. 내가 이야기를 나누었던 사람들은 한결같이 롱아일랜드에 대해 무례함, 불친절한 말투, 교통 혼잡, 높은 집값 등 경고의 말을 했다. 나는 롱아일랜드에 사는 사람들은 이 나라가 세 개의 섬—롱아일랜드와 맨해튼과 서쪽에 있는 큰 섬—으로 되어 있는 것처럼 생각하고 있다는 걸 알게 되었다. 우리는 마치 달의 반대쪽에 착륙한 느낌이 들었다. 연례 해산물 파티는 교회의 중요한 행사였다. 나는 조개 알레르기가 있었지만, 어떻게든 해산물 파티를 사랑하는 법을 배웠다. 나는 지역에서 가장 충성심 높은 기관이 자원봉사자들이 활동하는 소방대라는 것을 알게 되었다. 그래서 그 소방대 담당 목사가 되었다. 몇 년이 걸리기는 했지만, 난 심지어 그 지방의 말투까지 좋아하게 되었다. 그곳을 떠나는 것은 고통이었다.

최근 우리는 맨해튼으로 옮겨왔다. 나는 미시간 주 북반도 출신의 '유퍼'(Yooper)이고, 아내는 인디애나 주 '후지어'(Hoosier)다(유퍼와 후지어는 그 지역 사람들을 부르는 별칭이다—옮긴이). 우리는 다시 한 번 충격을 경험했다. 북동부의 물질적인 부와 공존하는 동쪽 할렘가의 가난, 사립학교들, 남녀 사교클럽들, 턱시도가 아닌 코트와 넥타이 차림으로 와야 하는 '편안한 복장'의 저녁 파티, 특별한 자격을 요구하기도 하는 모임들……. 이곳은 내게 낯설고 여러 가지 면에서 약점과 불완전함이 있는 곳이다. 그러나 나는 이런 것들을 희망과 사랑이라는 렌즈를 통해 바라보고, 어떻게든 그것을 잘 될 가능성이 있는 좋은 것으로 바라본다. 나는 이미 이곳을 편안하게 받아들인다. 백화점 세일 때 턱시도도 하나 장만했다. 나는 뉴욕을 사랑한다. 다른 선택의 여지가 없다.

사랑과 의지

결혼 예비 상담이나 주례사를 할 때, 내가 신랑 신부에게 끊임없이 상기시키는 것은 사랑은 양면을 지닌 동전이라는 것이다. 나는 그들에게, 동전의 한쪽 면은 본능적이고 통제 불가능한, 서로에게 끌리는 감정이라고 말해 준다. 그러나 동전의 또 다른 면은 당신이 사랑하기 위해 내리는 선택이다. 이것은 의지, 헌신 그리고 언약의 행동이다. 감정은 좋은 날도 있고 궂은 날도 있다. 결혼식에서의 서약은 궂은 날 당신에게 힘을 북돋워 준다. 예수님도 의지적으로 선택하는 바로 이런 종류의 사랑을 명령하셨다. 그러므로 목회자는 자신의 회중을 사랑하기로 선택할 수 있고, 또한 선택해야만 한다. 목회자는 자신이 섬기도록 부르심 받은 그곳을 사랑하기로 선택할 수 있고, 또한 선택해야만 한다.

우리가 맨해튼으로 이사했을 때, 나는 익숙하지 않은 교인들과 매우 낯선 문화에 적응하는 방법을 찾고 있었고, 그 교회에서 오랫동안 성공적으로 목회했던 전직 부목사에게 조언을 구했다. 그녀는 나에게 조금 낯선 조언을 해주었는데, 나는 이 말을 마음속으로 여러 번 되씹었고, 결국 그녀가 대단히 지혜로운 사람이라는 결론을 내렸다. 그녀는 "즐기면서 일하세요"라고 말했다. 현재 있는 것으로 기뻐하라. 일이 당신의 영혼을 삼키지 못하게 하고, 일을 하면서 그것을 즐기라. 그 지역을 사랑하고, 교회를 사랑하고, '의인이면서 동시에 죄인'인 사람들을 사랑하라. 물론, 당신에게 다른 선택의 여지는 없다.

16

토머스 롱 Thomas G. Long

프린스턴 신학교에서 박사학위를 받았고 준개혁 장로교회에서 목사 안수를 받았다. 1996년에는 바일러 대학이 선정한, 영어로 설교하는 12명의 최고의 설교자 중 하나로 이름을 올렸다. 애틀란타 주에 있는 에모리 대학교 신학부에서 설교학 교수로 있다. 저서로는 *Preaching and the Literary Forms of the Bible*, *The Witness of Preaching* 등이 있다.

공에 초점을 맞춰라!

어쩌면 요즘 대부분의 십 대들은 록 가수나 비디오 게임 개발자, 또는 구글 회사의 회장이 되기를 꿈꾸고 있을지 모르겠다. 하지만 테드 윌리엄스는 달랐다. 그는 고등학교 시절부터 최고로 위대한 타자가 되기를 원했다. 가장 유명한 야구 '선수'가 아니라, 최고로 위대한 '타자'가 되는 것이 그의 꿈이었고, 그 집착은 강한 열정으로 더욱 더 커져 갔다. 그는 "내가 인생에서 원하는 전부는, 내가 거리를 걷고 있을 때 사람들이 나를 보고 '저 사람이 역사상 가장 위대한 타자였다'라고 말하는 것이다"[1]라고 말했다.

여기서 그가 정말 가장 위대한 타자였느냐 아니냐를 따지려는 것은 아니다. 어떤 이들은 성미가 급하기로 소문난 타이 콥이 야구 역사상 단연 최고의 타자라고 말한다. 또 어떤 사람들은 베이브 루스가 최고라고 하고, 다른 어떤 이들은 오명이 있기는 하지만 압도적으로 힘이 좋았던 배리 본즈가 최고라고 말한다. 하지만 '스플렌디드 스플린터'(Splendid Splinter, 멋진 스윙 자세와 마르고 키가 큰 모습 때문에 붙여진 별명—옮긴이)라는 별명으로 불리는 테드 윌리엄스처럼 자기 꿈을 이룬 좋은 예는 없을 것이다. 그는 높은 타율(선수생활 평균 .344)을 기록했을 뿐만 아니라 공을 때릴 때도 굉장한 위력을 과시했다. 그는 군 복무로 두 시즌이나 쉬어야 했음에도 통산 521개의 홈런을 쳤다. 무엇보다 인상적인 것은, 그가 메이저리그 한 시즌에 4할의 타율(1941년 평균 .406)을 기록한 마지막 선수라는 점이다. 거의 70년 가까이, 조직적으로 훈련을 받고 호르몬제로 무장한 선수들 가운데 누구도 윌리엄스의 기록을 갈아 치우지 못했다.

어쨌거나 한 가지는 확실하다. 테드 윌리엄스가 야구 역사상 정말로 가장 위대한 타자였든 아니든, 그는 분명 공을 치는 것에 대해 열심히 연구한 가장 위대한 학생이었다. 그는 문자 그대로 야구공을 어떻게 칠 것인지에 대한 책을 썼다.[2] 그는 타자의 자세와 방망이를 잘 잡는 법을 쉼 없이 연구했고, 투수들의 모든 것을 분석하고 기술을 연구했으며, 타자석에 설 때마다 그것을 머릿속에서 재생시켜 보곤 했다. 실수했던 부분은 특별히 더 그렇게 했다. 이상하게 들릴지 모르지만, 이 점에서 테드 윌리엄스는 설교자들에게 줄 수 있는 지혜가 있다.

배워야 하는 설교

"하나님이 당신을 타자석에 세우시지만, 그곳에서부터는 당신이 어떻게 하느냐에 달려 있습니다." 테드 윌리엄스가 말했다. 야구공을 치는 것이 그렇듯이, 설교도 종종 하나의 '예술'(art)로 묘사된다. 평범한 언어와 제스처를 영감을 받은 신성한 연설로 바꾸는 작업은 신비롭기도 하고 어떤 면에서는 운동 경기와 같다고도 할 수 있다. 어떤 '천재적' 재능이나

'기름부음을 받은' 사람들만이 할 수 있는 신비로운 일처럼 보일 수 있다는 것이다. 그렇다, 설교에는 기술과 신비함 그리고 기름부음이 있다. 그러나 윌리엄스가 상기시켜 주는 것처럼, 공을 치는 것과 마찬가지로, 그것은 또한 하나의 '공예'(craft)다. 설교에는 배워야 하는 테크닉이 있고, 섭렵해야 하는 기술(skill)이 있으며, 연구해야 할 접근 방법, 그리고 탁월해지기 위해 찾아내고 따라야 할 방식이 있다. 물론 설교자는 빈 그릇과 같아서, 성령께서 말씀(the Word)으로 그 그릇을 채워 주시지 않으면 복음을 전할 수 없고, 항상 하나님의 자비에 의존하는 존재들이다. 하지만 말씀은 언제나 육신이 되시고, 언제나 인간들이 이해하고 알아들을 수 있는 형태로 오신다.

운동선수가 멋진 시합을 마치고 인터뷰를 할 때면, 그들은 종종 난해하고 상투적인 말을 하곤 한다. 예를 들면, "오늘은 정말 제대로 집중했던 것 같아요"라든지, 그보다 더 불가해한 표현으로 "오늘은 시합 내내 나 자신을 잘 다스릴 수 있었습니다"라는 식의 말이다. 하지만 윌리엄스라면 그런 말들은 넌센스라고 했을 것이다. 윌리엄스가 타자로서 얼마나 '자신의 내면을 잘 다스리지' 못했는지 놀랄 정도다. 그는 공을 잘 치는 것은 정확한 지식과 구체적인 기술이 필요한 복잡한 과정이라는 것을 잘 알고 있었다. 그런 지식과 기술은 연구하고 배우고 습득해야 하는 것으로, 자기 '외부에' 존재하는 것이었다. 윌리엄스는 이렇게 말했다, "스포츠에서 과학적이라고 할 것이 있다면, 그것은 바로 '야구공을 치는 것'이다."[3]

설교는 물론 과학이 아니다. 그리고 경험이 많은 설교자들은 거의 모두가 '제대로 집중했던' 때가 있었다고 하는데, 그럴 때 설교자는 자신의 재치나 기술로 말할 수 있는 수준을 넘어서서, 성령의 움직임을 최고조로 느끼면서 말씀을 선포한다. 그러나 그러한 경험에는 내재된 유혹이 있다. 그렇게 설교하는 것이 최고의 설교라고 생각하고, 강단에서 탁월하게 설교하기 위해 제대로 준비하지 않게 되거나 부주의하게 되는 것이다. 설교자가 성경 본문을 열심히 연구하고, 한마디 한마디 주의 깊게 갈고닦아서 설교 원고를 작성하고, 그들의 인간적인 능력을 넘어서 말씀을 담는 그릇이 됨으로써 그들 자신이 기쁨을 누리고 겸손해지기 위해 구체적인 몸짓과 행동에 세심한 주의를 기울이는 것은 중요한 일이다. 하지만 무선 마이크를 들고, 쾌활한 성격을 드러내면서, 약간의 진보적인 생각으로, 손가락을 공중으로 치켜들고 기적을 바라며 강단 위를 서성이는 것은 전혀 별개의 문제다.

공에 집중하라

어느 정도는 장난기가 서려 있지만 아주 심각하기도 한 내용인데, 테드 윌리엄스가 야구공을 치는 복잡한 기술에 대해 말하는 지혜를 읽으면서, 거기서 설교자에게 적용할 통찰이 있는지 살펴보자.

"준비는 대부분 관찰력의 문제, 배울 수 있는 것들을 하나하나 챙기는 문제이다.……그러면서 그것들을 참조해서 활용할 수 있는 틀을 만들어 가는 것이다."[4]

테드 윌리엄스는 모든 것을 관찰했다. 투수가 변화구를 던질 때보다 속구를 던질 때 숨을 더 크게 쉬는지, 포수가 커브볼을 던지라는 사인을 주면 유격수가 앞으로 나오는 경향이 있는지, 윌리엄스는 자세히 보고 그것을 기록해 두었다. 그는, 공을 치는 것은 단순히 야구 방망이를 날아오는 공에 대는 것이 아니라는 사실을 알고 있었다. 공이 날아오는 궤도와 방망이의 구도는 복잡하게 상호작용을 하는 환경의 산물이며, 훌륭한 타자는 중견수의 위치에서부터 바람의 방향까지, 그 모든 것을 인식한다.

설교자도 마찬가지다. 훌륭한 설교자는 항상 눈을 크게 뜨고 있어야 한다. 눈을 뜨고 설교를 듣는 회중의 갈망, 염려, 그들의 필요와 문화까지 모두 볼 수 있어야 한다. 조르주 베르나노스의 《어느 시골 신부의 일기The Diary of a Country Priest》에 나오는 주인공은 이렇게 외친다.

"성도들이여! 넘치는 사랑 없이는 어떤 말도 할 수 없습니다. ……나는 여러분이 하나의 실체라는 것, 우리가 영원토록 서로에게 속해 있다는 것을 알고 있습니다. 그것은 단순히 관리상 필요에 의해 만들어진 허구가 아니라 영원한 교회(the everlasting Church)를 이루는 살아 있는 하나의 세포입니다. 그러나 오직 선하신 하나님께서 내 눈과 귀를 열어 주실 때에만, 나는 성도들의 얼굴을 보고 그 음성을 들을 수 있을 것입니다."[5]

또, 하이디 뉴마크가 쓴 《숨 돌릴 틈Breathing Space》의 한 부분에 주목해 보라. 이 책은 가난에 찌든 남 브롱크스에 있는 조그마한 루터교 교회에서의 사역을 기록한 책이다. 이 책에서 그녀는 자신이 어떻게 관찰했는지, 그리고 교구민들의 실제 삶을 떠올리기 위해 자신이 본 것들을 어떻게 활용했는지 기록하고 있다.

> 남 브롱크스의 도시 계획은 그곳을 숨 돌릴 틈조차 없는 공간으로 만들어 놓았다.…… 그 지역에서의 삶 속에서, 숨 돌릴 틈이란 정신없이 돌아가는 바쁜 생활 속에서 즐기면서 살 수 있는 여유를 의미하는 비유적 표현이 아니다. 숨 돌릴 틈은 실제로 삶과 죽음의 문제다. 남 브롱크스에서

는 다른 어떤 지역서보다 많은 어린이들이 천식으로 생명을 잃는다. 다른 아이들이 주머니에 장난감 인형을 넣고 다닐 때 이 동네 아이들의 주머니에는 천식약이 들어 있다. (중략)

처음 예배를 인도하던 날, 나는 강대상 아래 있는 성찬식용 빵 옆에 쥐약이 줄줄이 놓여 있는 것을 보았다. 세례를 위한 기구들은 뒤쪽 구석으로 치워져 뚜껑이 덮여 있었다. 가서 뚜껑을 들어 보니 먼지가 쌓여 있고 죽은 바퀴벌레 몇 마리가 있었다. 천국은 사막으로 변했고, 나는 마치 사라의 자궁으로 들어온 것 같은 느낌이 들었다.[6]

아이들의 주머니에 든 천식 약, 성찬식 빵 옆에 놓인 쥐약, 세례 기구 안에 있는 먼지와 바퀴벌레―이런 이미지들은 어떤 분위기, 기풍, 장소 그리고 조건들을 생각나게 한다. 하이디 뉴마르크는 이런 것들에 주의를 집중하면서, 테드 윌리엄스가 조언한 대로, 그녀의 글과 설교에 견인차 역할을 해주는 '참고 틀을 만들고' 있다.

"투수의 움직임 때문에 주의를 딴 데로 돌리지 말라. 설사 그가 전형적인 투구 자세를 취하고 있지 않더라도 마찬가지다. 일반적으로 그의 공이 날아오는 영역에 초점을 맞추라."[7] 윌리엄스는 투수들이 때로 실제 할 행동과는 다른 행동을 할 듯한 자세를 취함으로써 타자들을 바보로 만들 수 있다는 것을 잘 알고 있었다. 예를 들어, 왼손잡이 랜디 존슨은 2미터 8센티미터의 키에 길쭉한 팔과 다리를 늘 흔들거리며 서 있었는데, 그가 옆으로 공을 던질 때면 타자들은 마운드가 아니라 1루에서 공이 날아오는 것처럼 느껴졌다고 한다.

회중도 종종 설교자를 헷갈리게 할 수 있다. 설문 조사를 해보면, 자녀 교육, 균형 잡힌 삶을 유지하는 법, 만족하며 사는 방법, 행복한 관계 등에 대한 설교를 듣고 싶다고 응답하는 사람들이 많을 것이다. 이런 주제들도 물론 중요하겠지만, 우리는 '투수의 움직임 때문에 주의를 딴 데로 돌리지 말고' 정말 중요한 것, 즉 '일반적으로 공이 날아오는 영역'에 주의를 집중해야 한다. 설교자에게 성공적인 삶을 살 수 있는 방법을 가르쳐 달라고 미끼를 던지는 사람들의 갈망 뒤에는 그들이 간절히 원하지만 두려움에 떨며 감히 말하지 못하는 거룩한 소명에의 갈망이 숨겨져 있다. 그들은 그리스도를 따름으로 하나님을 섬기는 삶, 급류 타기와 같은 그런 모험의 삶, 진실로 제자가 되는 소명의 삶에 대한 갈망이 있다. 카를 바르트는 자기 시대의 설교자들에게 주의를 딴 데로 돌리지 말라고 경고했다. 설교자들은 어쩌면 회중이 듣기 좋고 먹기 좋은 것들만을 얻기 위해 교회에 나온다고 생각할 수도 있다. 하지만 의식적이든 무의식적이든, 그들은 일상의 온갖 염려들 뒤에 불꽃처럼 터져 나오는 한 가지 질문을 안고 있다. '이것이 진실일까? 이게 정말 진실일까?' 즉 우리가 믿고, 신뢰하며 살아가야 할 살아 계신 하나님의 임재 안에 서 있는 것인가 하는 것이다.[8] 좋은 설교는 공에 초점을 맞춘다. 어떤 주제로 설교를 하든 좋은 설교는 어떻게 하면 사람들이 예수 그리스도와 하나님의 임재 안에 설 수 있는가 하는 것이 모든 기독교 설교의 참된 주제라는 사실을 절대 놓치지 않는다.

약간 높이 쳐라

"야구 방망이를 휘두를 때 나에게 가장 알맞은 각도는 언제나 약간 높이 치는 것이다."⁹ 윌리엄스가 타자들에게 주는 이 조언은 파격적이면서 논쟁의 여지가 있다. 타자는 어떻게든 방망이를 수평으로 휘두르려고 해야 한다는 것이 타격에 관한 통념이다. 윌리엄스도 "나도 그렇게 생각했고, 그렇게 말하곤 했다"라고 고백한다. 그러나 방망이를 수평으로 휘두르는 것이 최선의 방법이라는 것은 '타자들이 아무 생각 없이 앵무새처럼 되풀이하는 잘못된 편견들'¹⁰ 중 하나다.

많은 설교자들이 전통적으로 믿고 있는 지혜에 따르면, 설교는 항상 높이, 아주 높이 쳐야만 한다. 적어도 에머슨과 비처 때부터, 미국 기독교는 지나칠 정도로 긍정적인 설교에 대한 갈망에 사로잡혀 있다. '가능성의 힘', '가능성의 신학', '긍정의 힘' 그리고 '번영 신학' 등 형태는 다르지만, 하나님은 당신이 높이 날아오르기를 원하신다는 메시지를 담은 설교들이 활개를 치고 있고, 그것이 설교학에서 사용하는 한방의 어퍼컷으로 인정되고 있다.

그래서 좀더 사려 깊은 설교자들은 인기 있는 설교자들의 값싼 열정에 지나치게 민감하게 반응하여, 실제로 조금 내려치는 것과 같은 설교를 하기도 한다. 예언적이거나 세상의 문화에 대적하는 설교를 하려는 갈망 때문에, 때로 설교자는 막중한 책임감을 짊어진 채 진지하고, 애절하고, 무거운 목소리를 낸다. 윌리엄스의 지혜는 설교자들도 새겨들을 만한 교훈이다. 이상적인 설교는 방망이를 약간 높이 휘두르는 것이다. 그러한 설교는, 무엇보다도, 복음은 하나님의 구원의 좋은 소식이라는 점을 인식하는 것이며, 그러나 동시에 삶의 어두운 그림자와 믿음을 삶으로 살아 내는 힘겨운 현실을 부정하지 않는 것이다. 한 신학생이 예배학 교수에게 물었다.

"예배 시간에 찬양(praise) 밴드가 서도 괜찮은가요?"

교수가 대답했다.

"그럼. 하지만 반드시 애도(lament) 밴드도 함께 있어야 하네."

"사람들은 곰이 죽어 있다는 말을 한다. 곰이 죽은 것이 아니라, 타자가 죽은 것이다."[11] 최근 나는 잡지 〈크리스천 센츄리〉에 설교 표절에 대한 짧은 기사를 올렸다. 기사 내용은 요즘 많은 성직자들이 각자 자기 회중에게 맞는 설교를 하려 하지 않고 인터넷에서 다른 사람들의 설교를 '빌려 쓰는' 유감스러운 관행에 관한 것이었다.[12] 그 기사가 나간 후 잡지 편집인은 상당히 많은 편지를 받았는데, 대부분은 내가 쓴 기사에 좋은 반응을 보이고 유익한 비평을 해주는 것이었다. 하지만 그 중 몇 통의 편지는 그 글을 쓴 사람의 자세에 문제가 있다는 것이었다. 그들은 설교란 어쨌거나 구태의연할 수밖에 없는 것이고, 또 번거로운 설교 준비를 좀더 효과적으로 할 수 있기만 하다면 사역에서 좀더 중요한 다른 일들을 할 수 있는 시간을 벌어 주는 거라고 생각했다. 거기에는 남의 자료를 모방하는 것도 포함된다는 것이다.

그런 생각이 새로운 것은 아니다. 주기적으로 설교자들은 설교에 대한 믿음을 잃어버리고, 설교를 준비하고 실제로 설교하는 데 시간을 쓰는 대신 좀더 효과적으로 그들의 시간을 사용할 수는 없을지 생각하기 시작한다. 설교라는 주식 시장은 심각한 불황에 빠져 있다. 예를 들면, 1970년대 초, 많은 신학교들이 설교학을 필수 과목 시간에서 줄이거나 아예 빼버렸는데, 그 결과 이런 일이 일어나게 된 것이다.

의미심장하게도, 성도들이 아니라 언제나 성직자 자신들이 설교에 더

회의적이다. 심지어는 오랫동안 지루하고, 엉뚱하고, 맥빠진 설교를 들으며 무감각해져 있는 상태라 할지라도, 성도들은 다음 설교자는, 혹은 다음 번 설교는 열정과 생명력이 살아 숨 쉴 거라는 소망을 견지하고 있는 것으로 보인다.

윌리엄스가 말한 대로, "공이 죽은 것이 아니라, 타자가 죽은 것이다." 설교학자 데이비드 로즈는 그의 탁월한 저서 《예수 그리스도를 고백하기 *Confessing Jesus Christ*》에서 포스트모던 시대에 들어선 미국 기독교의 걱정스러운 현황을 조망한다. 거기에는 교회와 강단의 종말에 대한 여러 심각한 평가들과 암울한 예측들이 기록되어 있다. 이 모든 문제점들을 살펴본 뒤, 그럼에도 로즈는 이렇게 말한다.

> 현재의 상황이 매우 위급하다는 점에는 동의하지만, 나는 아직 그것이 정말 끔찍한 상황인지 아니면 신기한 상황인지 잘 모르겠다. 사실 나는 정신없이 불어오는 포스트모던의 바람 속에는 우리의 신학과 설교의 특성을 분명하게 하고 그 중요성을 입증할 전례 없는 기회가 내재되어 있고, 우리의 수확을 기다리고 있다는 생각이 점점 더 강하게 든다. …… 내가 제안하는 바는, 기독교 전통에 충실하면서 동시에 다원적이고 포스트모던 상황에 반응하려는 설교야말로 예수 그리스도에 대한 신앙을 공적으로 고백하는 최선의 방법이라는 것이다.[13]

그러나 '예수 그리스도에 대한 신앙을 공적으로 고백'하기 위해서는 설교자가 그러한 신앙이 있어야 하며 그것을 공적으로 담대하게 드러낼 용기도 있어야 할 것이다. 타자는 플레이트에서 '살아남아야' 한다.

최선이 최고다

테드 윌리엄스는 자기 분야에서 최고였으며, 설교자들에게 줄 수 있는 많은 지혜가 있는 사람이다. 그럼에도 4할이 넘는 타율을 기록했던 사람에게서 이런 말을 듣는 것은 우리를 안심시켜 준다. "야구는 오로지 노력하는 스포츠다. 열 번 시도해서 세 번만 안타를 쳐도 훌륭한 선수다."

강단에서 설교자가 어떤 점수를 얻으면 좋은 점수가 되는지는 잘 모르겠다. 하지만 아무리 기량이 뛰어난 설교자들의 설교라도 기복이 있다는 것은 분명히 알고 있다. 그리고 이러한 리듬은 그 자체로 그리스도인의 삶의 모습을 보여 주는 것이다. 제자도의 여정은 승리자가 세러머니로 펼치는 일주가 아니라 순례의 여정이며, 신실한 설교 그 자체도 골짜기와 봉우리를 지나는 길고 꾸준한 순례의 여정이다. 목표는 강단의 '스타'가 되는 것이 아니다. 그것은 끔찍한 생각이다. 진정한 목표는 우리를 이 자리로 부르신 하나님에 대한 믿음을 잃지 않는 것이며, 또한 일단 그 자리에 선 우리는 지금까지 받은 모든 것을 동원하여 훌륭한 설교라는 작품을 만들어 내야 한다. 존 업다이크는 테드 윌리엄스에 대해 이렇게 말했다. "나에게 윌리엄스는, 8월 어느 더운 여름 날 주 중 경기에서, 적은 관중들을 앞에 놓고, 잘하느냐 못하느냐의 차이가 종이 한 장 차이에 불과한 경기에서도 열심을 다하는 전형적인 운동선수다."[14]

17

제니퍼 로즈 Jennifer Lords

텍사스 오스틴에 있는 오스틴 장로교 신학교에서 설교학 조교수로 있다.
설교 신학과 예배, 예전 신학에 관심을 두고 연구하며 가르치고 있다.
저서로는 *Finding Language and Imagery: Words for Holy Speech*가 있다.

설교,
긍정과 권면

안식 기간 중 나는 일상 업무에서 벗어나 몇 달간 다른 장소에서 이전과는 다른 방식으로 지내고 있었다. 그리고 어떤 특별한 예배 공동체에 방문자로 참여하여 그 공동체와 함께 풍성한 시간들을 보냈다. 나는 거기서 내게 익숙한 형식의 예배와 비교해서 유사한 점과 다른 점들을 주목했다. 이 몇 달 동안, 나는 한 가지 특별하고 낯선 활동이 나에게 은근한 고요함을 가져다준다는 확신을 갖게 되었다. 이 동방정교회 주일 예전(성만찬 예배 the Divine Liturgy)에서, 복음서 낭독 시간이면 부제(副祭)는 작고 잘 움직이는 낭독대(ambo/analoy)에 서는데, 그것은 부제가 성화벽과 사제를 마주 보고 회중석 한가운데 위치하도록 하기 위한 것이다.[1] 그 작은 구조물은 팔각형 모양인데, 부제는 그 중앙 부분 가까이에 선다.

이 순간에 앞서 사제, 부제와 복사(服事)들이 회중을 가로질러 복음서를 들고 행진하여 입장하고 삼성찬송[2](Trisagion, 성삼위 하나님의 거룩하심을 찬양하는 노래—옮긴이)과 평화의 선포를 하고 서신서를 낭독하며 낭독 중간 중간에 기도문들과 화답들을 한다. 이런 것들은 회중을 복음서가 낭독되는—실제로는 선포되는—지금 이 순간에 주목하게 한다. 낭독대가 있고, 부제는 낭독대에 서기 위해 움직이고, 제단 복사들은 초와 행렬용 깃발들을 운반해서 낭독대를 에워싼다. 그리고 예전이 다음과 같이 진행되는데, 어떤 부분은 말로 어떤 부분은 노래로 이루어진다.

사제: 인류를 사랑하시는 주님, 우리 마음에 흠 없는 당신의 지혜가 흘러 넘치게 하시고, 당신의 복음을 이해하도록 우리 마음의 눈을 열어 주옵소서. 우리 안에 당신의 복된 계명에 대한 경외함을 가르쳐 주옵소서. 그리하여 육신의 모든 욕망을 극복하고, 영적인 삶으로 들어가게 하시고, 모든 생각과 행동으로 당신을 기쁘시게 하는 삶을 살게 하소서. 당신은 우리의 영혼과 육신을 아시기 때문입니다. 우리 하나님, 그리스도시여, 영광을 당신과 당신의 영원하신 성부 하나님과 거룩하시고, 선하시고, 생명을 주시는 성령님께 드립니다. 지금부터 영원토록, 세세토록.(구두로)

찬양대: 아멘.

부제: 주여, 거룩한 사도와 복음사가(복음서를 기록한 네 사람, 마태, 마가, 누가, 요한)의 복음을 선포하는 자에게 복 주옵소서.

사제: 하나님, 거룩하고 영광스럽고 온전히 칭송받을 만한 사도와 전도자 ____의 기도를 통해 당신으로 하여금 위대한 능력으로 복음을 선포케 하소서, 그의 사랑하시는 아들, 우리 주 예수 그리스도의 복음을 성취하게 하옵소서.

부제: 아멘. 지혜여! 우리를 주목하게 하소서. 거룩한 복음서에 귀 기울이게 하소서.

사제: 모든 이에게 평화.

찬양대: 또한 사제의 영혼에.

부제: 성(聖)_____의 거룩한 복음서 낭독.

찬양대: 당신께 영광, 오, 주님, 당신께 영광.

사제: 주목하게 하소서. (정해진 복음서 일과는 부제에 의해 성가로 불린다. 완결 부분에서, 사제는 부제를 축복한다.)

사제: 복음서를 선포하는 당신에게 평화.(구두로)

찬양대: 당신께 영광, 오, 주님, 당신께 영광.[3]

회중은 찬양 화답곡에 참여하고 여러 모양으로 많은 서구 그리스도인들에게 익숙한 "당신께 영광, 오 주님, 당신께 영광"을 노래한다. 회중석이 없고 팔각형 모양인 이 작은 예배당은 나에게 익숙한 바실리카 양식의 건물보다는 조금 더 혼돈스러운 느낌을 주었다. 바실리카 양식의 예배당에는 회중을 자기 자리에 고정시키는 장의자가 놓여 있다.

낭독대가 자리를 잡고, 사람들은 복음서를 읽는 성직자를 보기 위해 움직이며, 번갈아 화답곡을 부르는 사이에 부제가 자세를 취한다. 그는 우리의 중앙에 있는 작은 책상에 서서, 책상 위쪽 모서리에 책의 밑면 모서리를 기댄 채 양손으로 복음서를 든다. 그러고는 목을 구부려 복음서의 위쪽 끝에 이마를 갖다 댄다.

그의 목이 드러난다.

이것이 무슨 의미일까? 우리 편에서 어떤 의도가 있든 없든, 우리가 취하는 예전적(禮典的) 자세와 표현은 의미를 전달하고 또 만들어 낸다. 여기에 의도적인 행위가 있다. 그것은 동방정교회 성만찬 예배가 진행되는 동안 부제가 사제의 축복을 받기 위해 청원하는 순간 시작해서, 항상 같은 시간에, 신중하게 반복하는 행위다.[4] 부제는 사제의 축복이 끝났을 때 이 자세를 거둔다.

그것은 부제가 자신보다 더 위대한 어떤 것에 순종하는 의미로 취하는 자세다. 그렇다. 그는 복음서를 노래할 바로 그 사람이다. 그날 회중은 그들 한가운데서 책을 읽을 그의 목소리를 통해 물리적으로 복음서의 말씀을 듣게 된다. 선포의 능력은 그의 것이지만 그의 것이 아니다. 그리고 그는 머리를 숙여 그의 선포를 가능하게 하시는 하나님께 자신의 목을 드러낸다. 이것은 합당한 일이다. 비록 성령님께 직접 말하는 기도는 아닐지라도 (동방정교회 전통에서는 성인이신 복음서 저자에게 중보를 부탁하는 기도문), 그것은 여전히 복음서 낭독이 예수 그리스도의 기쁜 소식을 선포하는 것이 되게 해달라고 하나님의 능력을 청하는 기도다. 이렇게 말하면 서구 그리스도인들도 쉽게 이해할 수 있을 것이다. 즉, 우리가 기도하면서 (그리고 축도 때) 머리를 숙이는 것처럼 부제는 기도 중에 머리를 숙이는데, 그것은 그가 축복을 받고 있기 때문이다.

이 숙여진 머리와 목이 드러난 자세는 무방비한 상태를 드러내는 대표적인 자세다. 알다시피 이것은 낮은 신분의 사람이 왕이나 윗사람에게 절을 하는 것이다. 또, 윗사람이 당신을 기쁘게 여기지 않는다면, 그는 당신의 목을 벨지도 모른다. 목을 드러내는 이 자세는 칼로 목을 베일 상황에 처한 사람의 자세다. 그것은 힘 있는 사람이나 통치자의 자세가 아니다.

복음서 낭독 후, 사제는 '복음서를 낭독하는 당신에게 평화'라는 말로 부제를 축복한다. 평화는 위험한 자세를 취한 뒤 듣게 되는 반가운 축복이다. 그리고 나서 사제가 (가끔은 부제가) 설교를 한다.

동방정교회 성만찬 예배에서 취하는 이 자세를 보고 장로교인은 무슨 생각을 할까? 그리고 장로교 예식과 무슨 차이가 있을까? 내 대답—긍정과 권면—은 또 다른 에큐메니컬 관계에서 나온다.[5] 그것은 일부 그리스도인들이 서로의 행동과 교리를 연구하기 위해, 그리고 서로 배우며 그리스도의 몸을 세워가는 일에 참여하기 위해 사용하는 원칙이다.[6] 이 글에서 내가 던지는 질문은 이것이다. 머리를 숙이고 목을 드러내는 이 예전적 자세는 설교에 대해 무엇을 긍정하고, 또 어떤 점을 권면하는가?[7]

긍정

긍정: 우리는 이렇게 축복을 구하며 무방비 상태를 드러내는, 몸을 구부리는 행위가 어떤 의미인지 알고 있다. 왜냐하면 그것은 개신교 개혁 전통에서 성경을 낭독하고 복음을 설교하기 전에 예배 기원(prayer of epiclesis)을 하는 것과 유사하기 때문이다. 우리는 예배로의 부름이나 개식사, 그날의 기도, 찬송, 고백과 용서를 선포하는 순서에서 구약성경이나 서신서 또는 복음서 낭독으로 곧장 나아가지 않는다. 우리는 먼저 특별한 유형의 기도를 한다. 그것은 감사나 중보의 기도가 아니라 성경 낭독과 설교(그리고 그것을 듣고 살아내는 것)에 생기를 더해 달라고 성령의 능력을 구하는 기도다. 이 특별한 기도는 신적 대행이라는 현실에 대한, 그리고 우리와는 다른 존재이지만 동시에 우리의 노력을 통해 일하시는 삼위일체 하나님에 대한 신뢰를 선언한다.

긍정: 우리는 말씀을 중심으로 모이는 것이 무엇인지 안다. 우리도 하나님의 말씀인 성경을 읽고 선포하는 데 관심을 집중한다. 심지어 서구

개신 교회에도, 말씀을 읽고 선포하는 순서에 따르는 행동들이 있다. 몇몇 교회에는 성경 낭독자와 성가대 혹은 회중 사이에 서로 화답하는 순서가 있다. 좀더 많은 교회들은 이 시점에서 성가대가 성가를 부른다. 때로는 어린이들이 어린이들을 위한 메시지를 듣기 위해 앞으로 나온다. 말씀을 둘러싼 이런 행동들은 예배에서 그 부분의 중요성을 부각한다. 그런 행동들은 '이제는 성경을 중심으로 모여야 할 시간이다'라는 의미를 드러낸다.

긍정: 우리는 성령 앞에서 이런 무방비 자세를 취하는 것이 무엇인지 안다. 우리는 하나님이 말씀을 연구하고, 설교하고, 듣는 바로 그 일련의 행위를 통해 생명을 선물로 주시기로 하셨음을 믿는다. 우리는 이런 일이 일어나게 하시는 하나님을 의지한다. 그러나 우리에게도 책임이 있다. 우리는 연구, 지식과 근면이라는 하나님이 주신 선물을 선용한다. 우리는 공동체 내에서 해석이라는 수단을 선용한다. 그러나 때로 설교자들은 하나님이 베푸시는 은혜를 설교하는 데 미흡하거나 아예 그것을 설교하지 않는다. 그리고 어떤 공동체들은 진리의 말씀을 올바로 나누지 않는다. 우리가 책임져야 할 영역에서조차 우리는 연약한 존재들이다. 우리는 하나님 앞에서 그리고 서로서로 머리를 숙여야 함을 인정한다.

긍정에는 권면이 따른다. 깊은 진리를 긍정함으로써, 우리는 신중을 기해야 한다는 것을 드러내기 때문이다. 이 자세가 주는 이미지에 주목하라. 나는 그것이 명확하게 경고하는 바가 있다고 믿는다. 복음서를 낭독하면서 취하는 이 자세는 우리의 설교에 가르쳐 주는 바가 있다.

권면

권면: 진리의 말씀을 가리지 말라. 우리는 모두 진리의 말씀을 가지고 있다. 그러나 우리는 진리에 미치지 못하는 말만 너무 많이 한다. 긴장하거나, 자만하거나, 부주의하여, 우리는 늘 정작 중요한 말씀에 이르지 못한다. 대신 우리는 자기를 비하하는 발언(그것은 설교자를 겨냥한다)을 한다. 냉소적인 유머를 구사한다(그것은 우리가 청중보다 더 똑똑하다고 말하는 것이다). 농담을 한다(그것은 다시 설교자를 겨냥하는 것이며, 본문에 내재한 유머를 드러내 보여 주는 것과는 다르다). 우리는 말을 갈고닦아 다듬는 대신 적당히 얼버무린다. 우리는 (세상에 생명을 주신 예수 그리스도의 죽음과 부활을 말하면서) 진부한 표현을 사용하고, 강단에서 설교하는 데 쓰기에는 무게감이 없는 비유들과 친숙하다. 심지어는 우리 자신을 드러내는 것조차 설교자 자신에게 회중의 관심을 집중시키는 또 다른 방법이기에 방해가 될 수 있다. 예전 용어들을 다시 한 번 살펴보라. 청원, 축복 그리고 응답이라는 말은 무게가 있는 단어들이다. 진리의 말씀에 이르라—우리의 믿음에, 우리의 삶에 정말 중요한 것들을 말하라.

권면: 해야 할 일의 목록이 아니라, 생명의 말씀을 설교하라. 우리가 해야 하는 것, 마땅히 해야 하는 것, 반드시 해야 하는 것들만을 말하지 말라. 생명의 말씀으로 우리를 먹이라. 우리는 다시금 신앙에, 세상의 선함과 수치에 정직하게 함께 설 수 있는 신앙을 갈망한다. 우리 모두는 더 깊이 회심할 필요가 있다. 우리는 날마다 새로운 생명이 필요하다. 처방전과 같은 행동 목록은 이 일에 도움이 되지 않는다. 부제가 노래하는 선포에는 하나님이 현존하시고 활동하신다는 확신이 있다. 당신이 하는 말이,

그리스도가 우리 가운데 현존하시고 세상의 모든 필요를 채우시는 분임을 말로 그려 주는 성화가 되게 하라.

권면: 설교는 당신이 아니기도 하고 당신이기도 하다. 부제는 축복을 청하고 강복하는 동안 머리를 숙인다. 또 그는 하나님의 능력으로 복음을 바르게 선포할 수 있게 해달라고 기도한다. '그가 아니다'라는 것은 사제, 성가대 그리고 모든 성인들을 포함해서 전체 회중이 그 순간 하나님의 활동을 기원하는 것으로 강조된다. 그러나 동시에 '그'는 중요한 역할을 한다. 누군가는 복음이 들려지게 해야 한다. 우리는 말씀을 읽을 것이라는 것을 말하고 노래하고 기도할 한 사람이 필요하다. 부제는 이 순간을 준비한다.[8] 그리고 나서 그는 그것을 선포한다. 이 순간 부제는 긴장된 공간에 있으며, 겸손과 자신의 주관적 메시지 그리고 공인된 책임 사이에 서 있다. 우리 설교자들이 그러한 공간에서 늘 잘 지내는 것은 아니다. 우리는 종종 겸손과 주관성을 자기 의심과 두려움으로 바꾸고, 공인된 책임을 허세와 자기 자랑으로 바꾸어 버린다. 그러나 여기, 부제-사제-성가대-회중이 나누는 대화는 주의를 환기하는 순간이 될 수 있다. 그것은 늘 우리에 관한 것이 아니기도 하고 동시에 우리에 관한 것이기도 하다. 회중 가운데서 우리는 그 공간에서 잘 살아가기 위해 균형을 추구한다.

권면: 지친 설교자들이여, 때로는 눈에 보이고 때로는 보이지 않지만, 당신을 위해 기도하는 회중에게 귀를 기울이라. 우리는 당신을 둘러싸고 있다. 우리는 당신에게 힘과 능력을 주시도록 간구하고 있다. 우리는 당신을 위해 기도하라는 권면을 듣는다. 지쳐 쓰러진 설교자들이여, 부제는 복음서 책에 이마를 기대고 있다. 하나님이 공동체를 그 중심에서 지탱하고 계신다.

목을 내미는 일

　권면할 점이 한 가지 더 있는데, 그것은 설교하는 순간을 넘어서 귀담아 들어야 할 경고다. 우리의 예배 순서를 다시 살펴보아야 한다. 성경을 읽는 의식과 설교 자체는 어떤 연관이 있는가? 소소한 것들이 중요하다. 잘 훈련된 낭독자는 분명하고 또렷하고 자신감이 넘친다. 기도는 설교자의 긴장을 가라앉히는 것 이상이다. 성경 낭독을 둘러싸고 서로 화답하는 것을 회복하면 청자들의 참여를 강조하는 데 도움이 된다. 잘 선택된 음악은 낭독되는 말씀을 들을 준비를 시켜 준다. 예배 중 이 시간에, 말로 성화를 그리기 시작하면서, 우리가 주의를 집중할 수 있도록 도와 달라.
　설교를 한다는 것은 '목을 쭉 내밀고 있는' 일이다. 그것이 매우 상처받기 쉬운 자세를 취하는 것임을 알아야 한다. 그리스도 안에서 형제자매인 동방정교회 그리스도인들이 취하는 한 가지 자세의 이미지를 빌려 왔다. 그것은 회중이 주목하고 기다리는 순간이며, 찬송과 축복과 간구, 그 모든 것이 오늘 우리를 위해 주시는 생명의 말씀에 대한 올바른 기대감으로 향하는 순간이다.

18

존 매클루어 John S. McClure

내슈빌에 있는 밴더빌트 신학교 설교학 교수이자 학과장이다.
철학, 신학, 윤리학, 대중문화와 설교의 관계에 특별히 관심이 있다.
저서로는 *The Codes of Preaching: Rhetorical Strategies*,
The Roundtable Pulpit: Where Preaching and Leadership Meet,
Other-wise Preaching: A Postmodern Ethic for Homiletics 등 다수가 있다.

설교는 어디에서 오며, 누구와 함께, 누구를 위해 하는 것인가

오늘날 우리는 설교학적 프로그램들이나 목회와 관련된 주요 현안들을 홍보하는 많은 목소리들에 둘러싸여 있다. 출판업자들과 학회 운영자들은 어떤 것이 팔리는지 알고 있고, 우리 설교자들은 뒤처지지 않고 최신 테크닉들을 따라가고 싶어 한다. 매일매일 우리의 편지함에는 설교 학회 초청장, 책 홍보물, DVD 광고들과 정기구독 신청서로 넘쳐난다. 우리는 특정한 동향에 참여하거나, 어떤 유명한 설교자들처럼 설교하거나 혹은 목회에 대한 성공 지향적 접근 방법에 동의해야 할 것 같은 압력을 느낀다. 오늘날과 같은 상황에서, 이런 프로그램들이 예를 들어 반문화적이거나, 목적지향이거나, 새롭거나, 혹은 충분히 선교적이지 못한 것이 아닌가 염려한다. '고정관념을 허무는' 여러 새로운 프로그램들이 좋은 것을 제공할 수 있다 해도, 우리는 어느 날 아침 수많은 프로그램을 따라가는 중에 우리가 섬기고 있는 구체적인 장소와 시간 속에서 신실하고 예언자적인 리더가 되기 위한 능력을 상당 부분 상실했다는 사실을 발견하게 된다.

내가 지금부터 제안하는 것들은 당신이 처한 구체적인 상황 속에서 설교자로서의 역할을 제대로 감당할 수 있도록 돕기 위한 조언이다. 나는 당신이 있는 그곳에서 이미 일하고 계신 하나님의 역사하심에 당신의 설교가 자리 잡고 뿌리를 내리게 하라고 권면하고 싶다. 그렇게 되면 당신은 바로 '그곳으로부터' 설교하고, 또 그곳을 이끌어 갈 수 있게 될 것이다. 내 목표는 당신이 당신의 회중과 공동체로'부터', 그들과 '함께', 그리고 그들을 '위해' 설교하기 위한 더 좋은 방법들을 찾아 가는 것이다.

몇 가지 조언들

당신의 교인들과 공동체를 말씀 선포의 동역자로 보라. 첫 번째 조언은 당신과 함께 당신의 설교에 참여하고 있는 사람들—당신의 회중—에 대한 시각을 바꾸기 시작하라는 것이다. 회중을 새로운 프로그램이나 비전이 필요한 사람들, 배우기를 주저하는 사람들, 개선되어야 하는 삶을 살고 있는 사람들, 혹은 매일의 삶을 위해 도움이나 힌트를 찾고 있는 뭔가 부족한 사람들의 집합체라고 보는 일반적인 시각 대신, 말씀 선포를 위해 함께 여행하는 사람들로, 믿음직한 '동반자'로, 그리고 당신에게 주어진 설교 사역의 협력자로 바라보기를 바란다. 그들을 당신과 마찬가지로 예언자적 선포를 위한 학교에서 훈련 받는 사람으로, 그들을 구원해 주시고 그들의 삶에 역사하시는 하나님에 대해 증거하고 선포하는, 구원받은 사람의 소명과 책임을 진 사람들로 대우하라.

공동으로 설교하라. 어떻게 성도들에게 말씀 선포자로서의 권한을 부여할 수 있는가? 유효성이 입증된 한 가지 방법이 있는데, 그것은 내가 '공동(Collaborative) 설교' 혹은 '원탁(Roundtable) 설교'라고 부르는 것이다. 방법은 이렇다. 설교를 구상하는 과정에서 적은 무리의 사람들을 브레인스토밍 작업에 초대하라. 이 그룹은 성경 해석 방법에 훈련된 목회자들이—물론 이런 사람들도 도움이 되겠지만—아니다. 교회 안팎의 사람들로 구성된 이 그룹은 매주 모여 이번 주일 설교할 본문을 중심으로 당신과 함께 토론한다. 토론할 때에는 그들의 일상의 삶과 그들이 살고 있는 세상과 그 말씀이 어떻게 연관되는지에 대해 이야기를 나눈다. 그 그룹은 한 번에 최대한 서너 명 정도로 아주 작게 유지하라. 그 그룹의 구성원들은 두세 달에 한 번씩 바꾸어야 하는데, 이렇게 해야 소수의 사람들이 설교 강단을 자신들의 의견을 선전하는 도구로 전락시키는 일이 일어나지 않는다. 이것을 확장되는 원탁이라고 생각해 보라. 그것은 유기적으로 성장하고 변화한다.

이 그룹을 계속 확장시키는 한 가지 좋은 방법은 '술래잡기(Tag) 팀' 방법을 사용하는 것인데, 일정 기간이 지나면 그 그룹의 한 사람이 술래가 되어 교회 안의 사람이든 밖에 있는 사람이든 누군가를 붙잡고, 다음 기간 동안 그 그룹에 참여하게 하는 것이다. 떠나는 사람들에게 그들이 참여하는 동안 함께했던 사람들과는 다른 면에서 그룹에 기여할 수 있는 사람을 찾아 달라고 부탁하라. 교인들 중에서 나이, 인종, 사회계층이 다른 사람을 찾을 수도 있고, 교인은 아니지만 그 지역에 살고 있는 사람을 참여시킬 수도 있다. 이메일을 활용해서 외부 사람들의 의견을 들을 수도 있고, 심지어는 지역 전체에서도 의견을 들을 수 있다. 이 그룹이 모였을 때 당신이 해야 할 유일한 일은, 토론자들이 자신들의 삶과 더 넓은 세상과의 관계 속에서 그 설교 본문을 활발히 토론하게 하는 것이다. 무엇보다 적극적으로 '들으라.' 그들의 반응, 통찰, 이슈, 연관성, 이야기, 주장들을 끌어내라. 가능하면, 본문에서 입증되고 있는 하나님과 그리스도에 대한 '신앙 고백적 증언'을 하게 하라. 당신의 설교를 위해, 들은 것을 잘 적어 놓으라.

원탁 설교 그룹과 함께 갈 수 있다면, 이따금 교회 건물을 떠나 백화점이나, 감옥, 노숙인 쉼터, 토론 그룹 구성원들의 집 같은 전혀 다른 환경에서 복음에 귀를 기울여 보라. 복음이 선포되는 사회적·문화적 장소를 바꾸어 봄으로, 당신이 매주 설교를 마무리하는 방법을 극적으로 변화시킬 수도 있다. 또 그것은 당신의 설교가 주변의 사회적 맥락과 좀더 깊게 연관을 맺게 해주는 효과가 있다.

현실을 추구하라. '관련성'이 설교자가 복음을 광범위한 영역에서 삶과 연관시키려는 것이라면, 설교에서 현실을 추구한다는 것은 당신 주변의 사람들이 '복음의 능력과 의미에 비추어 실제로 오늘의 삶을 경험하고 해석하는' 방식에 귀를 기울인다는 의미다. 이것이 원탁 설교를 지지하는 또 다른 이유다. 당신 주변의 사람들이 성경 본문과, 그리고 그들 서로가 어떻게 상호작용을 하는지 귀 기울여 들어 보면, 말씀이 그들의 삶 속에서 어떻게 현실이 되고 있는지 (혹은 그렇지 않은지) 들을 수 있을 것이다. 복음이 독특하면서도 다양한 방법으로 확인되고 또 말로 고양되고 있는 것을, 혹은 전혀 예상치 못한 방식으로 거부되거나 왜곡되는 것을 듣게 될 것이다. 이런 과정은 당신이 복음을 광범위한 일반성 속에서가 아니라, '구체성' 속에서 생각하게 하는 데 도움이 될 것이다. 스스로에게 이런 질문들을 던져보라. '이' 세상, '이' 마을, '이' 회중, '이' 경험, '이' 사람, '이' 장소와 환경, 그리고 '이' 시간에 복음은 어디에 있는가?

관계를 생각하라. 설교에는 여러 형태의 권위(성경적 권위, 직분과 성직의 권위, 카리스마적 권위, 유명세의 권위 등)가 작용하지만, 기술 중심적이고 소비 중심적인 오늘날의 상황에서 가장 영향력 있고 인기 있는 형태의 권위는 '관계적 권위'(Relational authority), 즉 신뢰할 만한 관계들을 통해 형성된 권위다. 몇몇 설교학자들은 이러한 갈망을 간파하고, 설교자들에게 좀더 자신을 개방하고, 옷 입는 것이나 말하는 방식을 바꿈으로써 관계를 '구축'해 가라고 조언한다.

나는 심지어 대형교회에서조차 원탁 설교가 더 깊은 관계를 발전시켜 가는 데 더 좋고 더 정직한 방법이라고 생각한다. 원탁 토론을 기초로 한 설교는 (억지로 꾸미거나 수사학적으로 구성된 것이 아닌) 실제 관계가 이루어지는 상황 속으로 설교가 스며들게 한다. 설교자의 설교가 자신들의 삶에 직접 반응하고 자신들의 간증을 담고 있다는 것을 회중이 안다면, 오늘날의 상황에서 성공적인 설교 사역에 방해가 되는 핵심적인 관계 질문들에 답하는 데 크게 도움을 줄 수 있을 것이다. 이 사람은 복음을 우리 삶의 현실과 연관시키려 하는가? 다시 말해서, 그 메시지는 실제적이며, 실제로 변화를 이끌어 낼 수 있는가? 이 사람은 우리가 신뢰할 수 있는 사람인가? 즉 그 메시지는 신뢰할 만한 가치가 있으며, 공동체의 변화를 추구하는 동시에 이 공동체의 핵심 가치와 연결되어 있는가? 이 사람은 우리와 우리가 경험하고 있는 세상에 관심이 있는가? 그러니까 비록 듣기 불편할 때가 있더라도 그 메시지는 결과적으로 우리와 우리가 살고 있는 세상을 '위한' 것인가? 이 사람은 현재 우리의 모습에 대해, '모든' 영역에서, 우리에게 도전하는가? 다시 말해서, 그 메시지는 그저 단조로운 곡조의 노래일 뿐인가, 아니면 우리와 함께 움직이고 성장할 수 있는 것인가?

회피를 회피하라. 많은 사람들의 생각과 달리, 회중은 설교자가 어렵고, 때론 분열을 초래할 수 있는 신학적, 윤리적, 개인적 그리고 예언적 이슈들에 대해 말하는 것을 듣고 싶어 하는 깊은 욕구가 있다. 원탁 토론을 통해 상당 기간 설교해 온 설교자들이 나에게 전해 주는 말이 있는데, 새롭게 권한을 부여받은 회중은 설교자들이 이혼, 폭력, 사형, 낙태, 자살, 죽음과 노화, 욕망, 탐욕, 불의 등과 같은 어려운 이슈들을 피해가지 않도록 때론 압력을 가하기도 한다는 것이다. 복음을 선포하는 자로서 권한을 부여받은 청중은 설교자가 청중이 듣고 싶어 한다고 생각하는 것만 설교하는 것을 싫어한다. 그들은 도전받기를 기대한다.

내가 해줄 수 있는 조언은, 원탁 토론에 참여하는 성도들이 토론 주제를 우리가 개인적으로, 공동체적으로, 국가적으로 당면하는 어려운 이슈들로 바꿀 때, 그것을 회피하지 말라는 것이다. 이런 이슈들과 관심사들과 관련해서 그들을 가장 괴롭히는 것이 무엇인지 성도들에게서 배우라. 이런 이슈들이 실제로 어떻게 그들 일상의 삶과 그리스도인으로서의 소명에 영향을 미치는지 당신이 이해하는 데 그들이 도움을 줄 수 있도록 허락해 주라. 그들이 듣기 원하는 것을 설교하기 위해서가 아니라, 사람들이 들을 수 있고 신뢰할 수 있는 방식으로 그 주제들을 다루기 위해서다. 왜냐하면, 그렇게 하는 것은 이런 이슈들이 내포하는 복잡한 내용들을 파악하는 것이며, 사람들이 이런 이슈들을 이해하고 그리스도인답게 행동하려 하면서 경험하는 실제적인 어려움들을 인식하는 것이기 때문이다.

복합성을 인정하라. 설교를 구상하는 브레인스토밍 과정에서 성도들과 일하게 되면 삶도 신학도 모두 회색 지대와 복합성으로 가득 차 있다는 한 가지 사실이 매우 분명해질 것이다. 우리가 삶이나 신학에서 맞이하는 대부분의 상황—특히 압제받는 사람들을 위한 정의와 관련된 문제들—가운데, 복음이 아주 분명히 이것이냐 저것이냐를 선택할 수 있게 해주는 경우가 있는 것은 확실하지만, 이미 확정되어 바꿀 수 없는 아이디어들은 거의 없다. 그래서 나는 일반적으로 설교자들에게 그들이 정말 지지하고 싶은 것과 정말 거부하고 싶은 것에 주의를 기울이라고 조언한다. 어떤 것에 대해 열광적으로 "그래 이거야"라고 외치고 싶을 때면, 언제든 스스로에게 이렇게 물어보라. "여기서 '이건 아니야'라고 말해야 할 것이 무엇일까?" 또 어떤 일에 인상을 찌푸리며 '이건 아니야'라고 말하고 싶어질 때면, 잠깐 멈춰서 이렇게 물어보라. "여기서 '그래, 이거야'라고 말할 부분은 무엇일까?"

대부분의 경우, 이렇게 질문을 던져 보는 간단한 습관을 실행에 옮기면, 좀더 구체적인 색깔과 질감과 복합성을 고려해야 그 주제가 지닌 진정한 애매모호함이 드러나는 문제들을 당신이 너무 단순화하고 있는 것은 아닌지 발견하는 데 도움이 될 것이다. 성도들과 대화에서, 그리고 당신의 설교에서 이렇게 감추어져 있는 '그래 이거야' 하는 부분과 '이건 아니야' 하는 부분들을 찾아내고자 노력하라. 그러면 당신의 청중이 대부분의 문제에서 기꺼이 당신의 견해를 따르고자 한다는 것을 발견하게 될 것이다.

관대하고 기꺼이 진실을 말하는 사람이 되라. 당신이 보기에, 믿음에 대한 이해가 잘못되었다고 생각되는 사람들도 믿음의 진정성이 있음을 고려하라. 다른 그리스도인들과 아주 근본적으로 의견이 대립될지라도, 당신과 의견이 다른 그들이 실은 그리스도인이라는 사실을 기억하는 것이 중요하다. 당신은 의견 충돌을 감안하고 인정할 수 있으며, 상대방의 믿음에 의문을 제기하지 않고도 대안적인 기독교적 비전을 주장할 수 있다. 내가 깨달은바, 이것은 때로 대단히 어려운 일일 수도 있는데, 특히 다른 누군가에 의해 당신 자신의 증거나 신앙 자체가 도전받는 상황이라면 더욱 그럴 것이다. 하지만 결국 다른 사람들이 자기들의 신앙 전체가 거짓이었다고 인정하는 것보다는, 자신들이 잘못된 방향으로 기독교 신앙을 실천해 왔다고 인정하는 편이 훨씬 쉬울 것이다.

나는 또한 기꺼이 진실을 말하는 사람이 되라고 조언하고 싶다. 영웅심을 드러내지 않으면서 겸손하게, 자신이 고민해 온 과정이나 변화의 과정을 내보이라. 대부분의 상황에서, 당신은 어떤 이슈에 대해 현재 당신이 취하고 있는 입장에 전격적으로 다다른 것이 아니다. 당신이 현재의 모습에 이르기까지 당신도 쉽지 않은 패러다임 전환을 경험했을 것이다. 위대한 사회 행동가이자 설교가인 빌 코핀은 다양한 이슈들을 둘러싸고 자신이 투쟁해 온 과거의 시간들을 돌이켜 봤다. 코핀은 그의 신앙과 실천을 조금씩 진전시켜 온 경험과 만남들에 대해 솔직히 이야기하곤 했다. 이러한 간증의 순간들은 다른 사람들로 하여금 그들이 경험하고 있는 어려움들과 변화의 가능성에 대해 생각할 수 있는 여지를 다양한 방식으로 열어 주었다.

가장 중요한 설교 자료는 회중이다

이제까지 이야기한 조언들을 통해, 나는 당신의 회중 개개인의 삶 가운데서 역사하시는 하나님의 방법을 신뢰하라고 충고한다. 내가 공동 설교를 권하면서 목적하는 바는, 당신이 실제 목회 현장에 좀더 직접적이고, 구체적이고, 예언자적으로 참여할 수 있게 하려는 것이다. 공동 설교가 어떤 방식으로 작용하는지에 대해서는 더 많은 말을 할 수 있겠지만 성도들에게 성경 해석자로서의 권위를 부여하는 것, 새로운 형태의 목회적 설교를 시작하는 것, 회중 가운데서 리더십 기풍을 변화시키는 것—이런 것들은 직접 실행해 가는 과정에서 배울 수 있을 것이다. 이 시점에서 중요한 것은, 첫 번째 소그룹을 만들어 시작해 보는 것이다. 하나님, 성경 그리고 당신이 받은 신학교 교육 외에 당신에게 가장 중요한 설교 자료는 당신의 회중일 수 있다는 것을 인정하면서!

19

앨리스 매켄지 Alyce M. Mckenzie

달라스에 있는 남감리교 대학교 퍼킨스 신학교에서 설교학 교수로 있다.
저서로는 *Preaching Proverbs*, *Wisdom for the Pulpit*,
Preaching Biblical Wisdom in a Self-Help Society, *The Parables for Today* 등이 있다.

설교학적 금언들

나는 지난 15년 동안 성경의 지혜문서를 오늘날의 교사들과 설교자들에게 어떻게 설교하고 가르칠 것인지 깊이 고민해 왔고, 글을 써 왔다. 지혜문서의 많은 부분이 금언 형식을 띠고 있다. 그 문서들을 충분히 오랫동안 연구하라. 그러면 당신은 금언으로 생각하기 시작할 것이다. 최근 나는 청소년기에 접어든 내 아이에게 이런 말을 했다,

"크림은 수영하는 법을 습득하지 않는 한 위로 떠오르지 않는다."

이 말은 내가 만든 것이니까, 금언이라기보다는 하나의 경구라고 할 수 있다. 하지만 그 말을 듣는 사람은 그것이 무엇이든 상관하지 않을 것이다. 사실, 내가 떠나 온 가족과 친구들은 내가 그들에게 인용하곤 하던 금언들에 식상해하고 있다. 그래서 설교에 관해 조언을 쓸 기회가 생겼을 때, 나는 '이 얼마나 영광스러운 일인가!' 했으며, 그다음에는 '이 얼마나 좋은 배출구인지!'라고 생각했다.

내가 하는 '좋은 조언들'은 일련의 설교학적 금언이라는 형태를 취할 것이다. 일부는 내가 만든 것이고, 일부는 성경에서 인용한 것이다. 그리고

또 어떤 것들은 존경하는 멘토나 동료들의 말을 빌려 온 것이다.

말씀이 우리를 해석한다

우리는 우리 자신에게 설교하지만, 우리 자신에게만 설교하는 것은 아니다. 우리는 다른 사람들을 위하여 성경 본문에 다가가고 설교단에 선다. 토머스 롱은 《설교의 증인 The Witness of Preaching》에서, "설교자는 회중석에서부터 설교단으로 나아가며" 신앙 공동체에 참여함으로써 새로워진다는 사실을 상기시켜 준다.[1] 우리가 회중의 삶 가운데 경험한 어떤 측면이 성경 본문의 어떤 측면과 만나 불꽃을 뿜을 때, 우리는 기독교 설교에서 무엇을 말해야 할지 알게 된다.

연구하려고 앉기 전이나 설교를 위해 일어서기 전, '주님, 제가 다른 길로 빠지지 않게 도와주십시오'라고 기도할 때 나는 항상 불안을 느낀다. 내 스스로 갈 곳이 없다는 것을 깨닫기 때문이다. 내 자아 전체를 본문에 들어가게 하는 것 외에는 다른 선택의 여지가 없다. 중심 개념이나 역사적 배경만이 아니라, 그 본문의 이미지, 구조, 시적인 표현, 그리고 본문이 말하려는 것뿐 아니라 그것이 하고자 하는 것까지 파악해야 한다. 내 세계를 그 본문의 세계로 끌고 들어가는 것 외에는 달리 갈 곳이 없다. 이 점에 비추어 볼 때, 이런 금언조의 말로 조언하는 편이 더 나을 것이다. "주님의 성령의 길에 끼어들게 하시고 그리하여 길을 볼 수 있게 도와주옵소서."

내가 '그 길에 끼어들' 때, 나는 내 자신의 질문들과 공동체의 질문들을 성경 본문에 가지고 들어가서 답을 구하고, 또한 그 본문에 답을 가지고 들어가서 질문한다. 이것은 이전 세대부터 설교학 교과서로 쓰이던 책 제목에서 아주 기억하기 쉽고 금언적인 문구로 표현되어 있다. "말씀이 우리를 해석한다(The Word Interprets Us)."[2] 말씀은 '우리' 각 사람의 독특성을 해석한다. 우리는 성령의 길 한복판에 끼어들어서 주장하고 질문을 던져야 한다. 나는 설교학 수업의 첫 강좌에서 열왕기상 3장 12절에 나오는 젊은 솔로몬 왕에게 주신 하나님의 말씀을 인용하곤 한다. "네 앞에도 너와 같은 자가 없었거니와 네 뒤에도 너와 같은 자가 일어남이 없으리라."

두려움이 없으면 경외함도 없다

기도하고, 연구하고, 관심을 집중하는 과정을 통해 우리는 하나님의 백성에게 주시는 하나님의 말씀을 전달하는 우리 고유의 독특한 표현을 간직하고 키워 나간다. 린다 클래더는 《비전 말하기 Voicing the Vision》에서 금언적 문구로 유익한 조언을 한다. "우리가 설교하는 것을 실천하는 것은 단지 윤리적 책임만은 아닐 것이다." 우리가 실천하는 것을 설교하는 것, 성령께서 '우리의…… 일상적인 인간 삶 전체'[3]를 '인도하시고, 활력있게 하시고, 의미를 부여하시도록' 할 수 있는 방안을 생각해 보는 것도 마찬가지로 중요하다.

그래서 '우리는 무엇을 해야 하는가?'라는 질문을 던지게 된다. 우리가 우선적으로 실천해야 한다고 생각하는 것은 '하나님을 두려워하는 것'이다. "여호와를 경외하는 것(The fear of the Lord)이 지식의 근본"(잠 1:7)이다. 이스라엘의 현인들은 우리에게 그렇게 말한다. 그들은 그것이 또한 지혜에 이르게 하며(9:10) 기쁨을 맛보게 하고(3:7~8, 15:23, 28:14) 평화로 인도할 것이라고(29:25) 말한다. 잠언 29장 25절에서는 이렇게 말한다. "사람을 두려워하면 올무에 걸리게 되거니와 여호와를 의지하는 자는 안전하리라."

하나님을 두려워하는 것이 지식의 근본이라는 말은, 하나님 앞에서 이러한 자세를 취하는 것이 무엇보다 중요하고, 또 우리가 해야 할 일련의 행위들 가운데 최우선적이라는 의미다. 여러 해 동안 수많은 학생들이, 한편으로는 그들이 감당해야 할 설교 사역에 대한 확신과 기쁨이 커가는 반면, 설교라는 과제에 직면할 때마다 느끼는 지속적인 불안에 따른 괴로움을 호소했다. 그들은 "왜 아직도 이것을 극복하지 못했을까요?" 그리고 "이것이 내가 믿음이 부족하다는 표시일까요?"라고 물었다. 나는 그들에게 그것을 믿음이 부족하다는 표시가 아니라, 여호와를 두려워하기 때문으로 생각하라고 한다.

히브리 성경에서 여호와를 두려워하는 것은 신비한 분 앞에서 느끼는 경외감(이사야 6장), 하나님께, 오직 하나님 한 분께 충성을 바치겠다는 결심(신명기) 그리고 우리가 살아가는 동안 하나님이 모든 올바른 인도하심의 원천이 되신다는 확신(잠언)과 뒤섞여 있다. 이 모든 자세는 먼저 은혜를 베푸신 하나님께 대한 응답이다. 신약성경에서 예수님은 '성육신하신 지혜'로서, 두려움을 그분의 정체성과 가르침에 대한 믿음으로 여기게 하신다. 그러나 그 믿음은 경외와 충성 그리고 진리를 따른다는 동일한 요소들을 내포한다. 나는 설교라는 소명에 접근하는 데 여호와를 두려워하는 것보다 더 좋은 자세를 생각할 수 없다. 그것은 경외감을 의미하며, 변화될 것에 대한 기대 그리고 다른 사람들의 변화를 위한 대리자(agent)가 되려는 기대감을 의미한다. 그래서 나는 학생들을 가르치면서 이런 금언을 만들어 냈다. "두려움이 없으면, 경외함도 없다."

연습 설교, 그런 것은 없다

경외와 기대가 뒤섞인 이 감정은 듀크 대학의 설교 실습실 창문에 붙어 있던 작은 글귀를 상기시킨다. 당시는 1970년대 후반이었고, 나는 목회학 석사 과정 학생이었다. "연습 설교, 그런 것은 없다!"

나는 그 글귀가 초보 설교자들에게 설교의 위험 부담은 생각보다 크다는 것과, 그래서 우리는 잘 준비하며 믿음에 의지해야 한다는 것을 상기시키려는 것이었다고 생각한다. 준비의 필요성에 대해, 성 아우구스티누스에게서 빌려온 존 웨슬리의 인용구가 떠오른다. "우리 없이 우리를 만드신 그분은 우리 없이 우리를 구원하시지 않을 것이다."[4] 존 웨슬리의 사역은 하나님이 부르시는 사람들을 하나님이 구비시켜 주실 것이라는 확신에 기초했다. 폴 스코트 윌슨은 "설교는 하나님과 만나는 사건이다"[5]라고 주장한다. 연습 설교라는 것은 존재하지 않는다는 사실을 기억하면서, 우리는 여호와를 두려워하는 마음으로 가득 차서, 일어서서 설교를 한다. 다시 말하면, 그것은 마음속에서 공포와 자만심을 몰아내는 것이다.

겸손하게 신뢰하는 이런 자세는 매일의 기도를 통해 자라나야 한다. 제임스 펜헤이건의 감동적인 말은 내게 도움이 되었다, "성령은…… 들을 수 있도록 우리를 안으로 끌어당기시고, 사랑할 수 있는 능력을 새롭게 갖추어…… 밖으로 밀어내신다."[6] 기도하지 않고 진정한 목회는 있을 수 없다. 프레드 크래독은 "목회자의 삶은 그가 하는 말의 풍성함에 있지 않다"[7]고 했다. 그 생각을 내 식으로 표현한 금언은 이렇다. "당신이 설교단 밖에서 기도하는 삶을 살지 않는다면, 당신은 설교단에서도 기도하지 않는다." 설교자들은 '설교를 준비'하려는 실용적인 목적을 넘어서 매일매일 성경을 묵상하는 훈련으로서 성경을 읽어야 한다.

듣는 귀와 보는 눈, 주님이 그 둘을 다 지으셨다

우리는 불가피하게 우리 자신이 행한 대로 설교하게 된다. 그 사실을 기억할 때, 성경 본문뿐만 아니라 우리의 내적인 삶, 우리의 회중과 공동체를 주해하는 것과 관련해서, 나는 주의력이 설교자가 갖추어야 할 가장 중요한 습관이 되어야 한다고 본다. 바버러 브라운 테일러는 《설교와 함께 살아가라 The Preaching Life》에서 그것을 '신성을 찾는 탐정'(a detective of divinity)이 되는 것이라고 말한다.[8] 토머스 트뢰거는 다음과 같은 통찰로 설교자들에게 도전을 준다. "삶에서 하나님의 비전을 보고 하나님의 음성을 듣기 위해서는 훈련이 필요하다. 주해를 하는 것 못지않게 힘든 훈련이 필요하다는 말이다."[9]

하나님이 젊은 왕에게 세상의 모든 부 가운데 원하는 것이 무엇이냐고 물어보았을 때, 솔로몬이 '분별하는 지혜' 혹은 '듣는 마음'을 구하였기에 하나님은 그를 칭찬하셨다. 솔로몬은 그의 판결을 기다리는 수많은 복잡한 사건들 가운데서 하나님이 하시는 일에 주의를 집중하게 해달라고 간구했다. 이스라엘의 현인들은 주의력을 하나님으로부터 오는 선물로 여겼다. "듣는 귀와 보는 눈은 다 여호와께서 지으신 것이니라"(잠 20:12).

우리가 말해야 할 것을 찾아내고, 그것을 어떻게 발전시켜 나가야 할 것인가는 이 질문에 대한 대답에 달려 있다. 우리는 무엇에 주의를 집중하고 있는가? 원저자와 원래의 청중의 문제들에만 주의를 기울인다면, 우리는 성경 강의를 하게 될 것이다. 본문에 쓰인 단어들의 의미, 그리고 본문의 문학적 형태와 문맥에 관한 문제들에만 주의를 기울인다면, 우리는 문학 강의를 하게 될 것이다. 우리 자신의 열망, 필요, 문제들에만 주의를 기울인다면, 우리는 동기를 부여하는 이야기를 하게 될 것이다. 설교자는 성경 본문 뒤에, 본문 안에 그리고 본문 앞에 놓여 있는 것에 주의를 기울여야 한다. 설교자가 그 세 영역 모두에 주의를 기울였다는 증거를 모든 주해 과정과 그 결과로 나온 설교에서 보여 주어야 한다.

글쓰기로 아침을 시작하라

본문 앞에 있는 세계에 주의를 기울이면서, 매일매일 글 쓰는 훈련을 할 것을 권한다. 청교도들은 글쓰기를 대단히 중시하는 사람들이었는데, 아마도 그것은 그들이 고해성사를 배제해 버린 결과였을 것이다. 글쓰기는 문학과 종교 분야의 수많은 현대 저술가들이 창조성의 흐름을 막지 않기 위해 권하는 전략이다. 《예술가의 길 The Artist's Way》의 저자이며 창조성에 관한 전문가인 줄리아 캐머런은 매일 아침 세 장의 종이를 가득 채워 글을 쓰라고 권한다. 그녀는 그것을 '모닝 페이지'(morning pages)라고 부른다. 그녀는 말을 다듬거나 수정하기 위해 멈추지 말고, 보통 쓰는 속도로 정직하고 자유롭게 쓰라고 제안한다.[10] 매일 아침 이것을 실천할 때면, 설교를 준비하면서 내가 얼마나 신속하고 명확하게 초점을 맞출 수 있는지, 그리고 얼마나 자유롭게 글을 써내려 갈 수 있는지 항상 깜짝 놀라곤 한다.

본문 이해를 위해 오감을 모두 활용하라

설교자가 본문의 세계에 관심을 기울이는 것에 관하여 가장 도움이 되는 금언조의 조언은 헨리 미첼의 《설교에서 송축과 경험 Celebration and Experience in Preaching》에 있는 말인 것 같다. 그는 설교자들이 인간 존재의 통전성에 입각한 설교를 해야 한다고 하는데, 그것은 설교자가 '성경 본문 속으로 그의 오감 모두를 가지고 들어갈 때'에만 가능한 일이다. 그것은 본문이 말하는 생각뿐만 아니라, 본문의 전체 감각적 세계에 주의를 기울이는 것을 의미한다.[11] 본문의 장르가 무엇인지 주목하라. 본문은 무엇인가를 말하려는 것만이 아니라, 무엇인가를 하기를 원한다.

희뿌연 창문에 청소용 세제를 뿌리지 말라

본문의 배경이 되는 세계와 관련해서, 원저자와 그 무대에 대하여 알 수 있는 것과 알 수 없는 것, 그 두 가지 모두에 관심을 기울이라. 우리가 저자의 명확한 의도를 찾아낼 수 없을 때, 역사적인 탐색 작업은 본문의 메시지가 어떻게 우리 회중에게 영향을 줄 수 있는지 타당한 추측을 하도록 도와준다. 당신의 회중을 위하여 대답할 수 없는 질문들에 답하려고 노력하지 말라. 그 공백은 당신의 것일 뿐 아니라 그들의 것이기도 하다. 신비의 커튼을 억지로 올리거나, 혹은 우리가 지금 희미하게 들여다보고 있는 창문에 청소용 세제를 뿌려 닦으려고 하지 말라. 그때와 지금의 유사성에 주목하라. 그것은 여전히 변하지 않은 것들이 있음을 깨닫게 해준다. 차이들에 주목하라. 그것은 우리와 본문의 세계 사이에 불가분의 거리가 존재한다는 사실을 깨닫게 해준다. 오늘날 사용되는 것과는 다른 의미였던 당시의 단어들과 개념들을 연구하라.

말씀을 연구해야 하는 과제를 충실히 하되, 설교 시간이 되었을 때는, 미리 연구한 것을 그대로 설교하지 말라. 그것을 무용지물로 썩혀 버리지도 말라. 역사적이고 언어학적인 연구가 복음을 전하는 데 도움이 되는 경우라면 언제든지 그것을 사용하라. 성경 본문의 문학적·역사적·사회적 맥락을 더 깊이 파고들면 들수록 당신은 지금의 회중에게 더 가까이 다가갈 수 있을 것이다. 아우구스티누스는 《기독교 교리에 관하여On Christian Doctrine》에서, 설교의 목적은 가르치고 즐거워하고 설득하는 것이라고 조언한다.[12] 많은 사람들의 삶 가운데 성경에 대한 무지와 열망이 공존하는 지금, 이때가 바로 가르칠 때다.

사람들을 지겨워 죽게 만들지 말라

아우구스티누스의 말을 빌리자면, "사람들을 지겨워 죽게 만들지 말아야 한다." 설교 전체를 통해 청중의 관심을 끌 수 있는 무엇인가를 제공하라. 설교의 서두에서 청중의 주의를 끌려고 할 필요는 없다. 그들은 이미 그렇게 하고 있다. 당신이 할 일은 그 관심을 지속시키는 것이다. 그것이 무엇이든, 매주 똑같은 형식으로 설교하지 말라. 관심을 끌고 유지하며 신앙을 형성해 갈 수 있는 설교 형식의 레퍼토리를 개발하라. 이야기들을 발설하고, 따져 보고, 다시 주워 담으려는 유혹을 피하라. 설교를 마무리할 무렵 너무 많이 자세히 설명하려 하지 말라. 당신은 이미 청중이 그들 스스로 문제를 해결할 수 있도록 준비시켜 놓았다. 한 편의 설교에는 한 번의 마무리만 있으면 된다. 여러 번 마무리하면 사람들을 짜증나게 한다. 구체적이고 분명하게 말하라. 바버러 브라운 테일러가 지적한 대로, "성육신하신 말씀(the Incarnate Word, 예수님)은 성육신한 말씀(a incarnate word, 구체적인 말씀)을 설교하셨다."[13] 이미지, 이야기, 은유의 역할을 실례를 들어 개념을 설명해 주는 데 국한하지 말고, 예수님의 본을 따라서 추상적인 개념들이 이미지, 이야기 그리고 은유에서 흘러나오게 하라. 이것이 바로 사람들이 우리가 이미 알고 있고, 배우고 소화하는 방식에 걸맞은 것이다.

말하기는 쉽고 잊기는 어렵게 설교하라

추상적 언어와 한정 문구들로 학문적인 에세이를 쓰지 말라. 그런 것은 귀로 듣기 위한 것이 아니라 눈으로 읽기 위한 것이다. 그런 에세이를 써 놓고는 그것을 암기하려 하고, 그것들을 기억해 내기가 왜 그렇게 어려운지, 또 생각의 흐름을 놓치게 될까 왜 그렇게 두려워하고 있는지 의아해 하지 말라. 나는 설교자들에게 그들의 설교 원고를 각각의 제목이 붙은 일련의 장면들로 준비하라고 조언한다. 이것은 개념적이고 신학적인 설교 내용을 지나치게 단순화하려는 것이 아니라, 그것을 좀더 생생하고 기억할 만한 것으로 만들려는 것이다. 당신 자신에게 물어보라. "어떻게 하면 이것을 기억할 수 있게 만들 수 있을까?" 단락이라는 것은 말로 의사소통을 할 때 사용하는 단위가 아니라 문자로 의사소통을 하기 위한 장치임을 기억하라. 당신 자신에게 물어보라. "어떻게 하면 이것을 말하기는 쉽고 잊어버리기는 어렵게 만들 수 있을까?"

더 많은 설교학적인 금언들이 떠오르지만, 버몬트 주의 속담을 떠올리며 글을 맺으려 한다.

"더 적게 말하는 것이 더 많은 것을 말한다"(Talk less, say more).

20

얼 파머 Earl Palmer

시애틀에 있는 유니버시티 장로교회 담임목사로 있다가 2008년 은퇴한 후,
얼 파머 미니스트리즈를 설립하여 사역의 새로운 장을 열었다.
저서로는 *The Humor of Jesus: Sources of Laughter in the Bible* 등이 있다.

머리를 맑게
하려면

블레즈 파스칼의 《팡세 *Pensées*》에서 내가 가장 좋아하는 인용구 중 하나를 좀더 쉽게 풀어 보면 다음과 같다. "예수 그리스도로 인하여, 그것이 작은 일인 것처럼 위대한 일들을 하라. 예수 그리스도로 인하여, 그것이 위대한 일인 것처럼 작은 일들을 하라."[1]

나는 실제로 이 구절을 퓨젯 사운드 만(Puget Sound, 워싱턴 주 북서부 태평양의 긴 만―옮긴이)에 떠도는 나무 토막에 새겨 넣었다. 그것은 지금 내 교회 사무실에 놓여 있는데, 머리를 맑게 유지하는 데 도움이 된다. 이 글귀는 두 가지 면에서 나에게 영향을 주는데, 우선 파스칼이 나를 위해 쓴 것인 양 격려를 받는다. 다음으로, 그 글귀는 파스칼이 쓴 그 책을 넘어 한층 고무적인 생각들을 발견할 수 있는 다른 책들도 읽어 볼 마음이 들게 한다.

위대한 일과 작은 일

파스칼은, 예수 그리스도 때문에 인생의 커다란 문제들이 점진적으로, 조금씩 조금씩, 한 걸음 한 걸음씩 다루어질 수 있다고 말한다. 생명과 진리의 주님과 비교했을 때 그것은 작은 일이나 마찬가지다. 이 '예수 그리스도로 인하여'를 발견하면, 우리 삶과 사역의 여정을 정할 때 처음 몇 달만이 아니라 전체 여정의 모든 것이 바뀌게 된다. 그것은 큰 질문들을 작은 조각들로 나누어, 한 번에 하나씩 다루어 가라고 말한다. 그것은 내가 설교하는 목적에도 중요한 영향을 미치는데, 복음의 진리를 나누기 위해 각각의 설교가 작은 한 걸음에 민감해지게 시간을 들이라고 내게 가르친다. 그런 작은 걸음들이 한데 모여 더 커다란 전체를 이룬다.

"작은 일들을 하라……." 이 진리는 일상적인 만남들과 생활을 자유롭게 해주고 그것의 가치를 높인다. 전략적인 관점에서 볼 때 교회 당회에서 일하는 사람들이 가장 중요한 사람들일 수도 있다는 사실을 우리 목회자들에게 알려 준다. 그들은 당신이 일상적으로 알고 지내는 평신도 자원봉사자들과 마찬가지로, 당신이 가장 잘 알아 가야 할 사람들이다. 전체에서 작은 부분들을 창조하는 이 사람들은 결국 건강하고 지속적인 변화를 위해 가장 결정적인 역할을 할 창조자들일지도 모른다. 우리가 목회자로서 함께 일하는 사람들을 대하는 방식은 공적으로 드러난 우리의 모습이나 공개적인 성명서들보다 하나님 나라를 위해 더 영구적인 가치가 있다.

나는 파스칼이 어디서 이런 생각을 얻게 되었는지 궁금했는데, 나중에 그가 빌립보서에 있는 사도 바울의 마지막 말들에서 그것을 빌려 왔음을 알게 되었다. 바울은 로마 감옥에 갇혀 있으면서, 그를 도와주었던 빌립보에 있는 친구들에게 감사한다. 그들은 바울을 돕기 위해 에바브로디도라는 젊은 청년을 보냈다. 에바브로디도가 병들었을 때, 바울은 참으로 주목할 만한 편지와 함께 그를 빌립보에 있는 집으로 돌려보냈다. 바울이 그들에게 감사하면서 하는 말을 잘 들어 보자.

> 어떠한 형편에든지 나는 자족하기를 배웠노니 나는 비천에 처할 줄도 알고 풍부에 처할 줄도 알아 모든 일 곧 배부름과 배고픔과 풍부와 궁핍에도 처할 줄 아는 일체의 비결을 배웠노라. 내게 능력 주시는 자 안에서 내가 모든 것을 할 수 있느니라(빌 4:11~13).

여기에는 위대한 일과 작은 일이 한데 뒤섞여 있다. 바울은 그의 친구, 그의 주님, 그의 구원자 그리고 그와 가까이에 계시는(빌 4:5) 예수 그리스도로 인하여, 한편으로는 풍부(위대한 일)에, 다른 한편으로는 궁핍(작은 일)에 의연하게 대처할 수 있다고 말한다.

그러나 바울은 이보다 더 분명한 대조인 패배하여 몸을 낮추는 것과 성공으로 영예를 얻는 것을 언급한다. 그는 이렇게 크고 작은 대조적 상황들에도 침착하게 대처할 수 있다. 그는 위임받은 임무를 수행하는 데 자신들의 유리한 상황들을 유익한 방식으로 사용할 수 있는 모든 비결을 배웠다고 말한다. 그러나 박해와 같은 불리한 상황들마저도 같은 임무를 수행하는 데 유익하게 활용하고 있다.

바울의 비결이 우리 것이 될 수도 있는가? 당신의 유리한 점과 불리한 점은 무엇인가? 바울의 로마 시민권은 그에게 큰 도움을 주었고 그의 탁월한 언어 능력은 완벽하게 소통하는 편지들을 쓸 수 있게 해주었다. 또한 그의 부유한 가족과 친지들은 매복하여 그를 죽이려는 폭력단으로부터 그를 구해 내는 데 도움이 되었다. 그의 생질은 예루살렘에 있는 로마의 천부장에게 정보를 알려 줄 수 있었고, 그 천부장은 바울을 죽이려는 사십여 명의 사람들에게서 그를 구출해 냈다(행 23장). 그는 친구를 잘 사귀는 능력도 있었다. 바울은 율리오라는 백부장이 많이 존경했던 호감 가는 사람이었다. 율리오는 멜리데 섬 가까이서 배가 난파했을 때 바울의 생명을 구해 주었다(행 27장). 종들과 동료 죄수들 그리고 심지어 간수까지도 바울을 그들의 친구라고 불렀다.

또 바울은 그가 처한 불리한 상황들을 잘 활용했다. 감옥에 갇히게 된 상황을 편지 쓸 수 있는 기회로 삼았고, 그의 신앙을 다른 갇힌 자들과 간수에게까지 나눌 수 있게 했다(빌 1:13). 에베소에서 그는 매일 오후 세 시에서 다섯 시 사이에만 두란노서원을 빌릴 수 있었다. 이때가 에베소에서 한여름의 무더위를 피할 수 없는 시간대였음을 생각하면 불운하게 보일 수도 있다. 그러나 이 시간은 종들이 일을 마치고 와서 바울의 말을 들을 수 있는 시간이었다. 이렇게 불리한 상황까지도 바울이 대사 직을 수행하는 데 유용한 자산이 되었다.

돌이켜 보니 시애틀의 자연적인 이점들이 나의 목회를 도와주었다는 생각이 든다. 이 지역의 주요 대학 건너편에 있는 교회 건물의 위치 등이 그러하다. 그러나 불리한 점들도 깜짝 놀랄 만큼 멋진 일들을 만들어 내곤 했다. 유니버시티 장로교회의 우리 예배당은 1,200명만을 수용할 수 있는 규모여서, 우리는 매주 다섯 번 예배를 드려야 했다. 예컨대 이것은 우리 교회가 음악과 기독교 교육에서 사역을 크게 확장시켜 갈 수 있는 기회를 주었다. 매 주일 여러 번 예배를 드리면서, 창조적이고 혁신적인 방식들을 시도하는 계기가 주어졌다. 설교자인 나에게도, 다섯 번 같은 설교를 하는 것은 긍정적이었다. 날이 갈수록 설교에 탄력이 붙었다.

당신이 목회를 시작할 때나 사역을 계속해 나갈 때나, 파스칼의 말이 항상 귓가에 울리게 하라.

"예수 그리스도로 인하여, 그것이 작은 일인 것처럼 위대한 일들을 하라. 예수 그리스도로 인하여, 그것이 위대한 일인 것처럼 작은 일들을 하라."

위대한 일과 작은 일을 지속해 나가려면 머리를 맑게 유지해야 한다. 그 일은 시간을 내서 《광세》와 같은 책을 읽어야 함을 말한다.

책을 읽어라

프린스턴 신학교 시절 졸업반 만찬을 결코 잊지 못할 것이다. 연설자는 조지 버트릭 목사님이었는데, 당시 그는 뉴욕에 있는 매디슨 애브뉴 장로교회 목사였다. 그는 장차 목회자가 될 우리 졸업반 학생들에게 두 가지 도전을 제시했는데, 첫째 우리가 섬기는 사람들과 함께하라는 것이다. 그렇게 함으로써 그들이 삶의 현장에서 무슨 생각을 하고 어떻게 느끼는지 이해하는 목회자가 될 것이고, 그리하여 우리의 사역은 문화적으로 유연해질 수 있을 것이다. 그러나 그의 두 번째 조언은 첫 번째 것과 상충하는 듯하다. "당신이 코니 아일랜드에서 사역하고 있다면, 사람들에게 해변 옆으로 길게 깔린 마루 산책로 위에서의 영업권에 대해 말하지 말라. 그것은 사람들이 익히 알고 있는 것이다. 그들에게 바다의 신비를 말하라. 그들이 알지 못하는 것에 대해 말하라. 당신이 섬기는 사람들이 보는 책만을 읽지 말고, 그들이 보지 않는 것들을 읽으라."

버트릭 목사님은 정신을 생기 있게 유지해 가야 함을 강조했다. 그는 전인성을 이야기하고 있었다. 우리는 육체적으로 건강하며, 영적으로 헌신된 삶을 사는 것과 더불어, 지성적으로도 생기 있고 건강할 필요가 있다. 세상에서 영향력을 미치는 목회자가 되려 한다면, 우리는 '바다의 신비'에 대해 배울 필요가 있다. 정신을 활기차게 유지하는 방법에는 여러 가지가 있지만, 버트릭 목사님이 독서를 강조한 것은 적절한 것이라고 생각한다. 그러나 독서는 몇 가지 질문을 제기한다. 우선, 크고 중요한 책임을 지고 있는 상태에서 어떻게 바다의 신비에 대해 독서할 시간을 낼 수 있는가? 다음으로, 시간을 낼 수 있다 해도, 무엇을 읽어야 하는가?

목회자로서 우리는 대부분의 직장인보다 자유로운 일정으로 주중의 시간을 활용할 수 있는 특권을 받았다. 그러나 자유로운 시간이라는 선물은 약간의 함정도 있다. 특히 주중의 시간을 조각조각 내어 하찮은 일들로 의미 없게 만들어 버리면 정말 그러하다.

진지하게 독서하며 연구하려는 목회자가 직면하는 첫 번째 도전은 주간 시간 사용에 대한 철학을 갖추는 것이다. 건강한 한 주간을 위한 비결은 무엇인가? 한마디로 말하면, 리듬이다. 가족, 영적 훈련, 일, 독서, 목양, 저술 그리고 재충전을 위한 양질의 시간을 위해 한 주간을 리듬 있게 보낼 필요가 있다. 그러려면 시간을 연도나 개월 혹은 하루 단위로 생각하기보다는 주로 일주일 단위로 생각해야 한다. 칠 일의 한 주간이 삶을 측량하기 위한 성경적인 척도라는 것은 틀림없는 사실이다. "엿새 동안은 힘써 네 모든 일을 행할 것이나 제 칠 일은 안식할 것이니라." 넷째 계명이 말하는 것이 바로 일종의 리듬을 갖춘 한 주간이다.

더 나아가 고도의 집중력을 요하는 여러 가지 책임들로부터 벗어나 잠시 여유로운 시간을 가질 수 있다면, 그러한 일들을 잘 감당할 수 있을 것이다. 그리고 고된 작업 후 휴식이 뒤따른다면, 그 휴식이 정말 달콤할 것이다. 빨리―천천히, 많이―적게, 풍성하게―빈약하게, 외적으로―내적으로, 몸을 건강하게 유지하기 위한 시간―정신을 활기차게 유지하기 위한 시간과 같이, 대조적인 시간을 리듬 있게 배치해서 보낼 수 있으면 상황이 훨씬 좋아질 것이다.

무엇을 읽어야 하는가

두 번째 질문은 '무엇을 읽을 것인가?'이다. 여기에도 리듬의 원리가 적용된다. 나는 집중적이면서도 폭넓게, 가벼우면서도 비중 있게, 양이 많은 것과 적은 것, 산문과 시, 신학과 지질학, 성경과 성경에 관한 책들을 읽고 싶다.

스마트폰, 텔레비전 그리고 영화가 점점 더 의사소통에 큰 영향력을 발휘하고 있기는 하지만, 그것들이 책을 대신할 수는 없다. 그런 수단들이 인간 정신의 모든 꿈과 아이디어들을 집약한 위대한 총체이긴 하지만 인간의 상상력을 고양시키는 데는 큰 소리로 읽는 책에 비할 만한 것은 없다.

C. S. 루이스는 《은빛 의자 *The Silver Chair*》에서 질(Jill)이 사자 아슬란과 만나는 장면을 묘사한다.

"사람의 음성 같지 않았다. 그것은 더 깊고, 야성적이고, 강한 소리였다. 일종의 묵직하고 성량이 풍부한 목소리. 전에도 그녀는 그것 못지않게 놀란 적이 있었지만, 이번에는 다소 다른 방식의 놀람이었다."[2]

어떤 텔레비전이나 컴퓨터 화면도 루이스가 언어로 인간의 상상력을 자극한 것처럼 그렇게 멋지게 그 황금빛 사자의 위용을 표현해 낼 수는 없을 것이다. 젊은 신학자들을 향한 나의 조언은 당신과 함께 특별한 우정을 키워 갈 저자들을 찾아내라는 것이다. 그들이 쓴 것은 전부 읽으려고 노력하라. 우리가 그들이 쓴 것에 항상 동의하는 것은 아니기 때문에, 그들을 우리 마음의 주인이라고 할 수는 없다. 오히려 그들은 그리스도인으로서 우리의 순례 여정을 격려하며 자극하는 동반자들이다. 그들은 우리의 멘토가 된다.

내 독서 목록을 나누고자 한다. 지금 소개하는 책들과 저자들은 성경 다음으로 나의 지적이고 영적인 여정에 가장 많은 영향을 끼쳤다.

- 블레즈 파스칼, 《팡세》. 내가 알고 있는, 정신적으로 가장 살아 있는 작가다.
- 존 칼빈, 《기독교 강요 Institutes of the Christian Religion》. 복음의 개괄적 의미를 가장 인상적이고 흥미진진하게 파악하고 있다.
- 마르틴 루터, 《로마서 강해 Lectures on Romans》. 16세기와 마찬가지로 오늘날에도 여전히 새롭게 다가온다.
- 카를 바르트, 《교의학 개론 Dogmatics in Outline》. 나는 그의 통전성과 성경 본문에 진정으로 귀 기울이려는 진지한 의도에 깊이 감사한다. 그는 신학자 중의 신학자다.
- 디트리히 본회퍼, 《옥중 서신 Letters and Papers from Prison》. 그는 나의 삶에서 가장 중요한 일이 무엇인지 단호하게 결단하도록 도전한다.

- C. S. 루이스, 《나니아 연대기 The Chronicles of Narnia》. 나는 루이스에게 많은 빚을 지고 있다. 특히 그의 훌륭한 묘사력과 뜻밖의 놀랍고도 멋진 조합에 감명을 받는다.
- J. R. R. 톨킨, 《반지의 제왕 The Lord of the Rings》. 모험으로 가득 찬 프로도와 샘 갬지의 여정을 어떻게 놓칠 수 있겠는가?
- G. K. 체스터턴, 《정통주의 Orthodoxy》. 유머와 상상력을 자극하는 그의 재능을 나는 좋아한다.
- 도로시 L. 세이어스, 《후기 기독교 시대를 향한 그리스도인의 편지 Christian Letters to a Post-Christian Age》. 이 책은 소박하면서도 재기가 넘친다.
- 헬무트 틸리케, 《세상이 어떻게 시작되었는가 How the World Began》. 나는 틸리케로부터 설교에 대해 배웠다.
- 레오 톨스토이, 표도르 도스토예프스키, 보리스 파스테르나크, 알렉산더 솔제니친. 이 작가들은 다른 어떤 소설가들보다도 정서적으로나 영적으로 나를 자극했다.
- T. S. 엘리엇, W. H. 오든, 로버트 프로스트. 이 시인들은 언어에 깊은 관심을 갖게 해주었다.
- 마크 트웨인과 로버트 벤츨리는 인성에 대한 독특한 통찰력으로 기발한 유머를 구사한다.
- 폴 투르니에는 심리학적인 지혜와 공정성을 갖추었다. 《비밀 Secrets》을 살펴보라.

내가 읽은 책들 중에 가장 좋은 것들을 소개하면 다음과 같다.

- 내가 가장 좋아하는 소설들은 표도르 도스토예프스키의 《죄와 벌 Crime and Punishment》, 빅토르 위고의 《레미제라블 Les Miserables》 그리고 마크 트웨인의 《허클베리 핀 Huckleberry Finn》이다.
- 가장 인상적인 최근 소설들은 허먼 우크의 《전쟁의 바람 The Winds of War》과 레이프 엥어의 《강 같은 평화 Peace Like a River》다.
- 기독교 신앙에 관해 가장 도움이 되는 책은 바르트의 《교의학 개론》이다.
- 기독교인의 삶을 위한 가장 설득력 있는 책은, C. S. 루이스의 《스크루테이프의 편지 Screwtape Letters》다.
- 가장 인상적인 전기는 에버하르트 부시가 쓴 《카를 바르트 Karl Barth》와 하워드 테일러가 쓴 《윌리엄 보덴 William Borden》이다.

21

유진 피터슨 Eugene Peterson

메릴랜드에 있는 그리스도 우리의 왕 장로교회의 명예 목사이면서
캐나다 리전트 칼리지의 영성 신학 명예 교수다.

하나님이 주신 교회
끌어안기

　동료 목회자들에게 가장 하고 싶은 말은, 어떻게 내가 교회에 대한 미국적 환상과 왜곡을 거부하고 하나님이 내게 주신 교회를 받아들이게 되었는지다. 교회는 여러 다양한 상황들, 즉 사람과 장소, 내부인과 외부인, 음악과 설교 그리고 성경 말씀과 전통에 깊이 새겨진 지역적이고 관계적인 모든 것들이 어우러진 곳이다. 우리는 그 가운데서 자라 그리스도인으로 성숙해 간다. 하지만 교회는 어렵다. 많은 그리스도인들이 신앙인으로 살아가는 데 교회가 가장 어려운 부분임을 깨닫게 된다. 많은 이들이 교회에서 떨어져 나간다. 목회자들이라고 더 쉬운 것은 아니다. 자신의 사역지를 떠나는 목회자들이 얼마나 힘이 빠지는지는 염려스러울 정도다.

　그렇다면 왜 교회인가? 간단한 대답은 성령께서 교회를 죽음의 나라 안에 천국 식민지가 되도록 세우셨기 때문이다. 이 죽음의 나라는 윌리엄 블레이크가 영적인 삶을 상상하며 '울로의 땅'(land of Ulro)이라 이름 붙인 나라다. 교회는 예수님이 이 땅에서 시작하신 하나님 나라에 대한 사람들의 증거와 물리적 임재를 제공하기 위한 성령의 전략 가운데 가장 핵심적 요소다. 교회는 완성된 하나님의 나라는 아니지만, 그 하나님의 나라다.

내가 자라면서 가졌던 교회에 대한 이해는 제대로 수리조차 하지 않는 엉성한 살림꾼 세입자가 살고 있으며 마당에는 잡초가 무성한, 부실하게 지어진 집이었다. 나중에 목사가 된 뒤에는, 중요한 보수 작업을 하고, 꼭대기부터 바닥까지 개조하고, 수십 년 아니 심지어는 수백 년간 쌓여 온 쓰레기들을 청소해서 새로 시작할 수 있게 만드는 것이 내가 해야 할 일이라고 생각했다.

이런 이해는 내가 경험한 교회 목회자들에게 얻은 것이다. 그들은 우리가 살던 몬타나의 작은 마을에서 결코 오래 버티지 못했다.

교회에 대한 환상들

교회에 관한 설교 본문 중 가장 좋아하는 것을 꼽으라면, 내가 기억할 수 있는 모든 목회자들이 다양한 관점으로 설교했던 아가서에 나오는 다음 구절이다.

"내 사랑아, 너의 어여쁨이 디르사 같고 너의 고움이 예루살렘 같고 엄위함이 기치를 벌인 군대 같구나"(아 6:4).

교회는 어여쁜 디르사이고 엄위함이 기치를 벌인 군대다. 우리 교회 목사님들은 이러한 비유들을 영광스러운 이미지로 가득 채우셨다. 현관은 썩어 가고 곧 수리해야 하는 허름한 우리 교회가 적어도 삼사십 분 동안은 거의 주님의 재림만큼이나 영광스러운 모습으로 변모한다.

그런 설교들은 마치 퍼즐 상자의 그림과 같다. 천여 개의 퍼즐 조각들을 맞추는 데 충분한 시간이 있다면, 그 조각들은 하나로 연결되어 아름다운 그림으로 완성될 것을 안다. 하지만 우리 교회 목사님들은 그만큼 인내심이 많지 않았다. 그들은 뭔가 실수로 여러 조각들이 빠져 있다고 결론 지은 것 같다. 어찌되었건 어여쁜 디르사와 엄위함이 기치를 벌인 군대라는 그림을 완성하기 위해 충분한 조각들이 우리 교회에는 없다는 것이 곧 분명해졌다. 우리 교회 목사님들은 몇 년 뒤면 다른 교회로 떠나 버렸다. 분명 우리 교회는 수리할 필요조차 없을 만큼 너무나 황폐해 있어서 더 이상 거기에 시간을 들일 필요가 없다는 것이었다.

그러다가 내가 목사가 되었다. 나는 교회에 대한 감상적이고 낭만적이며 개혁적인 환상, 즉 내 상상력에 깊게 뿌리내리고 있는 환상을 버리기가 어렵다는 것을 알게 되었다. 나는 교회가 어떤 모습이어야 하는지 알고 있었다. 목사가 된 나의 임무는 필요한 보수와 개조와 관리의 일들을 맡아서, 사람들이 어여쁜 디르사와 엄위함이 기치를 벌인 군대의 모습을 통해 고무될 수 있게 하는 것이었다.

그 환상은 사라져 갔다. 내가 성장하면서 가져왔던 낭만적이고 개혁적인 이미지가 바뀌었다는 것을 곧 알게 되었다. 교회를 미화하거나 군대의 모습으로 만들기 위해 아가서를 설교하지 않게 되었다. 그렇게 하기에 성경 본문들은 더 이상 충분하지 않았다. 이제는 미국식 비지니스로부터 새로운 이미지가 부여되었다. 내가 외딴 시골의 작은 마을에서 자라나는 동안, 신세대 목회자들이 교회에 대한 새로운 이해를 만들어 냈다. 디르사와 엄위함이 기치를 벌인 군대의 이미지는 폐기되었고, 기독교적 사업(교회 사업)이라는 이미지가 그것을 대체했다. 기독교적 사업은 영성을 소비자들의 기호에 맞게 만들어 내놓아서 그들을 행복하게 만들 사명이 있는 것이다.

나에게는 이러한 것들이 교회의 사명을 좀더 명확히 하기 위한 새로운 용어들이었다. 교회는 더 이상 수리해야 하는 그 무엇이 아니라, 교회 안팎의 영성 있는 죄인들의 소비 취향을 맞춰 주는 사업으로 이해되었다. 오래지 않아 미국 목회자들은 교회를 정상화하는 데 이러한 방식이 디르사와 엄위함이 기치를 벌인 군대의 모습을 설교하는 것보다 훨씬 나은 전략임을 알아챘다. 그것은 미국 비지니스 업계에서 개발되어 아주 인상적인 성공 실적을 통해 유효성이 입증된 방법들이었던 것이다.

목회자들이 교회가 어떤 모습이어야 하는지에 대해 꿈꾸는 설교를 더 이상 하지 않는 것을 나는 알았다. 우리는 우리가 가졌던 합당치 않은 이미지들로 뭔가를 할 수 있을 것이다. 우리는 광고 기법들을 사용해서 성공적이고 화려한 사람들과 섞일 수 있는 장소로서의 교회 이미지를 만들어 낼 수 있고, 교회 벽에서 고모라와 모리아와 골고다의 하나님을 보여 주는 그림들을 치워 버리고 좀더 고객 친화적인 곳으로 바꾸기만 하면 되었다. 하나님을 비인격화해서 어떤 원리나 공식으로 재포장하면, 사람들은 그들 나름의 방식으로 그들의 삶을 좀더 흥미진진하고 만족스럽게 해줄 것처럼 들리거나 그렇게 보이는 것들을 편리하게 쇼핑할 수 있었다. 사람들이 하나님과 종교와 관련해서 원하는 것이 무엇인지 보여 주기 위한 마케팅 연구는 신속히 이루어졌다. 그것이 무엇인지 알게 되는 즉시, 우리는 그것을 제공했다.

나는 평생 북미 기독교회의 일원으로 지내 왔다(글을 쓰고 있는 현재 75년째다). 그 가운데 50년은 교회에서 목회자로 책임 있는 위치에 있었다. 그 50년 동안 교회도, 목회자로서의 내 직업도, 교회라는 사업체를 운영하는 관점에서 재정의되어 가차없이 폄하되고 변질되어 가는 것을 보아 왔다. 내 목사 안수증의 잉크가 채 마르기도 전에, 나는 교회 전문가들로부터 그리스도인 형제자매들이 주유소, 식료품점, 기업, 은행, 병원, 금융회사 등을 운영하는 방식을 좇아서 교회를 운영해야 한다는 이야기를 들었다. 그들 중 많은 이들이 어떻게 하면 그렇게 할 수 있는지에 대해 책을 쓰고 강연을 했다. 그 베스트셀러 서적들 중 한 책에서, 교회 주차장의 크기가 설교 본문을 정하는 것보다 교회 내 여러 일들을 더 잘 감당해 가는 것과 훨씬 밀접한 관련이 있다는 내용을 읽고 깜짝 놀랐었다. 나는 수년간 이 모든 것을 진지하게 받아들이고자 노력한 끝에, 내가 속고 있다는 결론을 내렸다.

이것이 교회의 미국화다. 이는 각 회중을 종교 소비자들을 위한 시장으로, 광고 기법이나 조직 기준 운영표에 따라 운영하고 멋진 수사학으로 고객들에게 힘을 주는 기독교 사업체로 바꾸어 놓는 것을 의미한다.

교회를 찾아서

교회 안에서의 내 길이, 결코 매력적이지 않은 많은 사람들과 대부분의 시간을 함께 예배하고 일하며 보내는 것임을 발견하게 되면서, 유년기와 청소년기의 환상들은 더 이상 지속될 수 없었다. 언제나 몇몇 예외는 있었지만, 어여쁜 디르사와 엄위한 군대에 필적할 만한 것은 아무것도 없었다. 비효율성에서 회중을 건져 주겠다고 약속하는 미국식 기술과 소비주의를 목회에 적용하는 견해들은 예수를 따르는 자로서의 나의 정체성에—성경적, 신학적, 경험적으로—위배되었다. 그것은 교회가 내게 안수하면서 명했던 삶의 방식에 대한 끔찍한 신성모독이었고, 마치 멸망의 가증한 것과 비슷한 그 무엇이었다.

그리하여 나는 '교회'를 찾기 위한 여정을 시작했고, 마침내 에베소서에 이르게 되었는데, 그때 이후 줄곧 에베소서는 '그' 교회, 즉 내가 목사로 섬기던 바로 그 교회를 이해하기 위한 주된 본문이 되어 왔다. 하지만 나는 에베소서로 시작하지는 않았다. 나는 사도행전으로 시작했는데, 그 책에서는 '교회'라는 용어가 스물네 번이나 언급되어 성경 어떤 책에서보다 많이 사용되었다. 사도행전은 에베소가 처음으로 언급된 책이기도 하다.

내가 가장 먼저 발견한 것은 이전에는 전혀 알아채지 못하던 것인데, 예수께서 성령으로 잉태되신 것과 교회가 성령으로 잉태된 것의 정확한 유사점이었다. 누가복음 1~2장과 사도행전 1~2장은 평행 본문으로, 우리 구주 예수의 탄생과 우리의 구원 공동체의 탄생에 대한 것이다.

하나님은 어떻게 우리 구세주를 우리 역사 속으로 들어오게 하셨는가? 우리는 그분이 할 수는 있었지만 하지 않으신 일들을 알고 있다. 하나님은 그 아들을 세상에 보내셔서 모든 돌들을 떡덩이로 바꾸어 전 세계 기아 문제를 해결하실 수 있었다. 하지만 그렇게 하지 않으셨다. 하나님은 예수님을 팔레스타인에 파송하여 헤롯이 지은 일곱 개의 거대한 원형 경기장과 경마장들을 차례로 만석으로 메우고 초자연적인 서커스 공연으로 모두를 놀라게 하고, 행동하시는 하나님으로 관중에게 깊은 감명을 끼칠 수 있었다. 하지만 그렇게 하지 않으셨다. 하나님은 예수님으로 전 세계를 다스리게 하셔서 더 이상 전쟁도, 불의도, 범죄도 없게 하실 수 있었다. 하지만 그렇게 하지 않으셨다.

우리는 그분이 실제로 하신 일들에 관한 이야기도 안다. 하나님은 우리에게 예수라는 기적을 주셨는데, 그 기적은 정치, 종교 혹은 문화적 환경으로부터 어떠한 이해나 지원도 없는 가운데 위험한 장소에서 가난하고 무력한 아기의 모습으로 일어났다. 예수님은 그가 태어난 세계, 즉 연약함과 소외와 가난의 세계를 한 번도 떠나지 않으셨다.

하나님은 어떻게 우리의 구원 공동체를 이 세상 속으로, 우리의 역사 속으로 들어오게 하셨는가? 그것은 우리의 구세주를 이 땅에 보내신 것과 매우 비슷한 방식이었는데, 예수님의 탄생과 마찬가지로 모든 면에서 기적적으로, 뿐만 아니라 예수님의 출생과 동일한 환경에서 기적을 통해 임하게 하셨다. 명성은 전혀 없었다. 통치자들은 인식하지도 못했다.

하나님은 우리에게 예수라는 기적을 주신 것과 같은 방식, 즉 비둘기의 내려옴을 통해 교회라는 기적을 주셨다.[1] 나사렛 갈릴리 마을에 사는 마리아의 태 속으로 성령이 강림하셨다. 삼십여 년이 지난 후 같은 성령이 예수를 좇았던 남녀들—거기에는 마리아도 포함된다—이 모인 공동의 태 속으로 강림하셨다. 첫 번째 수태는 우리에게 예수를 주었고 두 번째 수태는 교회를 주었다.

그것은 기적처럼 보이지 않는, 무력하고 연약하고 하찮은 모양으로 임한 기적이었다. 그 교회는 전화번호부에서 무작위로 골랐을 때 찾아볼 수 있는 여느 교회와 그다지 다를 바 없었다. 고린도전서 1장 26~29절에서 바울이 기록하고 있는 첫 세대 교회의 모습에서 낭만과 화려함, 명성과 영향력이란 전혀 찾아볼 수 없다.

우리는 그리스도가 십자가에서 죽임을 당하신 것에 대해, "유대인에게는 거리끼는 것이요 이방인에게는 미련한 것," 즉 하나의 '스캔들'이었다고 이야기한다. 나는 이 교회에 대해, 거리끼고 수치스럽고 우스꽝스러운, 내가 속해 있는 이 실제 교회에 대해 말하고 싶다.

성령님은 '아름답고 거룩한 것'에 굶주려 있는 재능 있는 사람들, 즉 곡선미 넘치는 디르사와 악의 세력들을 두렵게 만드는 기치를 벌인 군대만큼이나 훌륭한 회중을 데리고 교회를 만드실 수도 있었다. 그런데 왜 그러지 않으셨을까? 그것은 성령님이 일하시는 방식이 아니기 때문이다. 우리는 그것이 구세주가 우리에게 오신 방식이 아니라는 것을 안다. 그러니 구원의 공동체인 교회를 우리 삶 가운데 임하게 하신다 하여 왜 그 전략들을 바꾸시겠는가?

누가는 신중한 저자다. 누가가 복음서에서 예수의 이야기를 전개해 가는 방식과 사도행전에서 교회 이야기를 평행적으로 펼쳐 가는 방식에 주목하면 할수록, 나는 그와 동일한 이야기들이 나의 회중에게 재현되고 들려지는 것을 볼 수 있었다. 이해는 느리게 찾아왔다. 어여쁜 디르사와 엄위함의 기치에 대한 그 오래된 낭만적 환상들을 포기하는 것은 어려웠다. 그뿐만 아니라 종교 사업체를 만들도록 나를 유혹하던 자기 만족감은 끈질겼다. 영적인 소비주의, 즉 가인을 파멸시켰던 "문에 엎드려 있는"(창 4:7) 죄도 여전히 존재했다. 하지만 누가의 이야기를 통해 점차 그의 방식으로 나의 회중을 보게 되었다. 에밀리 디킨슨은 다음과 같은 멋진 글귀를 남겼다. "진리는 서서히 빛을 발하게 해야만 한다. 그렇지 않으면 모든 사람이 눈이 멀게 될 것이다."[2]

여기, 교회가 있다

나는 서서히 빛을 발하는 진리를 알리는 증인이 되는 것이 교회 안에서의 내 위치이며 임무라는 것을 깨달았다. 나는 성령께서 여러 다른 사람들이 뒤섞여 있는 곳, 즉 깨어지고, 절름거리고, 성적으로나 영적으로 학대받고, 정서적으로 불안하며, 수동적이거나 수동 공격적(passive-aggressive, 자주 적대감을 느끼면서도 감정을 직접 표현하지 못하는 대신 고의적으로 수동적·소극적 방법을 사용하여 자신의 공격성을 나타내는 것—옮긴이)이며, 신경과민적인 사람들로 이루어진 나의 회중으로 교회를 이루어 가시는 일에 증인이 되고자 한다. 이들은 수십 번 실패를 경험하면서 앞으로 무언가 대단한 사람이 되는 일은 결코 없을 것임을 알고 있는 50세 남자들이고, 자신들은 신실함을 지켜 왔건만 결혼 생활 내내 무시와 멸시를 당하고 학대당한 여인들이며, 깊은 중독에 빠져 있는 아이들이나 배우자와 함께 사는 사람들이고, 문둥병자와 눈과 귀가 멀고 벙어리인 죄인들이다. 또한 갓 회심하여 이 새로운 삶에 참여케 되었다는 사실에 흥분해 있는 사람들이고, 사랑과 긍휼, 선교와 전도의 삶으로 인도함 받기를 열망하고 사모하는 활기찬 젊은이들이며, 어떻게 기도하고 듣고 견뎌야 하는지 알고 있는 소수의 경험 많은 성도들이기도 하다. 또 그저 예배에만 참석하고 사라지는 수많은 사람들이기도 한데, 나는 그들이 왜 수고스럽게 교회에 오는지 모르겠다. 어쨌거나 그들이 거기 있다. 뜨거운 사람들, 차가운 사람들, 뜨뜻미지근한 사람들, 그리스도인, 반쪽짜리 그리스도인, 거의 그리스도인, 뉴에이지 애호가들, 화나 있는 옛 가톨릭 교도들, 다정한 초짜 회심자들. 내가 그들을 선택한 것이 아니다. 내가 그들을 '선택할 수 없다.'

    이런 사람들을 사랑스러운 눈으로 바라보는 것은 어느 교회든 가능하다. 처음에는 뚜렷이 보이지 않지만, '사랑스러운 눈으로 면밀히 살펴보기'를 계속하다 보면, 실은 우리가 지금 교회를 바라보고 있다는 것, 성령님이 만드셔서 그 가운데 그리스도를 이루게 하시는—무슨 고차원적인 '영적' 의미에서가 아니라 그리스도가 대신하여 죽으신 소중한 영혼들을 의미한다—공동체를 바라보고 있다는 것을 깨닫게 된다. 그들은 그런 존재들이다. 하지만 그 사실을 볼 수 있기까지는, 지금 이곳에서 그리스도의 몸을 이루는 여러 지체들을 볼 수 있기까지는 시간이 좀 걸린다. 발가락은 여기, 손가락은 저기 있고, 궁둥이와 가슴은 처져 있으며, 무릎과 팔꿈치는 까져 있다. 바울이 교회를 그리스도의 몸을 이루는 지체들로 비유한 것은 단순한 비유가 아니다. 비유는 강력하고 효과적이다. 그것은 우리가 계속해서 우리 앞에 놓인 옳은 것에 기초를 둘 수 있게 해 준다. 동시에 그것은 우리가 볼 수 없는 삼위일체 하나님의 모든 활동들과 연결시켜 준다.

낭만적이고 개혁적이며 소비자를 대표하는 교회는 너무나 오랫동안 나로 하여금 내 앞에 있는 교회를 올바로 인식하지 못하게 했고, 정말 중요한 일에 관여하지 못하게 방해해 왔다. 내가 원하던 교회는 하나님이 내게 주신 바로 그 교회의 적이었다.

22

림형천 Hyung Cheon Rim

LA영락교회 담임목사로 있다. 저서로는 〈이제 새로워져야 한다〉
시리즈인 《새 생명의 삶》, 《성화의 삶》, 《지도자의 삶》(이상 두란노)이 있다.

네가 나를 사랑하느냐?

믿음의 공동체를 이끌어 가는 데 목사와 설교자의 역할은 절대적으로 중요하다. 믿음의 공동체가 영적으로 강하게 성장하느냐 여부는 지도자가 선택한 방향과 결정에 달려 있다. 목사와 설교자가 영적으로 민감하게 깨어 있지 않다면, 교회가 영적으로 자라 가는 것은 기대하기 어렵다. 미국에 있는 한국인 교회를 목회하면서 효율적인 목회를 위해 무엇을 해야 할지 늘 고민해 왔다. 목회자와 설교자들에게 무슨 조언을 할 수 있을지 생각해 보면, 바로 나 자신이 목회 현장에서 가졌던 그 질문과 응답이 최선일 것이다.

소명에 대하여: 양들을 사랑하느냐, 주님을 사랑하느냐

목회자와 설교자들에게 줄 수 있는 최고의 가르침 중 하나는 요한복음 21장에서 배울 수 있다. 부활하신 주님은 디베랴 바다에서 시몬 베드로에게 나타나시고 사역을 위해 그를 회복시키셨다. 부활하신 주님을 만난 후에도 베드로가 어부로 돌아가기로 했다는 사실은 그의 내면에 갈등이 있었음을 보여 준다. 자신의 말을 스스로 지키지 못한 데 대한 실망감, 주님을 부인한 일에 대한 죄책감, 실패감, 제자로서 불투명한 미래에 대한 의문들, 남들이 자기를 어떻게 생각할까에 대한 두려움 그리고 무력감 등으로 씨름했을 것이다. 실제로 목회 현장에서 목회자들도 시몬 베드로와 마찬가지로 실망감, 부끄러움, 패배감, 불확실성, 두려움과 무력감을 경험한다. 베드로가 절망의 바닷가에서 방황하고 있을 때, 주님이 그에게 찾아와 물으셨다. "네가 나를 사랑하느냐?" 그러고는 "내 양을 먹이라"라고 말씀하심으로써 베드로가 다시 사역을 감당할 수 있도록 회복시켜 주셨다. 이 대화는 사실 매우 비논리적이다. 주님이 베드로에게 먼저 "네가 '내 양'을 사랑하느냐?"라고 물으시고 "'내 양'을 먹이라"라고 말씀하셨다면, 그것은 훨씬 이해하기 쉬웠을 것이다. 그러나 주님은 "네가 '나'를 사랑하느냐?"라고 물으시고 "'내 양'을 먹이라"라고 말씀하셨다. 하지만 모순처럼 보이는 이 대화는 우리가 베드로와 비슷한 감정을 느끼고 있을 때 소명과 희망이 참으로 무엇을 의미하는지 알려 준다. 이 대화는 주님을 섬기는 모든 이들에게 가장 중요한 것은 바로 우리와 예수 그리스도의 관계라는 것을 상기시켜 준다.

주님을 사랑하는 것이 양들을 사랑하는 것보다 앞서는 일이다. 물론 양을 사랑하는 것은 중요하다. 하지만 양들을 사랑하는 것이 주님을 사랑하는 것보다 앞선다면 모든 사역의 영역에서 실패하게 될 것이다. 사역이 그 목적과 동떨어져 버리기 때문이다. 양들을 사랑하는 것이 가장 우선적이라면 사역을 계속하기가 어려워질 것이다. 양들을 사랑하는 것이 대단히 어려울 때가 많기 때문이다. 양들이 더 이상 사랑스럽지 않다면 목회자는 그들의 목자가 되기를 포기하고픈 유혹에 빠질 수 있다. 진정한 목회 그리고 지속적인 목회는 양들보다 주님을 사랑할 때 비로소 가능해진다. 양들을 사랑할 수 있는 힘이 바로 주님을 사랑하는 데서 오기 때문이다.

하나님의 말씀에 대하여: 말하는 자인가, 듣는 자인가

대부분의 사람들은 설교자를 하나님의 말씀을 말하는 자로 이해한다. 하지만 실제로 설교자는 하나님의 말씀을 먼저 '듣는' 자다. 설교자로 부름 받는 이들은 하나님의 말씀을 선포하도록 하나님으로부터 위임받은 것이다. 설교자가 먼저 하나님의 말씀을 듣지 않는다면, 그의 설교는 하나님의 능력을 나타낼 수 없다.

하나님의 말씀을 먼저 듣지 않고 선포하는 것은 거짓 선지자들이 행하던 것이었다. 그러므로 설교자들은 듣는 훈련을 잘해야 한다. 다양한 방법들이 설교자들의 듣기 능력을 개발하는 데 도움이 된다. 첫째로, 성경을 자신에게 주어지는 양식으로 읽고 묵상하는 것이다. 둘째 방법은 주어진 문화와 사회적 환경 속에서 성경을 이해하고 그 참뜻을 발견하기 위해 그것을 연구하는 것이다. 말씀을 듣는 또 다른 방법은 그 말씀에 순종하는 것이다. 자신의 삶에 적용하지 않는 설교란 진정성을 잃게 되고 능력이 없기 때문이다. 설교가로서의 역할을 잘 감당하려면, 무엇보다 먼저 적극적으로 말씀을 듣는 자가 되어야 하며, 그 말씀에 순종하여 신실하게 삶을 살아야 한다.

성령의 역사에 대하여: 기술에 의지하는가, 성령에 의지하는가

기도와 묵상을 통해 얻는 지혜는 교육을 위한 컨퍼런스나 세미나를 통해 얻는 지식이나 기술보다 훨씬 소중하다. 기술이나 지식이 중요하지 않다는 말은 아니다. 하지만 성령의 도우심 없이 지식과 지혜를 갈망하는 것은 사역에 필요한 변화를 만들어 내지 못한다. 실제로 그것은 교인들로 하여금 하나님의 변화시키는 능력을 경험하지 못하게 할 수도 있다.

설교자가 기도의 삶을 사는 것은 중요하다. 목회에서 영성의 중요성은 아무리 이야기해도 충분하지 않다. 설교자는 기도로 호흡한다. 기도의 삶을 통해 설교자는 그리스도의 마음을 닮아 간다. 한국 기독교의 위대한 전통 중 하나는 1907년경부터 시작된 '새벽기도'다. 대부분의 한국 목회자들은 매일 새벽 5시나 그 이전부터 하루를 시작한다. 어떤 목회자가 이런 불평을 했다고 한다. "어떤 바보 같은 놈이 이런 전통을 만들었어!" 한 교인이 이렇게 대답했다. "예수님이 시작하셨는데요?" 기도의 삶은 목회자가 내적인 갈등과 유혹을 이겨 내도록 도와준다. 어떠한 상황에서도 하나님의 임재를 발견하고 말씀의 능력을 의지하여 성령의 인도를 따라갈 수 있도록 해주기 때문이다.

문화에 대하여: 축복인가, 장애물인가

문화란 사람들이 어떻게 살고, 무엇을 생각하고, 무엇을 믿는지 규정한다. 불행히도 문화는 복음을 이해하는 과정에서 장애물이 될 수도 있다. 목회자와 설교자는 그들이 몸담고 살아가는 특정한 문화의 특징을 규정하고 이해하는 데 민감해야 한다. 미국에 사는 한인들을 섬기는 목사로서 나도 끊임없이 문화의 문제를 고민하고 있다.

한국 문화는 유교에 뿌리를 두고 있는데, 이것은 특히 사회적 관계에 큰 영향을 끼친다. 이 체제에서는, 주로 어르신들이나 높은 사람들에게 존경과 경의를 표한다. 기독교가 처음 한국에 들어왔을 때 장로교회가 선교적으로 가장 성공적이었던 이유 중 하나는 '장로'(어르신)라는 개념이 한국인에게 낯설지 않았기 때문이다. 그 사회 안에 이미 문화적으로나 사회적으로 장로가 존재하고 있었던 것이다. 사람들은 교회의 리더십은 인생 경험과 지혜가 많은 연장자들이 감당해야 한다고 믿었다.

하지만 이 포스트모던 시대에 한국의 장로교회는 새로운 도전에 직면해 있다. 그중 하나는 교회에서 젊은 세대들이 지도자로 섬길 수 있는 기회가 부족하다는 것이다. 오랫동안 나이 많은 세대들이 교회를 대표하고 이끌어 왔기 때문이다. 지난 세월 교회의 성장에 긍정적으로 작용한 교회의 지배 체제가 이제는 한국 교회가 극복해야 하는 가장 어려운 도전 가운데 하나며 일종의 장애물이 되었다.

미국에서 여러 해를 살고 난 뒤에야, 나는 한국 교회가 자신들만의 문화적 이슈들을 좀더 깊이 살펴보고 평가하기 위해 충분한 시간을 갖지 못했음을 깨달았다. 복음이 문화에 지배를 받아 온 것이다. 그리스도인의 삶의 자세나 관계의 윤리에 대해 성경은 언제나 공평하다. 쌍방에게 똑같이 명령을 주기 때문이다.

나는 한국에서 자라나면서 부모를 공경하라는 설교는 들어 왔지만 자녀를 노엽게 하지 말라는 설교는 한 번도 들어 본 기억이 없다. 아내들이 남편에게 순종해야 한다는 설교는 자주 들었지만 남편들이 그리스도가 교회를 사랑하듯 아내를 사랑해야 한다는 설교는 별로 들어 본 적이 없다. 이것은 연장자나 남성의 권위를 중시하는 유교 문화 때문이다. 분명 성경은 연령이나 성별을 차별하고 있지 않음에도, 교회와 설교자들은 문화적 규범에 얽매여 있다. 목회자나 설교자들이 복음에 대한 이해를 가로막는 문화적 장애물들을 극복하지 못한다면, 한국 교회가 계속 성장하기는 어려울 것이다.

우리가 어떻게 문화를 바르게 이해하고 판단할 수 있는가? 문화는 어떤 기준으로 평가되어야 하는가? 특정 문화를 서구 문화나 미국 문화의 기준과 비교할 수는 없다. 모든 문화는 나름의 한계가 있기 때문이다. 문화를 바르게 평가하고 비교하는 최선의 방법은 주 예수 그리스도의 눈을 통하는 것이다. 주님의 성육신은 문화를 이해하고 평가하는 가장 좋은 기준이 된다. 예를 들어, 요한복음 13장에 보면 최후의 만찬 자리에서 예수님이 제자들의 발을 씻어 주셨다. 시몬 베드로는 그럴 수 없다며 주님께서 발을 씻어 주시는 것을 거부하였다. 동아시아 문화의 정황 속에서 이 본문을 읽어 보면, 베드로의 이러한 자세는 버릇이 없거나 잘못된 것이 아니다. 오히려 주님이 자신들의 발을 씻으시게 허용하는 제자들이 잘못된 것이다. 동양인의 관점에서 보면, 이러한 상황을 그대로 받아들이기란 어려운 일이다. 스승을 불명예스럽게 하는 일이기 때문이다. 하지만 예수님은 "내가 너를 씻어 주지 아니하면 너는 나와 상관이 없느니라"라고 분명히 말씀하셨다. 이 말씀은 인간적인 사랑의 한계를 넘는 주님의 사랑의 깊이를 보여 준다. 문화적으로는 적절했던 베드로의 태도는, 결국 그리스도의 아가페적 사랑과 문화의 영향 속에 있는 인간적 사랑의 차이를 보여 준다. 스승이 제자의 발을 씻어 줄 수 없다는 동양적 윤리는, 베드로가 나중에 스승이 된다면 자기도 제자들의 발을 씻어 주지 않겠다는 문화적 한계를 나타낸다. 그리스도의 사랑이 결국 모든 문화적 한계를 변혁시키는 힘인 것이다.

목회자와 설교자들은 현재의 문화를 바르게 이해하고 그 한계와 문제점들을 극복하는 일에 힘을 기울이며, 문화적인 것들에 지배당하지 않도록 저항하며, 복음이 그 역할을 잘 감당할 수 있도록 해야 한다. 복음은 모든 문화를 변혁시킬 수 있는 힘이 있기 때문이다.

설교자의 역할에 대하여: 전문가인가, 예언자인가

우리의 문화에서는 종종 설교자가 전문가로 인식된다. 법과대학이나 의과대학처럼 신학교도 전문가를 키워 내는 학교(professional graduate school)로 구분된다. 대학을 졸업한 후 3년 과정의 신학교를 졸업한 사람들을 전문가로 부르는 것은 자연스러운 일이다. 하지만 목회자들은 전문가로서뿐 아니라 예언자적 설교자가 되어야 한다.

설교자들은 외적인 염려들 때문에 타협하거나 포기하지 말고 하나님의 메시지를 바르게 선포해야 한다. 설교자들은 양들의 목자로서 더 푸른 초장으로 인도하기 위하여 그들을 음침한 골짜기로 인도해 가야 할 때도 있다. 양들을 그들이 알 수 없는 곳으로 인도할 때 분명 거기에는 위험이나 갈등과 고통이 있다. 기억해야 할 것은 세상이 뭐라 하든, 설교자가 주님의 길을 보여 주어야 할 사명을 감당하지 못하면 결국 설교자도 실패하고 믿음의 공동체는 고통을 당하게 된다는 점이다.

예언자적 설교자란 하나님의 말씀을 바르게 선포하기 위하여 위험을 감수하고 모든 것을 희생할 각오가 되어 있는 사람을 말한다. 예수님은 제자들이 주님을 따라오려거든 기꺼이 십자가를 져야 한다고 말씀하셨다. 설교자가 십자가를 지는 데 앞장서지 않는다면, 남에게 좋은 모범이 될 수 없다. 이곳 미국에서 목회하면서 부교역자 지원자들을 면접하다 보면, 종종 "내가 해야 할 일의 업무 규정(job description)이 무엇입니까?"라는 질문을 듣는다. 그 질문은 목회에서 할 일과 하지 않을 일의 금을 긋는 것 같아 역설적으로 느껴진다. 섬김이 오로지 고용 계약이나 노동법에 근거한다면, 어떻게 그가 십자가를 질 것이라는 기대를 할 수 있겠는가? 어떻게 목사로서 5리를 함께 가달라고 요청받을 때 10리를 갈 수 있겠는가? 많은 열매를 맺기 위하여 씨앗은 반드시 죽어야 한다. 목회자와 설교자들은 기꺼이 희생적인 삶을 살아야 한다. 전문가를 넘어서, 말씀을 위하여 생명을 내거는 예언자적 삶이 있어야 한다.

목회의 자세에 대하여: 생존인가, 부흥인가

목회자들과 대화를 나누다 보면, 어떤 이들은 지나치게 안전에만 신경을 쓴다. 안전을 추구하는 이들은 문젯거리나 골치 아픈 일들은 회피해 버린다. 하지만 때로 목회란 목회자들과 설교자들이 앞장서서 변화를 위해 필요한 단계들을 취해야 하는 것이다. 나는 교회를 개척하고 12년 동안 목회한 후 다른 지역 목회지에서 부름을 받았다. 이 교회는 미국에 있는 한인 교회 가운데 매우 큰 교회 가운데 하나다. 이 교회도 다른 교회들과 마찬가지로 발전하고 변화해야 하는 부분들이 있다. 담임목사로 부임하면서 기도를 드렸다.

"주님, 이들에게 주님이 제게 보여 주신 비전을 제시해야 합니까, 아니면 기다려야 합니까?"

고민이 담긴 기도에 주님은 물으셨다. "너는 이곳에 생존(survival)을 위하여 왔느냐?"

"주님, 제가 단순히 생존하기 위해 이곳에 온 것이 아님을 주께서 아시지 않습니까?" 주님은 말씀하셨다.

"나는 이곳의 부흥(revival)을 위해 너를 보냈다."

주님과의 대화는 목사에게 생존 의식이 아니라 부흥 의식이 필요하다는 것을 깨닫게 해주었다. 생존 의식은 늘 안전과 현상 유지를 추구한다. 하지만 부흥 의식은 비전과 하나님의 뜻을 실현하는 일에 집중한다. 생존 의식은 자기보전에 집중하는 반면, 부흥 의식은 다른 사람들의 변화에 집중한다. 생존 의식이 사람들의 욕구를 만족시키는 데 집중한다면, 부흥 의식은 하나님의 뜻을 이루는 데 집중한다. 생존 의식은 부정적인 것들과 위험 요소에 집중하는 데 반하여 부흥 의식은 긍정적인 것들과 앞으로 얻을 수 있는 잠재적 유익에만 집중한다. 목회지가 어떤 환경이든 목회자는 부흥 의식을 지녀야 한다. 모든 목회자들은 하나님 나라의 일을 위해 부르심을 받았을 뿐 아니라 하나님의 통치에 따른 변화를 위해 세움을 입었기 때문이다.

23

조지프 로버츠 주니어 Joseph L. Roberts Jr.

애틀란타에 있는 히스토릭에벤에셀 침례교회의 담임목사로 있다.
다양한 재능과 열정으로 교회를 성장시켜 왔으며,
저서로는 설교집인 *Sideswiped By Eternity*가 있다.

효과적인 목회자와
설교자가 되는 법

새로운 사역지에 부임했을 때, 처음 몇 달 동안은 회중에 대해 연구하라. 그 회중은 여러 다른 신학적 성향과 교육적, 경험적, 사회적 그리고 문화적으로 다양한 배경의 사람들로 구성되어 있다. 따라서 듣는 귀와 분별하는 눈과 기도하는 마음으로 조심스럽게 회중에게 접근하는 것이 현명하다.

새 목회자는 초기에 미묘한 파워 게임에 직면하게 되는데, 이것은 교회 생활과 사명에 관련된 몇몇 부분에서 지배력을 장악하거나 유지하려는 욕망에서 비롯된 것이다. 어떤 이들은 많은 시간과 에너지와 헌신을 교회에 쏟는다. 이러한 사람들과 그들의 두드러진 관심이 나쁠 것은 없지만 경계는 해야 한다. 그 게임에서 그들은 너무 일찍 당신의 신뢰와 신임을 얻으려 할 것이다.

회중의 강점과 약점을 분별하라. 그들의 강점들로 시작해서 사역과 선교를 위한 행동 계획을 세우되, 교회에서 활발하게 활동하는 교인들의 주된 연령층을 고려하라.

지리적인 주변 환경을 조사하라. 그 지역의 다른 교회들을 방문하고 그들이 섬기는 주민들과 제공하는 사역들을 알아보라. 이러한 사역들이 얼마나 실제적인지도 알아봐야 한다. 이 정보는 당신이 나아갈 방향성과 다른 분야의 사역과 봉사에 대한 잠재력에 관련이 있다. 하지만 무엇보다 현실을 직시하라! 대부분이 노인들로 구성된 교회와 지역사회에서 청소년 사역을 성장시키는 것은 거의 불가능한 일이다. 이런 현실에 긍정적으로 대처하고, 당신이 발견한 구성원들을 기뻐하라.

감사하게도 당신의 회중이 '틀에서 벗어난' 사고를 하는 사람들이라면, 변화를 일으키는 사역을 시도할 수도 있을 것이다. 학습을 위해, 당신의 회중이 이런 변화를 일으키는 사역에 참여하도록 하는 세대 통합적인 활동 계획을 세우되, 항상 다수가 편안하게 느끼는 범위 내에서 하도록 하라. 이것은 분명 전체 회중을 위한 교육적, 선교적 경험이 될 것이다.

교회의 일반적인 영향권 밖에 있는 특정 대상층을 위한 특수 사역들은 그들을 도울 수 있는 자원들을 활용할 수 있다면 좋은 일이다. 이런 자원들은 교회·교단의 관계자들, 주민 단체들, 사회 복지시설들 또는 그 지역의 대학 기관들로부터 얻을 수 있다. 이러한 사역들은 적합성을 살펴보고 그때그때 상황에 맞게 행해야 한다. 어떤 일이든 그것을 시도해 보려는 공감대가 형성되지 않았을 때에는 회중에게 강제로 의무를 지워서는 안 된다.

처음 2년 동안은 회중을 가르치고 또 가르쳐라. 교회 사역자들이나 회중과 함께 교단의 기본적인 교리, 사명, 목표와 사역들에 대해 재검토하라. 회중이 구약과 신약의 중요한 주제들을 재확인하는 의미 있는 성경 공부를 하도록 인도하라. 덧붙이자면, 대화식으로 가르치고, 모두가 쉽게 이해할 수 있는 언어를 사용하라. 즉 "건초를 너무 높게 두어 말이 먹지 못하게 해서는 안 된다." 신실하고 일관성 있는 설교자가 되라. 강조해야 할 것들이 많지만, 그중에서도 무엇보다 신학적 그룹 치료를 위한 기회를 놓쳐서는 안 된다.

새로운 회중 가운데 변화를 일으키라

부임 후 처음 1년 동안은 대부분의 것들에 변화를 주지 않는 것이 좋다. "부서진 것이 아니라면 고치지 말라." 교회 안의 '성우'(sacred cows, 지나치게 신성시되어 비판·의심이 허용되지 않는 관습이나 사람—옮긴이)들을 일찌감치 발견하는 것은 현명한 일이다. 그것에 대해 긍정적이든 부정적이든, 당신이 그것을 어느 정도 알고 있다는 것을 보여 주라. 그러한 전통들을 인정하기는 하되, 처음부터 섣불리 그것을 유지하고 지지하려 하지 마라. 그것과 관련된 결정을 내리는 것은 아직 너무 이르다는 것과 당신이 계속 정보를 수집하고 사정을 살피고 있다는 것을 알려 주라. 이해하고 숙고할 시간을 요청하고 이를 위해 기도하라.

하지만 당장 수정이 필요한 일들도 있다. 이런 일들과 관련해서 회중의 의견이 일반적으로 일치한다면, 변화를 위해 단호하게(그러나 협력해서) 움직이라. 그러한 변화를 시도할 때, 오래된 아이디어들과 새로운 아이디어들을 통합하고, 그것이 정착할 시간을 주어야 한다. 당신이 부르심을 받은 회중에 대해 너무 비판적으로 다가가지 말라. 기억하라. 그들은 당신 없이도 지금까지 잘 지내 왔다. 당신이 사역할 가치가 없는 회중이라면 애초에 왜 그 소명을 받아들였는가?

의사결정 시 합의의 방법을 사용하라. 변화를 시도하기 전 준비 과정에서는 깊이 있고 조심스럽게 듣는다. 모든 의사결정 위원회에 직분자들을 배치하되, 일반 교인이 더 많이 포함되게 해야 한다. 모든 의사결정자가 그들의 양심과 경험에 따라 심사숙고하고 자신의 생각을 말하게 하라. 우리가 하나님께 영광을 돌리도록 도움을 주고 더 효과적인 증거와 사역을 위해 사람들을 준비시킬 수 있는 방안들을 찾아야 한다는 점을 교인들에게 일깨워 주라. 가능한 한 많은 것을 포용하는 결정을 함으로써, 교회의 목표 성취를 위한 투자에 더 많은 참여자들을 만들어 낼 수 있다.

교회에서 많은 영향력을 끼치는 교인들이 누구인지 확인하라. 그들은 직분자가 아닐 수도 있지만, 직분자들에게 대단한 영향력이 있을 수 있다. 라일 셸러는 이러한 그룹을 '기관의 하위 정치 구조'라고 부른다. 이 구조에 매이지 않으면서도 대처해 나갈 방법들을 찾아보라.

목회자로서의 행동에 관한 제안들

- 모든 교인을 사랑하라. 사랑할 수 없는 이들까지도 포함해서.
- 특히 개인적으로 어려운 시기를 보내고 있는 교인들에게 귀를 기울이라.
- 교인들이 당신과 어떤 대화든 나눌 수 있다는 것을 알게 하되, 아무 때나 약속도 없이 들러서 그저 잡담을 늘어놓는 일은 없도록 하라. 가능하면, 미리 약속을 정하고 방문의 시작과 끝 시간을 정하라.
- 당신의 은사와 다르고 때로는 더 우월한 은사를 가진 교인들이 있다는 사실을 기뻐하라. 그들이 그런 은사를 사용할 수 있게 하고 하나

님께 감사드려라.

- 목회자는 늘 쿼터백(미식축구에서 공격을 지휘하는 선수―옮긴이)인 것이 아니라 코치라는 점을 기억하라. 사역의 성공은 당신 개인의 은사에만 달려 있지 않다. 당신은 이 땅에 하나님의 나라가 임하게 하기 위해 모든 교인이 자신의 은사를 사용하는 것을 도우려고 애쓰고 있다. 그렇게 함으로써 당신은 진정한 '만인제사장주의'를 실천한다.
- 가능하면, 회중이 세대 간 교제를 나누도록 노력하라. 어떤 일이 있더라도, 한 연령 그룹만 편애하는 일이 없도록 하라.
- 팔을 걷어붙이고 당신이 섬기는 사람들과 함께 일하라. 당신 자신을 더 높게 생각하지 말라.
- 회중에게 당신도 연약한 사람이란 것을 알게 하되, 그것을 게으름의 변명거리로 삼지는 말라.
- 어떤 교인들은 교회 관리(교회 업무)에 은사가 있지만, 또 어떤 이들은 교회의 사명(교회의 사역)에 더 적합한 은사가 있다. 그것을 이해하고 양쪽 그룹 모두에게 교회 안에서 그들이 감당할 자리를 찾아 주라.
- 어떤 교인들은 당신에게 경외심을 갖고 있다. 종종 그들은 당신의 새로운 프로젝트나 프로그램에 자신들의 솔직한 의견을 드러내기를 두려워한다. 그러므로 교회 회의에서 그들이 침묵을 지킨다고 해서 동의하거나 지지한다는 뜻은 아니라는 사실을 알아야 한다. 보고 들으며 행간에 숨은 뜻을 파악하는 법을 배워야 한다.
- 사람들이 당신에 대해 하는 농담에 귀를 기울여라. 이렇게 하는 것은 교인들이 당신에게 편하게 다가와 비판적 제안을 할 수 있을 만큼 가까이 다가온 것일 수 있다. 종종 그들이 농담으로 하는 이야기라도

매우 진지하게 받아들일 필요가 있다.

- 당신과 의견이 맞지 않는 사람이 있다면, 가능한 빨리 문제 해결 방법을 궁리하라. 신약성경에서 분쟁 해결을 위해 활용할 만한 말씀들을 가지고 생각하는 데서 출발하라. 주어진 사안 안에서 좋은 것들을 취하여, 윈-윈의 해결책을 마련하기 위해 노력하라.

- 자신에게 주의를 집중시킴으로써 하나님의 빛을 차단하지 말라. 사역과 관련해서 당신의 은사라고 생각하는 것들을 중심으로, 우상숭배적인 개인적 추종자들을 만들지 말라. 당신의 은사는 당신의 것이 아니다. 그것은 하나님이 사역을 위해 쓰도록 당신에게 빌려 주신 것이다.

- 주요한 결정들에 관해 그 근거들을 서면으로 제시하라. 이것을 나누어 주고, 검토하고, 연구한 뒤 투표하라. 이 서면 보고는 교회의 사명을 이루어 가는 데 그 제안이 갖는 유익에 명확히 초점을 맞추어야 한다. 그 서면이 대화를 나누고 차이점에 대한 해결책을 찾는 데 변수로 작용하게 하라.

자신만의 설교 목소리를 발견하라

우리 모두는 뛰어난 설교자들을 모델로 삼는데, 그들이 설교를 준비하고 전하는 방법들은 우리에게 지대한 영향을 미친다. 그러나 가능한 빨리 자신만의 설교 목소리(preaching voice)를 발견하게 해달라고 하나님께 기도해야 한다.

어떻게 하면 우리가 이 목소리를 찾을 수 있을까? 이러한 가정들로부터 시작해 보자. 그 자체만으로도 충분히 거룩한 말씀이 주어졌다. 설교자들은 동시대의 회중을 위해 그 말씀을 해석하고 분석할 뿐이다. 우리는 그 거룩한 말씀이 우리 안에서 불꽃이 튀는 것처럼 우리의 인격을 통해 여과됨을 느낄 때라야만 비로소 자신만의 설교 목소리를 발견할 수 있다. 설교자의 독특함은 그 주어진 순간 우리의 존재와 말씀이 만나는 지점에서 온다.

물론, 이 접근법의 위험성은 계속 지적된다. 말씀은 주어진 것으로, 또한 풍성하고 완전한 모습으로 존재하지만, 설교자는 인간적이고 연약한 모습으로 그 말씀의 심판과 하나님의 은혜 아래 서 있다. 우리는 확고한 말씀과 그 말씀을 선포하려는 우리같이 연약한 전달자 사이의 개인적인 대화를 원한다. 이렇게 함으로써 우리는 설교를 통해 성육신하신 진정한 말씀을 선포한다.

이런 관점에서 볼 때, 만약 성구집을 사용한다면, 바로 그때 우리의 영혼과 공명하는 성경구절을 택해야 한다. 당신이 지금 여의치 않다면, 미리 정해진 본문을 다루라고 자신을 다그치지 말라. 마르틴 루터는 다른 이들 안에서 말씀이 살아 있도록 도울 수 있기 전에 먼저 그 말씀이 우리 안에서 살아야 한다고 가르쳤다. 당신 안에 그 말씀이 살아날 때까지 그 성경구절과 함께해야 한다. 선택한 본문에 이어지는 한두 장뿐 아니라 본문 앞의 여러 장을 함께 읽으라. 이렇게 하면 그 본문의 단편적 부분들에서 결론을 도출해 낼 수 있으며 그 리듬의 미묘한 차이들도 발견할 수 있게 된다. 그 음악과 하모니에 귀 기울여 보라.

그 본문에서 튀어나와 당신에게 달려드는 단어들에 주의를 기울이고, 그것을 꼭 설교에 포함시키라. 본문에서 우연히 발견된 의미들에 완전히 압도되어 버리는 순간들을 기대하라. 하지만 그와 동시에, 해석적인 외도는 피해야 한다. 당신이 깨달은 것이 본문의 핵심적인 의미인가 살펴라. 아주 흥미로운 것이라 할지라도 상상에 의한 설명은 피하라.

성구집을 전혀 사용하지 않을 때 따르는 위험에 대해서도 기억하라. 성구집을 사용하지 않으면 매우 제한된 '선호하는 본문들'만을 과도하게 설교하는 일이 벌어질 수 있으며, 성도들에게 풍성한 성경적 묵상으로 균형 잡힌 식단을 공급하지 못하게 된다. 성경의 문구를 참조하지 않더라도 당신의 마음의 눈으로 그 주요 요지를 떠올리거나 '볼 수' 있을 만큼 충분히 본문을 숙지하라. 역사적 배경이나 성경 해석적 배경을 알기 위해 주석들을 참고하되, 설교 내내 당신이 연구한 결과들을 설명하지는 말라. 주석은 문맥 해석의 도구로 도움을 준다. 그것은 우리에게 경계선을 설정해 주지만, 사람들은 매일의 삶에 실질적으로 도움이 되는 것을 원한다. 성경 자료뿐 아니라 고전 문학, 현대 종교 혹은 신학 저널, 그리고 기독교와 관련 없는 작품들까지 폭넓게 읽으라. 철저한 연구라는 사치를 누리지는 못하겠지만, 당신의 영혼에 불꽃이 튀게 하는, 다시 말해 읽는 것을 멈추고 경탄과 확신으로 깊은 한숨을 내뱉게 하는 진리들을 담고 있는 선집들을 살펴보라.

연구에 순서를 정하라. 당신에게 드러나는 중요한 세부 사항들을 적어 놓으라. 다시 말해, 개요를 작성하라. 당신이 깨달은 진리들을 표현하기 위해 여러 다른 형식들을 시도해 보라. 개요는 설교를 뒷받침해 주고 청중이 당신에게 집중하게 하는 틀을 제공한다.

다음 질문들을 스스로에게 던지면서 당신의 회중에 대해 생각해 보라. 나 외에 누가 이 메시지로부터 도움을 받을 수 있는가? 그 진리를 듣고 소화시킬 수 있도록 돕는 최선의 방법은 무엇인가? 어떻게 표현해야 유익하고 치유하는 설교가 될 수 있을까? 준비 과정에서 당신의 설교를 듣고 도움 받을 수 있는 교인들의 모습에 초점을 맞춰라.

설교를 하면서 실제로 사용하든 안 하든, 이제는 전체 원고를 작성할 차례다. 이 과정은 설교를 자신의 것으로 만들고 내면화하는 데 도움을 줄 것이다. 충분히 만족할 때까지 원고를 읽고 수정하라. 그것을 훑어보면서 페이지의 어느 부분에 어떤 내용들이 있는지, 대략이라도 짐작하도록 한다. 이것은 가끔씩 흘낏 볼 수 있는 지침일 뿐임을 기억하라. 설교 원고가 당신을 지배하거나 다스리지 못하게 하라. 원고는 당신의 친구다. 그것은 설교하는 순간을 위한 광범위한 준비의 결과로 나타난다.

말씀의 심판 아래 당신 자신을 두어라. 또 그 메시지가 당신에게도 적용된다는 사실을 공개적으로 시인하라. 당신도 연약하며 건짐과 치유가 필요하다는 고백을 함으로써, 그 메시지가 당신의 심금을 울리게 한다는 것을 인정하라. 설교하는 순간이 사람들을 '바로잡기 위해' 시도하는 부정적인 비판으로 변질되지 않게 하라.

가끔은 실제 생활에서 만나는 도전들에 대해 시리즈 설교를 하는 것도 좋다. 외로움, 단절, 우울 그리고 편부모와 독신자들이 경험하는 갈등과 같은 감정적 어려움, 이혼자, 배신, 개인적 또는 직업적인 실패, 실직, 긴장된 가족 관계, 아동 발달 단계들, 건강 문제들, 질병, 죽음 그리고 슬픔의 단계들과 같은 것 말이다.

설교할 때, 하나님의 세계에서는 모든 사람과, 심지어는 이른바 우리의 적들과도 결속되어 있음을 회중이 이해하도록 도우라. 설교할 때, 우리가 어디에 있든 개인적 은사를 구속적인 방식으로 사용할 수 있게 하고, 가까이 있는 공동체 안에서 작은 부분이라도 참여하도록 도전하라.

회중을 섬기는 하나님의 종으로서 효과적인 목회자와 설교자가 되라. 이 일을 마친 뒤 당신은 "잘하였도다, 착하고 충성된 종아"라는 음성을 듣게 될 것이다.

24

마거리트 슈스터 Marguerite Shuster

캘리포니아 주 파사데나에 있는 풀러 신학교 설교학 교수다. 그녀의 설교는 기독교의 기본적인 신앙을 어떻게 설교할 것인지를 보여 주는 모범이 된다. 저서로는 *The Fall and Sin: What We Have Become As Sinners* 등이 있다.

하나님을 사랑하고
당신의 사람들을 사랑하라

　하나님을 사랑하고 당신의 사람들을 사랑하라. 이것은 조언이라기보다 결코 타협할 수 없는 명령이다. 이것은 십계명의 뼈대이며, 예수님이 요약한 율법의 핵심이다. 이를 제대로 행한다면, 나머지는 자연스럽게 행해질 것이다. 혹 그렇지 않다면, 그런 것들은 결국 본질적인 것이 아니라는 사실이 드러나게 될 것이다. 그것을 제대로 하지 못한다면, 그것과 상관없는 모든 성취들—온갖 멋진 설교들과 등록 교인의 급증—이 결국 먼지와도 같은 것들임이 드러날 것이다.

　무슨 이런 조언이 있는가? 많은 이들에게 이런 조언은 마치 체중감량을 위해 적절한 식단을 지키고 운동하라는 처방처럼 들린다. 이 처방이 아무리 타당하다 하더라도 그다지 새로울 것이 없는 데다가, 더 근본적인 문제는 우리가 이것을 전혀 해낼 수 없거나, 계속 노력을 기울이지 못하거나, 혹은 (실은 이것이 가장 어려운 부분인데) 우리가 기대하는 보상을 경험하지 못한다는 것이다. 제발 누가 이것 말고 '다른 것'을 좀 알려 줄 수는 없을까?

신학교 교수가 성직자를 교육하는 이 모든 일들과 그들의 사역을 돕기 위해 저널에 글을 쓰거나 책을 써내는 일들이 부질없다고 하는 것은 결코 아니다. 사실, 그 사람의 삼위일체론이 정통적인지 아닌지, 설교가 논리정연하고 흥미롭게 잘 짜여 있는지 아닌지는 매우 중요한 문제다. 우리처럼 이런 일들에 관한 연구로 세월을 보내는 이들이 시간을 낭비하고 있는 것은 아니다. 하지만 그 사람이 하나님의 성품을 매우 신중하게 잘 표현해 놓고도 그 하나님께 의지하지 못하거나, 사람들의 마음을 사로잡는 그 사람의 설교가 전혀 은혜를 전하지 못한다면, 우리의 나중은 처음보다 더 나쁠 것이다. 모든 '다른 것들'이 지닌 위험은 그것이 본질적인 것들의 자리를 빼앗고, 그럼으로써 그것이 우상이 되는 경향이 있다는 것이다. 우상은 우리가 나름대로 만들어 낸 것으로, 온갖 신비스러운 모순들 가운데 하나님과 이웃들보다 우리가 훨씬 잘 통제할 수 있는 어떤 것이다.

우리 중 어떤 이들은, 특히 우리가 어렸을 때는, 모순에 대해 아는 바가 거의 없어서 신실한 사역의 진정한 어려움에 대해서도 잘 알지 못한다. 소명을 받거나 회심을 경험했던 그 첫 감격의 순간에는 실제적인 면에서뿐 아니라 감정적인 면에서도 사랑이 차고 넘친다. 아무리 큰 대가를 치르더라도 우리는 기꺼이 어디로든 가고 누구든 섬기고자 한다. 열정이 식는다거나 우리가 기울인 노력에 대단한 결과가 없으리라고는 상상도 할 수 없다. 하지만 우리의 확신이 깊을수록, 결국에는 더 고통스러운 현실이 다가온다. 물론 어떤 때는 열정이 식거나 그리 대단할 것 없는 결과들과 맞닥뜨리기 싫어서 우리가 숨을 수 있는 도구나 기술들을 미친 듯이 붙잡기도 한다. 하지만 스스로에게 정직해질수록, 우리가 어찌 되었건 첫사랑에서 떠났다는 사실을 더 분명히 깨닫게 된다. 그렇기에 이 글을 통해 진정 말하려는 것은, 이 길이 희미해지고 매우 가파르게 될 때에라도 우리의 길을 잃어버리지 않는 것이다.

하나님을 사랑하라

하나님을 사랑하라. 기대한 인도하심과 도움이 더디 오는 것처럼 느껴질 때, 혹은 신실함을 지키기 위해 최선의 노력을 다하는 가운데 갑자기 불행이 덮쳐 올 때, 혹은 기력이 바닥나고 소망이 시들어 갈 때, 그럴 때는 이런 감정들이 쉽게 다가오지 않는다. 이건 이래서는 안 되는 것이었다고 후회하기도 한다. 우리는 기적적인 베푸심에 대해 읽고 들으며, 이 이야기들이 거짓은 아닌가 하는 의문을 품게 된다. 우리의 삶 가운데 하나님의 섭리적인 돌보심과 인도하심이 너무나 명백했던 경험들을 돌아본다. 우리가 속은 것인가? 더 중요하고 더 적절한 질문은, 우리가 속은 것이 아니라면 그 일들은 우리에게 어떤 의미인가? 달리 생각할 만한 다른 합당한 이유들이 있지 않다면, 그것은 우리가 어찌어찌해서 일을 망쳐 버렸다는 의미도 아니고, 만약 우리가 그것('그것'이 무엇이 되었든)을 제대로 할 수만 있다면 모든 것은 다 괜찮아질 것이라는 의미도 아니다. 그것은 우리 안에 깊이 배어든 근본적인 잘못으로, '네가 직접 하라'는 우리의 문화와 최고경영자 스타일의 목회 방식, 그리고 우리 쪽에서 적절한 조처를 하면 반드시 만족할 만한 결과를 낳게 될 거라는 건강과 부의 패러다임에서 비롯한 것이다.

신약성경을 읽고, 제자들의 삶이 어떤 것인지 생각하며, 예수 그리스도의 십자가를 묵상하면서 어떻게 그런 결론에 도달할 수 있는지는 정말이지 미스터리다. 복음 이야기는 그것이 궁극적으로 하나님의 승리에 대한 것이기 때문에, 오로지 그 이유로 비극이 아니다.

그렇다면 하나님을 사랑하는 것은 온 세상이 패배를 예상하는 상황 속에서도 승리를 믿는 것과 관련이 있다. 이것은 맹목적인 신앙이 아니다. 오히려 부활에 대한 확신이다. 이 확신은 다른 모든 것을 이끌고, 강제하며, 필요한 것을 공급한다. 하지만 이 공급은 확실한 약속인 추수의 첫 열매들에 대한 것이며, 마치 추수의 때가 이미 이르렀음에도 우리가 건강하지 않고 부요하지 않고 지혜롭지 못한 유일한 이유가 그것을 활용하지 못하기 때문이라는 것이 아니다.

하나님을 사랑하는 것, 그분의 최후 승리를 믿는 것은, 온갖 잔인한 혼란을 담고 있는 이 땅의 모든 이야기들을 우리의 삶과 설교 가운데 진지하게 담아내는 것과 관련이 있다. 왜냐하면 십자가는 부활의 필수불가결한 전제였기 때문이다. 십자가는 어떤 모호한 신학적 의미에서가 아니라, 인간의 몸으로 우리의 연약함과 죽을 수밖에 없는 운명을 짊어지시고 우리의 죄를 감당하신 그분의 구속적 사역에 필수불가결한 것이다. 승리는 실제적인 적, 실제의 전투 그리고 불가피하게도 실제의 고난을 포함한다. 그렇다면 그런 부분들을 무단 삭제해 버리거나, 또는 우리의 설교가 '희망을 주는' 설교가 되게 하는 성경의 약속들을 '핑크색 책'들로 묶어 내면서, 어떻게 우리가 그 복음의 이야기를 선포할 수 있는 것일까? 물론 그와 반대로 성경에 나오는 저주들만을 모아놓은 '검정 책'의 내용만으로 설교하는 실수를 범해서도 안 된다. 내 말의 요점은, 하나님이 주시는 모든 권고에는 평범한 인간들의 삶에서 느끼는 신비로운 기쁨과 선물들뿐 아니라 모든 두려움과 복잡함, 실패와 패배도 담겨 있다는 것이다. 우리가 진정 하나님을 신뢰한다면 바로 그 일상들 속에서도 그분을 신뢰할 것이며, 우리의 설교는 인생의 고난들 주변을 빙빙 돌며 우아하게 춤추진 않을 것이다. 왜냐하면 하나님이 곤경을 이길 만큼 충분히 크신 분이 아니라면, 그분은 그저 충분히 크신 하나님도 될 수 없으며, 결국엔 우리가 섬기는 사람들을 속이고 혼란스럽게 할 것이기 때문이다. 그 사람들의 삶은 우리가 제시하고픈 유혹을 받는 이상적인 모습에 전혀 이르지 못하고 있다. 조화를 깨뜨리는 모든 요소들을 제거해 버리고 조심스럽게 '포토샵'으로 수정한 하나님의 모습만을 사랑한다면, 우리는 진정으로 하나님을 사랑하는 것이 아니다. 우리가 그런 모습의 하나님만을 전하거나 전하려 한다면, 그것은 우리가 사랑하는 하나님이 아니라 우리 스스로 고안해 낸 어떤 이상적인 모습의 신이다. 하나님이 주시는 풍성한 삶의 약속조차도 세상에서 규정하는 대로가 아니라 하나님이 말씀하시는 방식대로 제시해야 한다.

하나님을 사랑하려면, 하나님이 하신 일들과 그분이 그 일을 하시며 직면하신 여러 장애물들에 대해 스스로에게 또 다른 사람들에게 냉철하고 정직해야 할 뿐 아니라, 분명한 자기희생적 제자도도 갖추어야 한다. 그 점을 직시하라. 사랑은, 그것이 진정 사랑이라면, 언제나 희생을 내포한다. 때로는 관계가 주는 기쁨 때문에 희생이 아무것도 아닌 것처럼 여겨진다. 우리가 가야 할 방향이 아닌 것 같아도 관계에 대한 헌신 때문에 희생해야 할 때도 있다. 거룩에 대한 갈망은 요즘 시대에는 맞지 않는 것처럼 되어 버렸다. 이 말을 듣고 움찔하는 사람이 있다면, 내가 제대로 메시지를 전한 것이다. 물론 금욕적 충동이란 것도 있지만 그것은 너무 쉽게 자기정당화나 파괴적인 자학과 융합되어 구분할 수 없게 되어 버린다. 이러한 경향은 그 극단으로 떨어져 버릴 위험을 안고 있다. 그러나 오늘날의 문화는 그 반대쪽 극단, 즉 온갖 종류의 방종, 자기중심성, 맘몬의 유혹에 넘어가는 것을 건강, 자기 돌봄, 즐거운 삶 등의 명목 하에 정당화하도록 우리를 더 강하게 밀어붙이고 있다.

사실 오늘날 어떤 목사 청빙 위원회는 자기들과 많이 닮아서 매우 편한, 그래서 함께 '친하게 교제'할 수 있는 목사를 찾는다. 그리고 그들은 그런 예수를 찾는 사람들이다. 그들이 진정으로 목회자를, 또는 진정으로 하나님을 원하는 것이 아니라면 이것은 큰 문제가 아니다. '당신보다 더 거룩하다'라는 식의 자세로 목회자들을 불쾌하게 할 수 있다는 것은 이해하지만, 한편으로 성품이나 설교가 아무런 실제적인 요구도 하지 않으며 사람들의 생활 방식과 헌신에 어떤 실제적인 동요도 일으키지 않는 목회자를 불러오게 할 수 있다는 것은 염려되는 측면이다. 그러한 자세는, 무엇이든 힘겨운 것이라면 열망하지 않는, 숨겨진 영적 게으름을 드러내는 것일 수 있다. 사람들의 이런 요구에 굴복하게 되면, 자신이 믿는 최선의 삶을 위해 노력하기보다 결국 사람을 기쁘게 하는 것을 선택하게 된다. 우리가 알고 있는 최선의 삶은 유명해지려 하기보다는 거룩하신 주님 앞에서 자기를 훈련하고 그분을 경외하는 것이다.

당신의 사람들을 사랑하라

하나님을 사랑하면서 이런 단호함과 분명함을 지키면 다른 사람들을 사랑할 수 있고, 내 힘을 키우기 위해서만 그들을 이용하지 않게 된다. 또한 세상의 온갖 훌륭한 조언들과 격려가 결코 '고칠' 수 없는 문제들을 안고 있는 사람들을 계속 사랑할 수 있다. 그뿐만 아니라 그것은, 우리가 주님을 믿기에 더 이상 다른 이들을 '고치려' 하지 않아야 비로소 우리가 줄 수 있는 유일한 도움이 시작된다는 것을 가르쳐 줄 것이다. 물론 그들에게 가장 필요한 것은 상황이 좋아지지 않음에도 다른 곳으로 떠나지 않고 머물러 있기를 두려워하지 않는 목회자다. 그들의 목회자마저 오랫동안 계속되는 어려움을 감당하지 못한다면, 어떻게 그들이 감당하기 어려운 고난을 견뎌 내기를 기대할 수 있단 말인가?

그런 목회자는, 마치 자신의 임무가 사람들의 상태를 살피기보다는 기관의 질서를 조정하는 것이라도 되는 양, 행정적인 업무를 위해 자기가 섬겨야 하는 사람들을 다른 사람들에게 맡겨 버리지 않을 것이다. 그런 목회자는 가혹하게 하는 것이 신실함의 척도인 듯이 사람들을 꾸짖는 설교가 필요하다고 느끼지도 않을 것이고, 가끔씩 요구되는 거절의 말을 해야 하는 것에 결벽증을 보이지도 않을 것이다. 사람들을 사랑하는 목회자는 하나님의 은혜와 자비의 대행자가 되려 할 것이며, 사람들이 형통함과 안락함을 혼동하지 않게 하면서 진심으로 그들의 형통을 구할 것이다. 사실 사람을 사랑하는 목회자는, 용기가 필요한 길과 안락을 주는 길 중 선택해야 할 때, 용기를 필요로 하는 길이 바람직한 도덕적 전제가 있음을 기꺼이 이야기한다. 깨어진 이 세상에서, 쉬운 길이란 대체로 의심을 불러일으키는 길이다. 사랑하는 일은 참된 일인데, 경직되고 냉혹한 의미에서가 아니라 하나님 앞에서 참된 것을 의미한다.

우리가 사랑하려는 이 사람들은, 심지어 하나님마저도 우리에게 실망을 안겨 주시는 것처럼, 분명 우리를 실망시킬 것이다. 어떤 때는 우리가 마땅히 그래야 한다고 기대하는 만큼 나아지지 않음으로 우리를 실망시킬 것이다. 혹은 우리가 바라는 감사를 표하지 않음으로 우리를 실망시킬 것이다. 때로는 그들의 슬픔이 우리의 마음을 아프게 할 것이다. 그리고 가끔은 우리 자신보다 그들이 훨씬 더 신실하다는 것을 알게 되어 부끄러울 것이다. 하지만 그게 그들이다. 고통스러울 정도로 의견이 엇갈리고 또 매우 까다로운 이 사람들이, 하나님이 우리에게 돌보라고 특별히 맡겨 주신 사람들이다.

하나님을 사랑하고 당신의 사람들을 사랑하라. 힘들다고 시선을 돌리지도 말고, 이 세상의 기준에 따라 '일하기' 위해 '제대로 할 것'을 기대하지도 말고, 그저 정직하게 사랑하라. 하지만 그냥 그렇게 되리라는 합당한 이유는 없다. 부활이 없다면, 복음 그 자체는 어느 모로 보나 실패로 보일 것이기 때문이다. 히브리서 11장에 기록된 구름같이 둘러싼 허다한 증인들은 모두 약속된 것을 받지 못하고 죽었다. 왜일까? 하나님이 더 나은 무언가를 주셨기 때문이다(히 11:39~40). "눈으로 보지 못하고 귀로도 듣지 못하고 사람의 마음으로도 생각지 못한" 것, 즉 "하나님이 자기를 사랑하는 자들을 위하여 예비하신 모든 것"(고전 2:9)이다. 그것을 확고히 믿으면, 어떤 일이 있더라도, 우리를 놀랍도록 자유케 하셔서 모든 것을 가치 있게 만드실 유일하신 분을 신뢰하고 순종할 수 있다. 그럼으로써 진정 자유롭게 우리 자신을 우리가 섬기는 사람들을 위해 내어줄 수 있다.

25

가드너 테일러 Gardner Taylor

뉴욕 브루클린에 있는 콩코드 침례교회의 원로 목사이며, 노스캐롤라이나에 있는 쇼우 유니버시티 신학교의 저명한 초빙교수다. 마틴 루터 킹 주니어 목사의 절친한 친구이자 멘토였으며, 1960년대 시민권 운동에서 탁월한 종교계 인사였다.

어느 늙은 목사의
청하지도 않은 조언

설교자들에게 가장 먼저 하고 싶은 조언은, 70년 이상을 강단에 서서 예수 그리스도의 영광스러운 복음을 전하며 직접 배우고 확인한 것으로 마치 내 존재의 일부처럼 깊이 아로새겨진 지혜다. 그것은 '세상에 어느 누구도 예수 그리스도의 복음을 말로 제대로 표현할 수 없다'는 것이다.

복음을 제대로 표현할 말은 없다

모든 설교자들은 빈곤한 인간의 언어를 통해 세상의 어떤 언어로도 표현할 수 없는 하나님의 말씀을 선포해야 한다. 아서 가십이 '27개의 팜플릿'이라고 부른 것 속에는 무한한 은혜의 소식이 담겨 있다. 2000년이 지난 지금도 이 '팜플릿' 속의 말과 주장들은 진실이라 하기엔 너무나 훌륭하지만, 그래도 역시 그것은 실제적인 진실이며, 우리가 지탱할 수 있는 진실의 개념 이상으로 더 진실하다. 한때 흑인 회중이 설교자를 향해 '되받아치곤' 하던 말이 '알아듣기 쉽게'라는 말이었는데, 그렇게 알아듣기 쉽게 말하려고 노력하는 설교자들을 겸손하고 당황하게 하는 첫 번째 믿을 수 없는 주장은, 바로 "태초에 말씀이 계셨다"(요 1:1)라는 것이다.

태초란 무엇인가? 목회자는 그 단어가 적용되는 상황을 생각하느라 난처해지지만, 그러한 상황은 존재하지 않는다. 그리고 나서 그 복음서는 주권자의 음성이 "……이 있으라"라고 거듭 말씀하시는 창세기를 돌아본다. 아홉 번 정도 반복된 그 말씀에 따라, 세상의 영광과 광채가 그곳에 거주하는 사람, '아담'과 함께 나타났다. 이것은 단지 아무리 해도 믿을 수 없는 주장의 시작일 뿐이다. 그러한 주장은 죽을 수밖에 없는 운명인 우리를 멀리 달아나게 한다.

의심은 계속된다

내가 설교에 대해 동료들에게 하려는 두 번째 충고는, 이 사역을 해야 한다고 느끼는 사람들에게 그 소명에는 자신이 적합한 사람이 아니라는 생각이 계속 따라다닌다는 사실이다. 이 사명을 감당하는 사람들은 모든 것이 즐겁고 행복하다고 느끼고 싶어 한다. 이 사역에는 '북풍한설이 몰아치는' 측면이 있다는 것을 설교자들이 빨리 깨달을수록 더 유익하다. 오랫동안 기억되는 유명한 설교자들의 삶을 얼핏 살펴보기만 해도, 그들이 과민증과 씨름했음을 알 수 있다. 물론 그것만이 아니라 다른 여러 어려움들도 있었다.

프레드릭 로버슨은 19세기 영국에서 가장 훌륭한 목사로 평가된다. 해리 에머슨 포스딕은 그를 일컬어 "성장을 격려하는 자"라고 했다. 로버슨의 일생을 기록한 전기 작가는 그의 기질이 마치 사람의 눈과 같이 예민

했다고 말한다. 하루는 브라이튼 트리니티 채플에서 설교를 마친 후 한 여인이 다가와 너무나 멋진 설교였다며 찬사를 아끼지 않았다. 그때 프레드릭은 이렇게 대답했다. "감사합니다. 사탄이 제게 이미 같은 이야기를 해주었답니다."

그의 설교를 들은 사람이라면 누구나 그의 목소리가 그리 낭랑하지 않다는 것을 알게 되었지만, 그럼에도 그가 한 설교의 엄청난 영향력은 아무도 부인할 수 없을 것이다. 리버사이드 교회에서 그의 사역은 미국 내 설교자들의 모범으로 손꼽힌다. 그런 포스딕이 극도의 예민함 때문에 수개월 동안 정신병원에서 지냈다는 사실을 아는 사람은 그리 많지 않다. 나는 인도 남부 조셉 주교의 사택에서 그의 책 《기도의 의미 The Meaning of Prayer》를 처음 읽었는데, 그가 정신병원에 수감될 정도의 신경쇠약을 겪지 않았더라면 그 책을 쓸 수 없었을지도 모르겠다는 고백을 한 사실을 나중에 알고 놀라움을 금할 수 없었다.

알렉산더 매클래렌은 설교의 대가로 여겨진다. 그를 최근 수세기가 낳은 가장 뛰어난 강해설교자로 꼽는 사람들도 있다. 제임스 루터 애덤스는 설교 전에 자기가 다루려는 본문에 대한 매클래렌의 강해집은 절대 읽지 않는다고 한 적이 있다. 설교하기 전 그의 강해집을 읽으면, 그의 설교를 그대로 모방하거나 다른 본문을 택해야 하기 때문이라는 것이다. 하지만 그의 전기에 의하면, 그는 너무도 수줍음이 많아서 자기가 사는 맨체스터 아파트에서 일하던 하녀와 신앙적인 이야기를 나누지도 못할 지경이었다고 한다.

로버트 매크래켄도 매클래렌의 수줍음을 이어받았다. 그는 스코틀랜드 태생에, 리버사이드 교회에서 포스딕의 후임을 맡았다. 매크래켄을 아는 사람이라면 그가 심하게 부끄러움을 타는 사람이었다는 데 동의할 것이다. 미국인들이 거리낌없이 감정을 표현할 때마다 그는 얼굴을 붉히고 말을 더듬었다. 그럼에도 매크래켄은 뉴욕을 이끌어 가는 수많은 목회자들 가운데 대표적인 인물이었다. 당시 뉴욕은, 샌디 레이와 애덤 클레이턴 퍼웰 주니어와 같이 설교의 은사가 있는 목회자들이 가장 많이 모여 있는 도시였다. 이름을 밝히지 않은 훌륭한 설교자들 가운데 한 사람도 언젠가, 평생 무력감과 싸워야 했다고 말했다.

어떤 사람들은 목회자가 이런 악한 영들, 인간의 연약함을 생각나게 하는 암울한 것들을 어떻게 물리쳐야 할지 질문할 것이다. 이런 부정적인 고통들은 하나님의 기쁘신 뜻대로 사용될 수 있도록 하나님께 드려져야 한다. 또한 설교의 역사를 보면, 이런 암울한 특징들이 어떻게 그 나름의 용도가 있었으며, 더 나아가 그분 뜻대로 그리스도 예수의 나라를 섬기는 데 사용되었는지를 보여 주는 수많은 예들이 있다.

고집 센 사도 바울이 전형적인 예일 것이다. 그는 다른 사람들과 공동의 대의를 찾기가 쉽지 않았던 사람이다. 사도 바울의 고집스러움은 이 위대한 사도의 후원자였던 바나바가 요한 마가를 또 한 번의 선교 여행에 데리고 가려 했을 때 보인 반응에서 가장 확연하게 드러났다. 과거에 바나바는 바울이 기독교 공동체에 좀더 쉽게 받아들여질 수 있도록 해주었음에도, 바울은 바나바의 요청을 거절했다. 어쩌면 그의 고집이 그를 그렇게 위대한 사도이며 설교자로 만들어 주었을지도 모르겠다. 그가 그렇게 완고한 사람이 아니었다면, 기독교를 유대교의 한 종파로 유지하려 했던 사람들의 지배로부터 그 작은 신자들의 무리를 자유롭게 해방시킬 수 없었을 것이다. 우리는 갈라디아서에서 바울이 그리스도인들을 향해 "그리스도께서 우리로 자유케 하려고 자유를 주셨으니 그러므로 굳세게 서서 다시는 종의 멍에를 메지 말라"(갈 5:1)라고 말하는 것을 듣는다.

자신의 한계를 인정하라

'고요한 공허함'을 겪고 있다는 마더 테레사의 고백을 통해 우리는, 그에게 신앙의 갈등과 의심이 있었음을 알고 있다. 16세기의 한 신비주의자는 이와 같은 문제를 '영혼의 어두운 밤'(Dark Night of the Soul)이라고 표현했다. 어쩌면 그녀가 '공허함과 어두움'이라고 표현하는 영적 고통이 그녀로 하여금 가난한 자들을 놀랍도록 섬기게 했을지도 모른다. 나는 〈뉴스위크〉와 〈워싱턴 포스트〉가 후원하는 '믿음의 패널'(On Faith Panel)에 매주 참여하고 있다. 나는 거기서 믿음과 의심은 동전의 양면과 같다고 말했다. 앞면이 빛을 상징한다면 뒷면은 그림자를 상징한다. 아마도 테레사 수녀가 살았던 봉사의 삶의 뿌리에는 이런 영적 고통이 놓여 있었을 것이다.

조지 버트릭은 소턴 와일더의 3분 희곡 모음집을 인용하면서, "천사는 못에 내려가 물을 요동치게 했을 뿐, 그다음에야 그것이 치유를 일으켰다"고 평했다. 이스라엘 사람들이 광야를 헤맨 기간만큼이나 오랫동안 치유를 받기 위해 기다렸던 다리 저는 사람은 서둘러 연못으로 움직였지만, 신참자인 의사가 더 빠르게 움직여서 그의 기회를 빼앗으려 했다. 그때 천사가 그 의사를 막아선다. 의사는 항의했으나, 천사는 완강했다. 천사는 의사에게 물러서라고 명한다. 치유는 그를 위한 것이 아니었다. "상처가 없다면, 너의 능력이 어디서 나오겠느냐?"[1]

설교자는 자신의 한계를 기억해야 한다. 성품의 결함과 삶의 여러 문제들을 인정하면, 설교자는 이러한 것들이 다른 사람들이 직면하는 문제와 한계에 좀더 가깝게 다가가는 통로가 된다는 것을 발견할 것이다. 그렇다면 설교자의 역할은 우리 모두가 경험할 수밖에 없는 이런 부정적인 것들을 복음을 선포하는 데 사용하는 것이다. 다시 말하면, 설교자의 약점이 곧 하나님의 능력이 사람들의 필요에 닿을 수 있게 하는 통로가 되는 것이다.

어떤 목회자인가?

그렇다면 누가 자격이 있는 것일까? 사람들에게 하나님을 대표하고 하나님에게 사람들을 대표하는 책임이 있는 사람들은 모두 이 중대한 문제에 맞닥뜨릴 수밖에 없을 것이다. 쇼우 신학교에서 설교학 강의를 하던 중, 나는 엄지를 펴서 책상 위를 지그시 눌렀다. 그러고 나서 나와 똑같은 지문은 어느 누구도 남긴 적이 없으며 앞으로도 남길 수 없을 것이라고 말했다. 쇼우 신학교의 로버트슨 학장과 셰리 그레이엄 목사는 거의 즉흥적이었던 이 일에 대한 이야기를 들은 후 설교학의 DNA란 새로운 개념을 만들어 살펴보기 시작했다. 인간 존재에서 아주 부수적인 부분이라 할 수 있는 엄지손가락의 지문이 모두 다르게 태어난다면, 그 생각과 감정도 독특할 것이다. 이것은 설교자에게도 적용되는 말이다. 한 명 한 명의 설교자가 모두 이전에도 없었고, 앞으로도 절대 없을 독특한 존재들이다. 그래서 설교자들은 자신이 어떤 사람이냐에 따라 복음을 전하게 된다. 이러한 사실은 다른 설교자를 모방하려는 유혹을 버리게 해줄 것이다. 그것은 또한 각각의 설교자가 자기 자신을 구세주의 나라에 없어서는 안 될 가치 있는 존재로 느끼게 해줄 것이다.

기독교 역사에는 흔히 찾아볼 수 없는 매력적인 인성을 지닌 목회자들이 있었다. 뉴욕에서 설교의 황금기였던 시절을 돌아보면, 설교의 DNA라는 개념이 분명해진다. 뉴욕에서 사역하던 시절, 나는 눈부신 설교의 은사가 있는 설교자들을 만났다. 그들 한 명 한 명은 전부 달랐는데, 그것은 그들의 설교 DNA가 모두 달랐기 때문이다. 35년 동안 브루클린에서 사역할 당시 코너스톤 침례교회의 샌디 레이 목사는 내 동료였다. 그는 성경 본문에서 현대 사회에 적용되는 위대한 메시지들을 발견하는 데 천재적인 재능이 있었다. 그는 예배당 오른쪽에 서서 설교를 했는데, 뉴욕 공원 도로에 나 있는 출구가 오른쪽에 있기 때문이라고 했다. 홀리 트리니티 루터교회의 폴 셰러 목사는 상상력이 아주 뛰어난 설교자였는데, 언젠가 찬양 시간은 우리가 그동안 만들었던 우상들을 우리를 만드신 하나님 앞에 내려놓는 시간이라고 말했다. 리버사이드 교회의 로버트 매크래켄은 특유의 스코틀랜드 사투리를 구사하며 영혼과 설교에서 무언가를 동경하는 사람이었다. 그의 영혼도 그의 설교도 그가 사랑했던 고향의 산과 골짜기에 피어오르는 안개와 황무지에서 자양분을 얻곤 했다. 아비시니안 침례교회의 아담 클레이튼 파웰은 불의에 대해 선지자와 같은 분노로 설교하곤 했는데, 그 주제는 그에게 숨 쉬는 것만큼이나 자연스러운 일이었다. 또한 사람들은 조지 버트릭의 설교 DNA를 지금도 기억한다. 그는 냉철한 논리와 시인의 감성을 모두 지닌 사람이었다. 설교자는 설교를 통해 총체적인 성품을 드러낸다. 설교자를 만들어 내는 자질들은 각 설교자의 사상과 감성이 복음과의 신비한 상호작용으로 생겨나는 것이다.

이러한 사실에 대한 인식은 모든 설교자가 진정성을 가지고 다른 어디서도 찾아볼 수 없는 자신만의 스타일을 개발할 수 있게 해준다.

심금을 울리는 설교를 해라

설교의 길이에 대해 두 이야기를 하려고 한다. 두 스코틀랜드 농부가 함께 교회에 앉아 있었다. 목사의 설교가 끝없이 길어지자 한 농부가 옆에 있던 농부에게 말했다. "언제나 끝내실까?" 그러자 옆에 있던 농부가 대답했다. "설교는 벌써 다 한 것 같은데 아직 마치려고 하질 않는 것 같네." 설교자는 정박할 곳을 잘 찾아야 한다.

다음은 어느 성공회 주교가 영국 중부 지방의 한 교회 오후 예배에 참석했을 때 이야기다. 예배가 끝나자 주교가 교구 목사에게 "설교가 좀 짧았네요"라고 말했다. 그러자 교구 목사는 "짧은 게 지루한 것보다 낫지요"라고 대답했다. 그 말에 주교가 이렇게 응수했다. "하지만 당신은 그 둘 다였습니다." 고인이 된 내 멋진 친구 사무엘 감독은 설교의 전개는 헤겔의 변증법적 삼단계인 정, 반, 합의 과정을 거쳐야 한다고 생각했다. 그렇다고 너무 적나라하게 설교의 뼈대를 보여 주어서도 안 된다고 했다. 살을 좀 붙여야 한다!

심금을 울리지 않는 설교는 아무런 가치가 없다. 제임스 데니가 그의 제자들에게 말했다. "너희가 믿고 있는 것을 나에게 설교해 봐라. 의심은 내게 있는 것만으로도 충분하다."

교회에 오는 사람들은 자기 나름의 생각이 있다. 동시에 사람들은 감정에 영향을 받는다. 위대한 남침례교 설교자 조지 트루엣 목사가 젊은 신학생이었을 당시, 미국 국경지대였던 곳에서 여름 동안 설교를 하라는 과제를 받았다. 몇몇 성도들이 완고한 어느 남자 이야기를 해주었다. 사람들은 이 젊은 설교자에게 그 사람을 만나 이야기를 나눠 보라고 했다. 트루엣은 그를 찾아갔다. 들어오라고는 했지만 그리 따뜻한 환영은 아니었다. 하지만 트루엣이 "어머니가 그리스도인이셨나요?"라고 묻자, 딱딱하던 그의 얼굴이 순간 어린 시절을 회상하며 부드러워졌다. 우리는 모두 감정에 영향을 받는다. 악용하지 않는다면, 회중의 마음에 호소하는 것이 당연하다.

같은 맥락에서, 성도들의 감정은 그들 앞에 서 있는 설교자에게도 전달된다. 설교는 그 자체로 엄청나게 힘든 일이다. 주말에 편히 쉴 수 있는 목회자는 거의 없다. 대부분의 사람들은 하나님의 백성들 앞에서 서는 것이 얼마나 긴장되는 일인지 알지 못한다. 설교자는 하나님의 자녀가 말로 다 할 수 없는 영광과 책임을 그들이 인정하도록 설명하고 호소해야 한다.

긴장되는 토요일 저녁과 주일 아침은 무섭기까지 하다. 나도 주말이 다가오면 기대와 열망이 뒤섞인 두려움에 사로잡히곤 했는데, 그것은 거의 공포에 가까운 것이었다. 70년 가까이 세계 도처에서 설교를 해왔지만, 여전히 이 직업병에 시달리고 있다고 고백할 수밖에 없다. 그 두려움은 주중에도 영향을 미친다. 내 주치의인 존 캐시디와 르로이 달케스는 이런 현상을 정상이라고 한다.

우리는 많은 설교자들이 모든 사람이 경험하는 영적인 목마름을 무시하고 그 대체물을 찾아 물질주의에 호소하는 천박한 시대에 살고 있다. 이러한 현상으로 성경의 위대한 핵심을 거의 언급하지 않는 설교들이 늘고 있다. 그리스도의 십자가와 부활은 복음의 핵심이며, 하나님의 성품의 핵심이고, 인간의 가치다. 신약성경에서 가장 중요하게 강조하는 이런 점들이 이 시대의 설교에서는 거의 언급되지 않고 있다. 이것이 이 시대 이 땅에 사는 우리에게 쉼이 없는 진짜 이유다.

설교자는 복음의 핵심으로 무장하고 강단에서 말씀을 선포할 뿐만 아니라 그 말씀대로 살아가야 한다. 강단의 역사를 거룩하게 지키는 것은 다름 아니라 한없이 중요한 이 복음을 충실하게 설교하고 살아가는 것이다. 조셉 포트 뉴턴은 강단의 고귀한 계보에 관해 이런 글을 썼다.

> 귀 있는 자라면 저 멀리 사보나롤라의 번개 같은 호통, 루터의 깊은 저음의 목소리, 녹스의 불 같은 음성을 플리머스 교회 강단을 자유를 갈구하는 제단으로 바꾸는 비처의 소리를 들을 수 있을 것이다. 떨고 있는 왕자들 앞에 선 강한 영혼의 소유자들. 이렇게 엄청난 천재성과 능력과 아름다움으로 정화된 사람은 강단에서 머뭇거릴 필요가 없다. 설교자가 청중의 영혼을 어루만질 수 있다면, 슬픔에 찬 눈이 인생의 장엄한 의미를 볼 수 있게 해주고, 화려한 인생을 추구하던 젊은이들이 진리와 아름다움과 인류를 섬기는 일을 생각하게 할 수 있다. 하나님에 대한 사랑과 사람에 대한 사랑으로 경건하고 겸손하게 강단에 서서, 하나님이 주신 그리스도 안에 있는 진리를 말하라. 그러면 그 음성은 설교자가 잠든 후에도 사람들의 마음속에서 오랫동안 울려 퍼질 것이다.[2]

뉴턴의 말은 옳다. 광장에서 여러 음성들이 들려온다. 우리의 귀는 평생 동안 듣게 되는 이기적인 거짓의 소리에 먹먹해진다. 사람들은 순간적인 만족에 취하고 진정한 양식을 먹지 않는다. 마치 어린아이들이 생명을 유지하고 성장하는 데 필요한 음식은 먹지 않고 계속 사탕을 먹는 것과 같다.

인간의 영혼이 가장 깊은 곳에서 정말로 필요로 하는 것이 무엇인지를 파악한 설교자는, 사람들이 인생에 의미와 힘을 줄 양식을 갈망하고 있음을 알게 될 것이다. 이것을 통해 사람들은 영혼의 힘과, 인간에게 주어진 멋진 비전 그리고 이 땅에서 우리에게 정말로 중요한 목표들을 발견하게 될 것이다. 설교자는 이것을 위해 부름을 받았고, 그 소명을 따라 섬기면서 비할 데 없는 보람을 느끼게 될 것이다. "이러므로 우리가 화평의 일과 서로 덕을 세우는 일을 힘쓰나니……"(롬 14:19).

26

토머스 트뢰거 Thomas H. Troeger

코네티컷 뉴헤븐에 있는 예일 대학교 신학부에서 기독교 커뮤니케이션 교수로 있다.
설교와 예배에 관해 수많은 책을 썼으며, *Preaching and Worship*,
Preaching While the Church is Under Reconstruction,
Above the Moon Earth Rises: Hymn Texts,
Anthems and Poems for the New Creation 등이 있다.

하나님, 감사합니다.
내 심장이 뛰고 있어요!

  설교에 대해 당신이 동료 목회자들에게 줄 수 있는 최고의 조언은 무엇인가? 이 질문에 대한 대답에는 두 가지 극단이 있을 수 있다. 첫째는, 조언자가 자신을 보편적인 존재로 인식하여 자기 자신에게 효과가 있었던 것이 다른 모든 사람에게도 동일하게 적용되리라고 생각하는 것이다. 이러한 접근 방식은, "나는 정답을 알고 있지, 바로 이거야!"라는 식의 신학적 독재(theological tyranny)로 귀결된다. 또 다른 극단은, 이 질문에 너무나 모호하고 일반적인 방식으로 대답하여 누구도 이견을 가질 수 없는 반면 아무도 그 조언을 통해 도움이 될 만한 것을 배울 수 없게 되는 것이다.

  나는 이 두 함정을 피하기 위해 설교에 관한 최선의 조언을 바로 '나 자신에게' 주고 있다는 점을 분명히 하고자 한다. 그러고서 이렇게 말하는 것이다. "자, 이 방법이 당신에게 도움이 되지 않는다면, 당신에게 효과가 있는 방법이 무엇이었는지 내게 말해 주세요." 내 글이 마음에 들지 않더라도, 여전히 당신에게 큰 도움을 줄 수 있다. 적어도 '트뢰거 목사의 조언들은 나에게 별 도움이 되지 않아. 내게 필요한 것은……이니까'라고 생각할 수 있는 기회를 줄 테니까.

기도로 시작하라

자, 그럼 나 자신에게 주는 최선의 조언에 대해 말해 보겠다. 이것은 지난 40여 년간 하나님의 은혜로 말미암아, 성령과 살아 계신 그리스도와 말씀의 도구로 쓰임받던 내 경험이다. 그 말씀은 내가 상상할 수 있고 내 힘으로 이룰 수 있었던 것 이상으로 다른 사람들에게 도움을 주었다.

아침부터 시작해 보겠다. 이른 아침이다. 나는 아침형 인간이기 때문이다. 당신의 신체 리듬이 나와 다르다면, 나 자신에게 주는 조언을 여기서부터 당신에게 맞게 조정하면 된다. 어쨌든 나는 매일 아침, 아주 이른 시간에 일어나 파워 워킹, 즉 팔을 크게 흔들며 발과 다리의 보폭을 크게 해서 걷는 운동을 한다. 걸으면서 나는 늘 똑같은 기도를 드린다.

하나님, 감사합니다. 내 심장이 뛰고 있어요.
나의 폐가 호흡하고 있음을 감사합니다.
숨 쉴 공기가 있음을 감사합니다.
마시고 씻을 수 있는 물이 있음을 감사합니다.
예수 그리스도의 사랑으로 인해 감사합니다.
특별히 그 사랑이 내 아내 메를 마리를 통해 성육신함을 감사합니다.
하나님을 경배합니다.
찬양합니다.
감사를 드립니다. 아멘.

그러고는 침묵으로 들어간다. 깊은 침묵. 나는 성령님을 기다린다. 물론 내 안에선 수만 개의 소리들이 일어나 다른 것들에 대해 기도하라고 소리친다. 아픈 내 친구, 사람들을 죽이고 있는 폭력들, 도움이 필요한 동료, 어려움에 처한 식구, 조각조각 나뉜 교회 등등. 하지만 나는 이 모든 소리들을 잠재운다. 연민의 마음이나 관심이 부족해서가 아니라, 내가 기도해야 할 순서가 내 마음, 즉 작고 제한적이고 편향되고 부족한 내 마음이라는 것을 깨닫기 때문이다. 어떤 때는 입을 다물려 들지 않는 소리들에게 이름을 붙이기도 한다. 그러고선 이렇게 말한다.

"알았어, 로버트. 이제 그만해. 나는 지금 하나님께 집중해야 한단 말이야."

"사라, 나도 잘 알고 있어. 하지만 네 순서를 기다려. 난 지금 하나님 음성을 먼저 들어야 한단 말이야."

그러면 이것을 통해 나는 무엇을 얻게 되는가? 구름 사이를 비집고 나오려는 해를 보게 된다. 키 큰 히코리 나무들 위에서 야단법석을 떠는 까마귀들의 소리를 듣게 된다. 상록수들이 서로 뒤얽혀 어둑해진 숲 사이로 황금빛 햇살이 들어오는 지점을 주목한다. 어떤 때는 이보다 훨씬 작은 것을 얻기도 한다. 아무것도 없다. 어떤 것도 듣지 않고, 보지 않고, 주목하지 않는다.

하지만 그 순간, 아무것도 아닌 것이 어떤 것으로 바뀐다. 내 기도의 말들도 나에게 다시 돌아오는데, 그것은 까마귀들의 소리, 금빛 여명, 그리고 나무 꼭대기 위에 걸린 여명의 원광을 넘어 어떤 임재감, 경이, 형언할 수 없는 깊이를 담아 단 한 단어로 돌아온다. 아니다! 더 정확히 말하자면, 그것은 말로 표현되지만 말을 능가하는 깨달음으로 되돌아온다.

'하나님, 감사합니다. 내 심장이 뛰고 있어요!'라는 기도는 온갖 나무와 가지와 잎사귀들, 노래하는 온갖 새들, 호흡과 맥박, 그리고 발밑에 깔린 모든 돌들이 하나의 실체로부터 왔다는 깨달음으로 변한다. 나는 그 창조의 과정에, 그 모양과 색깔을 부여하는 것에 아무것도 한 일이 없다. 나 자신의 존재 그리고 나를 둘러싼 세상의 존재는 모두가 선물이다. 모두 거저 얻은 것이다. 모든 것이 은혜다. 수없이 많은 아침마다 팔을 크게 흔들고 다리를 성큼성큼 내딛는 것을 제외하곤, 나는 완전히 고요해진다. 하나님이 하신 엄청난 일들에 잠잠해진다. 그것을 보고, 듣고, 느낄 수 있다는 특권으로 인해 잠잠해진다. 기쁨과 감사, 그리고 이제 더 이상 내가 충분히 존재할 자격이 있는 사람이라고 생각하지 않기 때문에 잠잠해진다.

'나의 폐가 호흡하고 있음을 감사합니다.' 이쯤 되면 파워 워킹으로 숨이 가빠진다. 내 양쪽 폐가 부지런히 움직이고 있다. 공기가 들어오고 나가며 소리를 내고 있다. 나는 마음이 아니다. 나는 생각이 아니다. 나는 트뢰거 목사가 아니다. 나는 트뢰거 교수가 아니다. 나는 풀무다. 나는 부풀어 오르고, 줄어들고, 팽창하고, 수축하는 공기주머니다. 나는 아담이다. 땅으로 만든 피조물, 진흙으로 된 피조물이다. 하나님은 내 코에 바람을 불어넣으신다. 하나님은 내 숨을 채우고, 내뱉게 하시며, 나와 함께하신다. 나는 감사하는 아담이고, 감사하는 땅의 피조물이며, 감사하는 진흙의 피조물이다. 나는 늘 기도 안에 있다. 나는 원자나 세포조직과 동일한 존재 양식 가운데 있다. 내 존재의 매 순간 순전하고, 절대적이고, 완전하게 그 근원과 존재의 핵심에만 의존하는 것이다.

"우리는 그의 만드신 바라." 시편 기자의 이 말은 더 이상 그저 단순한 말이 아니다. 이것은 아침 공기 속 나무들 사이에서 헐떡거리고 있는, 뼈와 살을 입고 있는 내 존재의 뼈와 세포와 근육과 힘줄이다.

'예수 그리스도의 사랑으로 인해 감사합니다. 특별히 그 사랑이 내 아내 메를 마리를 통해 성육신함을 감사합니다.' 잠깐이지만, 신학적으로 고상한 음성이 끼어든다. '이건 이단이야. 그렇지 않다 하더라도, 성육신에 대한 부당한 생각이야. 말씀은 나사렛 예수라는 특정 인물, 그리스도 안에서 육신이 되셨어. 아마도 네 아내는 그리스도의 사랑을 담고 있는 것이겠지. 하지만 그녀가 성육신한 그리스도는 분명 아니야.'

아버지가 돌아가셨을 때, 어머니가 돌아가셨을 때, 그리고 형이 죽었을 때 메를 마리가 나를 안고 있는 모습을 떠올린다. 그녀에게 잘못된 행동을 했을 때 나를 용서해 주던 것을 기억한다. 식탁에 앉아 그녀가 나에게 빵과 포도주를 건네주던 것이 생각난다. 그녀의 입술이 내 입술 위에 포개지던 것을 기억한다. 마리아가 예수님을 동산지기로 오인했던 것을, 제자들이 그를 귀신으로 오해했던 것을, 엠마오로 가던 제자들이 주님을 그저 여행의 동반자로만 잘못 여겼던 것을 나는 기억한다. 복음서에 기록된 부활 기사 가운데 그리스도의 제자들이 살아나신 그리스도를 계속 알아보지 못하던 대목들을 기억하며, 나도 그렇게 둔감하게 되지 않기를 기도한다. 그때 나는 트집을 잡아내는 그 모든 신학적 소리들에게 하늘과 땅이 이렇게 말하는 것을 듣는다. "쉿! 부활하신 그리스도가 여기 계신다. 바로 지금. 톰의 아내 안에, 그리고 수백만의 다른 사람들 안에."

하늘의 그 명령을 들으면서, 내 마음은 모든 논쟁들과 찬양에 대한 온갖 추론 행위들을 벗어나, 측량할 수 없고, 이성적이지 않으며, 억제할 수 없고, 계산적이지 않으며, 막을 수 없고, 상상할 수 없으며, 말로 다 할 수 없는 경배로 나아간다. 이것은 원자들의 전하(電荷)와 함께, 세포적 생명의 움직임들과 함께, 은하계의 안무와 함께, 피조물들의 음악과 함께, 파도의 북소리와 함께, 구름들의 떠다님과 함께, 그리고 아기 천사들의 들리지 않는 성가와 함께 흘러가는 존재의 양식이다.

하나님을 경배합니다.
찬양합니다.
감사를 드립니다. 아멘.

산책을 마치고 집으로 돌아온 나는 기운이 빠졌지만, 신명이 나고, 소생되고, 새로운 생명으로 충만하며, 하나님에 대한 경외감과 생동감으로 가득 차게 된다.

나는 샤워를 하고 옷을 갈아입는다. 아내와 아침을 먹는다. 서둘러 사무실로 떠난다. 고속도로에서 누군가 내 앞에 끼어든다. 어떤 사람은 빨간 신호등에도 그냥 지나가 버린다. 어떤 사람은 내가 자신의 이메일에 좀 더 빨리 회답하지 않았다고 화가 나 있다. 어떤 사람은 도움이 필요하다. 어떤 이는, 어떤 이는, 어떤 이는…….

하지만 내 마음에서는 여전히 음악이 흘러나온다. 까마귀들의 음악, 나무들 사이 아침 햇살의 음악, 지평선 위로 해가 떠오르던 그 첫째 날의 여명만큼이나 아름답게 하나님의 피조물들 위로 아침이 밝아올 때 들려오던 내 산책의 음악 말이다. 그 음악 속에서 나는 무언가를 듣고 무언가를 받는다. 하나님이 나를 불러서 하라고 하시는 그 사역을 감당할 수 있는 힘을.

집으로 돌아온 나는 은빛 플루트를 꺼내든다. 열여섯 살이던 내가 모아 둔 전 재산을 털어서 산 플루트다. 나는 헨델의 소나타 A단조를 연주한다. 지금은 과거가 되어 버린 그 시간들에 내 마음을 아프게 했던 온갖 슬픔들이 그랬듯이, 길고 둥그렇게 휘어 무언가를 갈망하는 듯한 셋잇단 음표가 나를 아련하게 만든다. 공기 중의 떨림 속에서 그리고 은색 플루트를 누르는 내 손끝에서 나는 다시금 아침 산책 때 느끼던 그 임재를 느낀다. 신적인 회복, 하나님의 숨결, 부활하신 그리스도의 그 억누를 수 없는 생명력이다. 연주를 마치면 자리에 앉아, 돌아오는 주일 오전에 설교할 성경 본문을 읽는다. 그 말씀은 그리스도의 영원한 샘물에서 흘러나오는 물에 흠뻑 젖어든다. 성경 본문뿐 아니라 내 영혼으로부터도 그 물이 차오른다. 일상의 기도는 내가 설교를 할 준비가 되도록 준비시켜 준다.

기도: 설교자의 삶에서 가장 기본적인 생활

지금까지 한 이 모든 이야기가 당신과 무슨 상관이 있는가? 이 모든 것이 설교에 관해 당신에게 조언하는 것과 무슨 상관이 있는가? 아무런 상관이 없기도 하고 전적으로 상관이 있기도 하다. 아무런 상관이 없는 이유는, 처음에 말한 대로, 많은 사람들이 조언을 할 때 가장 나쁜 태도는 자기 나름의 독특한 수단과 방법들이 일반적으로도 적용된다고 가정하기 때문이다. 나는 내가 여기저기 쓰고 있는 내용들이 그럴 거라고 가정하지는 않는다. 단지 내가 가정하는 바는, 당신과 내가 똑같은 사람이고, 동일한 하나님의 자녀이며, 하나님의 형상을 지니고 있을 뿐 아니라 우리를 만드신 분에 대해 더 알기를 갈망한다는 사실이다. 그러므로 나는 내가 하는 것들에 대해 당신에게 이야기했다. 내 삶의 구체적인 모습들 속에서 설교자로서 당신 삶의 구체적인 모습들과 관련해 필요한 것들을 발견하게 되기를 소망하면서.

당신은 아침에 걸어야 할 필요가 없을지도 모른다. 내가 소개한 그 기도문으로 기도할 필요가 없을 수도 있다. 까마귀의 소리를 듣거나 나무들의 월계관 속에서 아침 햇살을 발견할 필요가 없을지도 모르겠다. 당신에게 마치 성육신한 그리스도와 같은 사람을 당신 삶의 동반자로 새롭게 가질 필요가 없을 수도 있다. 은빛 플루트를 연주할 필요가 없을 수도 있겠다. 하지만 당신에게 이 모든 것이 의미하는 바는 필요할 것이다. 당신은 기본적인 기도, 즉 당신 존재의 본질로부터 일어나는 기도, 당신의 마음과 생각과 영혼과 힘이 만나는 교차점을 하나님의 경이로우심과 영광, 은혜와 사랑으로 만져 주는 그런 기도가 필요하다. 모든 것들의 깊고도 중요한 본질이 되시며, 모든 좋고 온전한 선물의 근원이 되시고, 생기를 불어넣어 모든 것을 존재케 하시며, 전자와 은하계를 회전하게 만드시고, 그리스도를 죽음 가운데서 일으키시며, 초대교회 가운데 성령의 바람과 불을 보내신 바로 그분과의 필수적이고 창의적이며 언제나 생동감 넘치는 관계를 매일매일 살아 숨 쉬게 할 필요가 있다.

당신은 기본적인 기도가 필요할 것이다. 버림받은 것처럼 느껴질 때 하나님께 부르짖을 수 있을 만큼 정직하고, 마음에 감사가 넘칠 때 하나님께 노래할 수 있을 만큼 넉넉하고, 정확한 사고와 강렬한 감정의 열매들을 거두어들일 수 있을 만큼 넓은, 그래서 지금과 영원토록 하나님께 영광을 돌릴 수 있는 그런 관계가 필요할 것이다.

27

리앤 반 다익 Leanne Van Dyk

미시간 주 웨스턴 신학교 교수이며, *Perspective, The Journal of Reformed Thought, Scottish Journal of Theology*의 편집위원으로 활동하고 있다. 저서로는 *A More Profound Alleluia: Theology and Worship in Harmony, Believing in Jesus Christ* 등이 있다.

배움과
목회자의 삶

　사역자의 삶은 다양하고 도전적이며 지속적으로 변화한다. 오늘날의 목회는 한 세대 전에 비해 눈에 띄게 달라졌다고들 한다. 기대감은 더 높아지고 요구사항은 더 많아졌다. 최근 몇 년 동안, 목회는 사역자의 건강을 해친다는 여러 연구 결과들이 보고되었다. 예를 들어 미국 복음주의 루터교의 2006년 연구에 의하면 성직자들의 스트레스, 우울증, 중독 의존증의 비율이 일반 인구의 비율보다 훨씬 높은 것으로 나타났다. 또한 2004년 워싱턴 D.C.에서 열린 공중보건과 환경 컨퍼런스의 한 강연에서 베스앤 코트렐은 성직자들 가운데 비만, 정신질환, 심장병, 스트레스가 높은 비율을 보인다고 보고했다. 목회는 위험한 직업으로 보인다.
　목회 사역을 계속해 가기 위한 전략은 광범위하며, 거기에는 건강을 유지할 수 있는 일상의 경계선을 지키는 것, 운동, 그리고 동료 지지 그룹에 참여하는 등 많은 노력들이 포함된다. 또 다른 전략은 평생학습 계획을 세우고 지켜 나가는 것이다. 사역에서 빠른 변화 속도와 목회자에 대한 다양한 요구들은 목회학 석사 과정(M. Div.)이 신학 교육의 결승점이 아니라 시작점에 불과하다는 것을 의미한다. 평생학습 계획은 목회자를 격려하고 자질을 높이며 깊이 있게 하는 하나의 도구가 될 수 있다. 예산과 회중의 동의가 있다면 이것은 연속 교육 과정과 연구 및 자문을 위한 주기적인 안식년을 포함한다. 여기에는 일상적인 독서도 포함된다. 독서 계획은 개인적 훈련도 될 수 있고, 소그룹으로 할 수도 있으며, 두 방법 모두 사용할 수도 있다.

이 글에서 나는 독서가 목회자의 삶에서 설교와 목양을 더욱 풍성하게 해줄 수 있는 구체적인 방법들을 제안하려 한다. 소설과 비소설을 모두 읽다 보면, 목회자 자신의 가족, 친구, 회중으로 이뤄지는 자신만의 영역을 훨씬 넘어서는 차원에서 인생을 경험할 수 있는 장이 열릴 것이다. 이렇게 하여 목회자는 사람들 개개인의 독특성과 복음의 뉘앙스를 알아갈 수 있으며, 그로 인해 설교에 내실을 기하고 목양에도 영향을 미칠 수 있다. 특히 설교를 위해서는, 신학과 성경 분야뿐 아니라 소설과 비소설 분야를 모두 읽을 때 유익을 얻을 수 있다. 지속적으로 독서하는 설교자는 더 창의적이고 설득력 있는 설교를 한다. 선포 사역을 위해 설교자 자신의 경험을 훨씬 뛰어넘는 자원들을 사용할 수 있기 때문이다.

다양한 독서의 힘

한 가지 쉽게 접할 수 있는 훌륭한 독서 자료는 저널, 논평, 시, 소설, 그리고 다른 문학 범주들에 대해 매년 시상하는 퓰리처상이다. 퓰리처상은 간단한 신문 논평에서 일반적인 분량의 전기와 소설에 이르기까지 다양하다. 이런 연례 목록은 최고의 신간 소설과 비소설뿐 아니라 그 나라에서 가장 높이 평가받는 신문에서 보도한 작금의 세계적 이슈들에까지 초점을 맞추고 있다. 이것은 독서할 만한 가치가 있는 것들 가운데서 아주 작은 부분에 불과하지만, 그 질과 시의적절성에서는 타의 추종을 불허한다.

2006년과 2007년 퓰리처상 수상작들은 이것을 읽는 것이 어떻게 사역을 풍성하게 하고 지속시켜 갈 수 있는지에 대한 예를 제시해 준다. 2006년 수상자들 가운데는 〈워싱턴 포스트〉의 저널리스트들인 수잔 슈미트, 제임스 그리말디, 그리고 제프리 스미트가 있는데, 그들은 잭 애브라모프의 복잡하게 얽힌 정치적 커넥션을 조사했다. 이런 이야기는, 그 온갖 복잡성과 층위들에서, 목회자에게 죄에 대한 생생한 사례 연구를 제공한다. 이것은 경악할 만한 속임수와 관직 임명, 그리고 권력과 영향력을 노골적으로 탐하는 것에 대한 이야기다. 죄에 대한 정직한 설교는 죄의 기생적 특성에 대한 인식을 보여 주어야 하는데, 이러한 특성은 애브라모프의 이야기에서 매우 설득력 있게 드러났다. 스스럼없는 죄의 속임수도 드러나 있다. 어떤 것은 의식적으로 저지른 것이고, 어떤 것은 자기 정당화를 통해 죄인의 눈이 가려진 것이다.

또 다른 양질의 저널리즘에는 〈마이애미 해럴드〉의 데비 센지퍼가 2007년에 보도한 조사 보고가 있다. 이 기사는 마이애미의 공공 주택 관리에서 만연한 부패를 폭로했다. 이것 또한 구조적이고 개인적인 죄의 윤곽과 엄청난 속도로 퍼져 가는 죄의 광범위한 파급효과를 묘사해 주는 이야기다. 삶에서 죄로부터 자유로운 영역은 없다. 공공 주택 사업에서 부패가 끊임없이 만연하는 것은 매우 아이러니한데, 가난한 사람들에게 안전하고 싼 가격의 집을 제공하려는 노력조차도 탐욕으로 오염되어 있다.

목회자의 일상적인 일과 관련된 인간 삶의 다른 영역들 또한 최근의 퓰리처 수상 목록을 통해 조명되고 있다. 〈뉴욕 타임스〉의 필자 조셉 칸과 짐 야들리는 엉망이 된 중국의 사법 제도에 관한 기사로 저널리즘 상을 받았다. 이것은 성공과 실패, 희망과 절망에 관한 이야기다. 가난한 농부, 정치적 반대자, 도시의 공장 노동자들, 이들이 바로 시대에 뒤처지고 부패한 사법 제도에 의해 상처받은 사람들이다. 물론 당신의 회중은 중국과 같이 엄청나게 인구가 많은 나라와 다르고 목회자도 무자비한 법관은 아니지만, 성공과 실패, 희망과 절망의 기본적 역학은 종종 지역 교회에서의 역학이기도 하다. 비록 눈에 띄게 극적이지 않다 하더라도, 회중의 삶에서 보여지는 여러 양상은 재산을 빼앗기거나 억울하게 갇힌 사람들의 경우와 같은 특성들을 나타낸다. 이러한 자료들을 많이 읽은 목회자는 회중이 경험하는 인간적인 고뇌들을 더 깊이 이해할 수 있을 것이다.

이러한 퓰리처상 수상작들은 죄와 고통 외의 다른 것들도 풍부하고 생생하게 조명하고 있다. 〈록키 마운틴 뉴스〉의 필자 짐 실러는 이라크에서 사랑하는 가족을 잃은 이들을 도운 해병대의 친절과 신실함에 대해 이야기한다. 이 이야기에는 복음의 내용들이 넘쳐 난다.

〈뉴욕 타임스〉의 니콜라스 크리스토프가 쓴 기사는 구원이라는 복음의 주제를 예시적으로 보여 준다. 비록 그의 사설이 종종 세계적 위기를 너무도 적나라하게 묘사하고 있기는 하지만, 그 위기의 실상은 숨겨진 희망을 드러내 주기도 한다. 크리스토프는 세상의 가장 잔혹한 행위들을 만천하에 드러나게 해서 책임감 있는 시민들이 정치적 행동을 취하게 한다. 그의 사설은, 세 가지 예를 들자면, 인도네시아에서 어린 여자아이들이 성적인 노예로 팔리는 참상, 아프리카에서 계속되는 여성할례, 그리고 다푸

르에서의 계속되는 살인과 성폭행의 실상을 폭로했다. 이런 수난의 이야기들은 고통스럽지만 때로는 희생, 용기 그리고 믿음의 행동을 보여 주기도 한다. 크리스토프는 악을 극복하는 데 드는, 비싸지만 불가피한 희생을 이해하게 해준다. 그의 사설들은 상처 입은 세상을 위해 치르신 그리스도의 희생과 용기의 대가에 대한 냉철한 관점을 보여 준다.

전기는 퓰리처상을 수여하는 또 다른 장르인데, 이것 또한 사역을 형성하는 한 부분에 기여할 수 있다. 2006년 데비 애플게이트가 쓴 《미국에서 가장 유명한 사람: 헨리 워드 비처의 전기 The Most Famous Man in America: The Biography of Henry Ward Beecher》는 목회자의 삶에서 경험하는 직업적 위험과 함정들에 날카롭게 초점을 맞추고 있다. 노예 제도 폐지와 여성의 권리를 위해 끊임없이 노력했던 19세기 이 설교자의 성공과 영향력은, 사람들에게 널리 알려진 불륜으로 자신의 결혼서약을 지키지 못했던 실패와 나란히 하고 있다. 한편으로는 신실하게 사역을 하고 또 다른 한편으로는 결혼의 정절을 깨뜨리는 이와 같은 일이 나란히 일어날 수 있었다는 것은 리더의 자리에서 특별한 도전에 맞닥뜨리게 되는 목사들에게 경고가 되는 이야기다.

탁월한 신문 저널리즘이나 전기만이 목회자를 위한 평생학습 계획의 유일한 요소는 아니다. 소설과 시 또한 목회 사역을 훌륭히 해나가는 데 기여할 수 있다. 이 분야에도 도움이 될 훌륭한 작품들은 무궁무진하다. 퓰리처상 수상자 매릴린 로빈슨의 《길르앗 Gilead》과 리처드 루소의 《제국의 몰락 Empire Falls》, 그리고 토니 모리슨의 《사랑하는 사람 Beloved》은 매력적이고 계몽적인 소설에 속한다. 현대의 다른 많은 소설가들은 인간 사회에서 은혜가 의미하는 바를 탐구할 때 특히 시사적이다. 허구이지만 잘 알려진 포트 윌리엄스 마을에 대한 웬델 베리의 훌륭한 소설 시리즈는 다채롭고 유쾌한 전집인데, 믿음, 인내, 배신, 은혜, 슬픔, 소망, 기도, 예배 그리고 공동체에 대해 때로는 마음을 따뜻하게 하고 때로는 가슴이 찢어질 듯한 이야기들을 담고 있다.

포트 윌리엄스는 목가적 상상력으로 펼쳐진 전경이다.《제이버 크로우 Jayber Crow》,《헤나 콜터Hannah Coulter》,《올드 잭의 기억The Memory of Old Jack》,《앤디 커틀렛: 초기 여행들Andy Catlett: Early Travels》은 이 시리즈 소설들의 일부다. 각각의 책은 목사가 일상에서 해결해야 하는 이슈들을 신선하고 때로는 깜짝 놀랄 만한 방식으로 깨부순다. 우리가 하는 약속, 기쁨과 고통을 자취로 남기는 약속들을 잘 지키며 살아가는 것에 대한 나의 이해는 제이버 크로우를 반복해서 읽으면서 영원히 바뀌었다.

베리의 포트 윌리엄스 이야기 중 하나는 폴라 칼슨과 피터 호킨스가 편집한 《하나님의 음성 듣기: 현대 문학과 믿음의 삶Listening for God: Contemporary Literature and the Life of Faith》이라는 네 권짜리 문집에 들어 있는 '쉬지 않고 기도하라'(Pray without Ceasing)라는 제목의 단편이다.[1] 이 이야기에서 포트 윌리엄스에 사는 저명한 가족의 일원인 태드 콜터는 거액의 돈을 빌려 주지 않는다는 이유로 대낮에 마을 번화가에서 가장 친한 친구를 살해한다. 태드는 체포되어 감옥에 갇혔다. 그는 수치와 공포에 사로잡혀, 감방에 앉아 죽기만을 간절히 기다렸다. 그러던 중 딸 마사 엘리자베스가 방문한다. 작가는 이렇게 쓰고 있다,

"그 순간, 그는 마사 엘리자베스처럼 그와 가까이 있는 사랑에는 자신의 죄책감까지 포함된다는 것을 보았는데, 그 순간 그 사랑은 그녀의 육

체를 입고 있었다. …… 분명 하나님의 사랑은 스스로 그것을 견딜 수 없어하는 사람들까지 포함한다." 계속 이어진다.

"사람들은 종종 하나님의 사랑을 유쾌한 것인 양 이야기한다. 하지만 어떤 면에서 그것은 끔찍한 것이다. 그 사랑이 품고 있는 모든 사람들을 생각해 보라. 그 사랑은 펠트너 씨를 죽이기 전의 야비하고, 주정뱅이며, 어리석은 태드 콜터를 포함하고 있고, 그를 죽인 후의 태드도 포함하고 있다."

이것은 하나님의 사랑이 얼마나 광범위하게 은혜와 구원으로 품으시는지를 묘사한다. 그것은 이 이야기 속에서 살과 피를 입고 있다.

웬델 베리의 작품들은 매우 인상적이지만, 다른 많은 소설가들의 책도 목회적 상상력과 통찰력을 지속시키는 데 도움을 준다. 셰리 레이놀즈가 1996년에 쓴 소설 《가나안의 황홀*The Rapture of Canaan*》은 변화와 위기에 처한 공동체에 대한 또 다른 이야기다. 이 이야기는 근본주의 교회인 '불과 유황과 전능하신 하나님의 세례의 바람'(Fire and Brimstone and God's Almighty Baptizing Wind) 교회에 대해 말하고 있는데, 카리스마 있는 교회 지도자의 열네 살짜리 손녀딸이 그녀의 십 대 기도 짝에 의해 임신하게 되자 그 마을은 위기에 빠진다. 이 일은 유황 마을에 끔찍한 결과를 불러왔다. 시간이 많이 흘러 거절과 처벌의 고통스러운 사건들이 있은 후, 손녀딸은 희망과 자유라는 새로운 자리를 발견하게 된다. 그러고서 그녀는 이렇게 회상한다.

"어렸을 때 나는 우리 마을이 하나님의 특별한 자녀들이 악한 세상의 영향으로부터 안전할 수 있는 특별한 곳이라고 생각했어. 나중에 좀더 나이가 들어서는, 우리 마을을 다르게 보게 되었지. 우리가 하나의 섬 같더

라고. 두려움에 떠는 마음들의 무게 때문에 가라앉고 있는 섬 말이야."²

여기에서 기율과 자유, 전통과 탐험, 율법과 복음 사이의 얄팍한 균형이 조심스럽게 탐구되고 발견된다.

인간의 삶에 대한 뛰어난 통찰력을 보이는 다른 현대 작가들로는 켄트 하루프와 앨리스 먼로가 있다. 켄트 하루프의 《플레인송Plainsong》과 《밤Eventide》은 모두 희망적이고도 애끓는 이야기가 담긴 너무나 매력적인 소설이다. 은혜와 구원을 바라보는 이 두 소설의 관점은 인간적이고 때로는 유머러스하며 아름답게 묘사되어 있다. 단편소설의 거장인 캐나다인 앨리스 먼로는 코코넛을 조각하는 것처럼 결혼, 공동체, 죽음, 질병과 같은 삶의 현실들을 펼쳐 보였다. 그녀의 전집에는 《소녀와 여자의 삶Lives of Girls and Women》, 《떠남Run away》, 그리고 《미움, 우정, 구애, 사랑, 결혼Hateship, Friendship, Courtship, Loveship》 등이 포함된다. 그녀는 이 짧은 이야기들 속에서, 비록 대체로 광활한 온타리오의 내륙에서 백여 년 전 일어났던 일들이긴 하지만, 사람들의 삶에서 연결과 단절들을 실제적이고 현실적으로 느껴지게 포착했다.

평생학습 계획에는 건강하고 지속적인 목회 사역에 도움을 줄 수 있는 다른 여러 목표들까지 포함될 것이다. 그러나 멋진 소설과 비소설 분야의 글을 꾸준히 읽는 것보다 더 즐거운 학습 계획은 거의 없다. 설교를 준비하고 목양을 하는 목사와, 듣고 토의하는 회중 모두는 복음서의 주제들과 인간이 경험하고 관찰하는 주제들 간에 깊은 성육신적 유사점들을 발견하는 법을 배울 수 있을 것이다. 실제로, 독서를 통해 목회 사역을 감당해 가는 것은 목사와 성도들 모두에게 버팀목이 될 것이다.

28

돈 오토니 빌헬름 Dawn Ottoni Wilhelm

인디애나 주 리치몬드에 있는 베다니 신학교에서 설교학·예배학 교수로 있다.
저서로는 *Preaching the Gospel of Mark* 등이 있다.

설교자를 위한 질문

"질문하십시오. 하나님께, 성경에게, 우리 자신에게, 축복을 받았으나 깨어진 이 세상에게! 그리고 또 다른 질문을 하십시오!"

온전치 못하고, 때론 일관성도 없으며, 늘 부족한 우리의 설교가 어떻게든 하나님과 이웃을 더 온전히 사랑하도록 길을 열어 주리라는 열망으로 복음을 선포하는 모든 이들에게, 내가 줄 수 있는 가장 좋은 조언은 '질문하는 법을 배우라'는 것이다. 질문하는 기술이나 솜씨는 성경의 역사만큼이나 오래되었지만 21세기를 살아가는 대부분의 북미인들에게는 슬프게도 여전히 친숙하지 않다. 많은 사람들은 감히 소리 내어 물어볼 수도 없고, 또 어떻게 표현할지도 배우지 못한 채 가슴에만 묻어 둔 갈망과 질문들을 가지고 주일 아침 예배에 참석한다. 또 다른 수많은 사람들은 질문하기를 아예 꺼리거나 그들이 질문할 수 있는 장소가 적어도 교회는 아니라고 생각한다. 또 많은 사람들은 삶의 고통과 부정의에 짓눌려 그들을 대변해서 질문해 줄 다른 누군가가 필요하다. 이 모든 사람들을 위하여, (또한 우리 자신을 위하여) 우리는 하나님이 그리스도 안에서 우리를 위하여 행하신 일들을 한다. 우리는 다른 사람들과 함께, 잃어버린 사람들을 찾아 나선다. 우리는 하나님 나라를 실현하기 위해 온전히 이 세상 속으로 들어간다. 그리고 우리는 지도를 제작하는 사람이라기보다 탐험가에 가깝기 때문에, 우리 가운데 있는 그리스도의 길을 발견하기 위해 질문한다.

질문의 역할은 무엇인가?

이 글을 이끌어 나갈 두 가지 질문이 있다. '하나님을 사랑하고 이웃을 사랑하라는 하나님의 계명을 지키려 할 때 질문의 역할은 무엇인가?' '복음 전파에 도움을 주고 다른 사람들이 예수 그리스도의 복음에 참여하도록 하기 위해, 우리는 어떻게 질문해야 하는가?' 물론 이 두 가지 질문 외에도 우리가 고려해야 할 많은 것들이 있다. 그뿐만 아니라 이 짧은 글을 통해 이 두 가지 질문을 충분히 다룰 수 있는 것도 아니다. 그러나 내가 이 두 가지 질문을 제기한다는 사실은 설교에 대한 내 생각과 실제에서 우선순위가 무엇인지를 보여 준다. 그것이 내가 질문을 던지는 가장 중요한 이유들 중 하나다.

그러나 먼저, 명확히 해야 할 것들이 있다. 질문을 던지는 것은 새로운 형식으로 설교를 계획하는 데 사용될 수 있는 수사학적 기교가 아니다. 설교 내내 계속 질문을 던지라는 것이 아니며, 설교가 항상 질문 형식으로 끝맺어야 한다는 것도 아니다. '예수님'이 모든 해답으로 정리되는 질문도 반대한다. 하나님의 사랑은 우리가 뻔하게 예상하는 것을 넘어 사랑과 고통이라는 미지의 세계로 진입하게 한다. 우리의 지성만을 연마하는 설교학적 질문 시스템을 주창하려는 것도 아니다. 온 마음과 영과 정신과 힘을 다하여 하나님을 사랑하라는 계명은 이 네 가지가 하나로 통합되어 생각, 행동, 영성 그리고 인성이 신앙생활에 필수불가결한 파트너가 될 것을 요구한다. 그래서 나는 성경 본문, 하나님, 나 자신 그리고 세상에게 질문하는 방식을 주창한다. 그리하여 설교는 우리의 마음을 힘들게 하는 것이 무엇인지 탐구하고, 심금을 울리고, 우리의 선입견에 도전을 주고, 하나님의 통치에 참여하게 하는 것이 되어야 한다. 여기서 나는 정직한 질문과 영적 고결함을 도모하기 위한 신학적이고 실용적인 훈련을 제안하는 것이다. 그리하여 우리는 우리 가운데 거하시는 하나님의 임재와 능력에 참여한다. 마치 설교가 성경 구절을 한 절 한 절 반복하지 않고서도 성경적일 수 있는 것처럼, 우리는 청중을 지겹도록 심문하지 않으면서도 질문을 통하여 설교를 이끌어 갈 수 있다. 우리의 목표는 가장 시급한 질문이 무엇인지 인식하고 존중하는 것이며, 하나님과 사람들 가운데서 이 질문을 던지고, 우리가 그렇게 하는 것이 하나님께 드리는 가장 심원한 예배 행위이자 다른 사람들을 격려하는 행위가 된다는 것을 인정하는 것이다.

'하나님과 이웃을 사랑하라는 계명을 지키려 할 때 질문이 하는 역할은 무엇인가?' 무엇보다 분명한 것은, 질문은 우리가 하나님에 대하여, 이웃에 대하여, 스스로에 대하여 그리고 세상에 대하여 모르는 것이 있다는 점을 전제한다는 것이다. 소크라테스의 대화법을 상고하면서, 한스 게오르그 가다머는 질문다운 질문과 질문하는 기술에 반드시 필요한 '개방적 논리 구조'(the logical structure of openness)를 이야기한다. 질문에 답하는 것보다 질문하는 것이 더 쉽다고 생각한다면, 새로운 통찰을 추구하기보다는 우리 자신을 입증하기 위해서만 대화한다면, 우리는 우리의 무지를 알지 못하는 것이다. "질문하기 위하여 사람은 알기를 원해야 하는데, 그것은 사람들이 알지 못한다는 사실을 알게 한다. 질문하는 것은 그것을 외부로 끌어내는 것이다."[1]

마음과 영과 정신과 힘을 다하여 하나님을 사랑하고 또한 이웃을 내 몸같이 사랑하라고 부르심을 입은 사람들에게, 진정한 질문은 영적인 겸손(우리가 모르는 무엇 또는 누군가가 있다는 것을 인정하는 것)과 세심함(서로를 존중하고 받아 주는 열린 공간을 유지하는 것)을 요구한다. 의견을 개진하고, 신학적 확신을 고백하고, 영적인 통찰을 주는 것을 넘어서, 진정한 질문은 어느 누구도 완전하게 신적 지혜와 사랑과 지식을 소유하지 못한다고 가정하는 것이다.

이렇듯 다른 사람들을 향해 개방적인 성향을 계발하기 위하여 우리는 질문한다. 우리는 우리 내부의 독백을 깨뜨리고 친구나, 적이나, 낯선 사람이나, 지인을 의도적인 대화에 불러들인다. 질문을 명확히 해서 혼동 때문에 오해나 원망이 생겨나지 않게 해야 한다. 공동의회에서 소수 몇몇만이 질문을 할 때나 한 사역이 다른 것보다 우리의 관심을 끌 때, 그것이 무엇을 의미하는지 궁금해한다. 이럴 때 우리는 한 번도 의견을 내지 않았던 사람들에게 기회를 주어 그들의 생각을 나누도록 하며 주의 깊게 그들의 말을 듣는다. 우리가 지식의 불충분함을 고백할 때마다 우리는 오만과 무지라는 이중적인 죄에 직면하게 되고, 하나님과 다른 사람들에 대해 수용적이 된다.

아마도 그것이 질문이 하는 최고의 기능일 것이다. 질문은 우리를 하나님과, 그리고 다른 사람들과 대화하게 한다. 질문은 누군가로 '부터' 나와

서 누군가'에게로' 향한다. 다른 사람의 질문에 답하기를 거부하거나 자신의 질문을 제기하기를 회피하는 것은 대화나 관계를 끝내는 가장 확실한 방법이다. 하나님은 이 사실을 알고 계시기 때문에 우리에게 끊임없이 질문하신다. 그 사실은 성경 곳곳에 쓰여 있다. 하나님과 인류가 서로 분리되는 경험을 하는 순간부터 하나님은 질문하셨다. "네가 어디에 있느냐?"(창 3:9)

이것은 누군가를 찾고 있는 분, 자유롭게 말씀하시고 주의 깊게 듣는 분, 모르거나 인식하지 못해서가 아니라 우리와 관계를 맺기 원하기 때문에 질문하시는 분이 제기한 질문이다. 하나님의 질문은 우리에게 징벌로 부과된 소외를 드러내며, 우리가 하나님과의 관계에서 어디에 있는지를 생각해 보게 한다. 아브라함 여호수아 헤셸에 의하면, "성경에 기록된 모든 인류의 역사는 한 구절로 정리될 수 있다. 바로 '인간을 찾고 계시는' 하나님이다."[2] 우리는 하나님을 마음과 영과 정신과 힘을 다하여 사랑하고 우리의 이웃을 내 몸처럼 사랑하라는 부름을 받았다. 그뿐만 아니라 하나님은 우리가 사랑하라고 부름 받은 그 대상에 대하여 더 잘 알게 되도록 질문을 제기하라고 하신다. 이것은 개인적 노력일 뿐 아니라 윤리적 시도이기도 하다. 존 매클루어는 《다른 방식의 설교 Other-wise Preaching》에서 "각양각색의 인간에게 하는 위임, 그리고 교회 안팎에 존재하는 성경적, 신학적, 사회적, 경험적, 그리고 문화적 헤게모니에 대한 개인적이고 신학적인 위임"[3]에 대해 이야기한다. 사랑은 우리가 서로 책임 지는 관계가 되기를 요청한다. 우리가 제기하는 질문들은 우리 가운데서 변화를 일으키시는 하나님을 기대하면서 우리 스스로 만들어 놓은 경계를 뛰어 넘어 나아갈 수 있게 해준다.

어떻게 질문해야 하는가

'우리가 복음을 전파하는 데 도움을 주고 다른 사람들이 예수 그리스도의 복음에 참여하도록 하기 위해, 우리는 어떻게 질문해야 하는가?' 질문에 울타리가 없는 것은 아니라는 점을 인식하면서 시작할 수 있다. 우리가 질문의 틀을 짜는 방식을 보면, 다른 것들은 배제한 채 특정한 방향을 제시한다.[4] 예를 들어, 나의 첫 번째 질문—하나님과 이웃을 사랑하라는 계명을 지키려 할 때 질문은 어떤 역할을 하는가?—은 우리를 특정한 방향으로 이끄는 몇몇 전제 조건들을 포함한다. 그것은 질문들이 일정 부분 종교적 믿음과 행위와 관련이 있으며, 신명기 6장 5절과 레위기 19장 18절(이 구절은 사복음서 모두에서 예수님이 다시 언급하셨다)의 계명은 기독교 신앙과 복음 전파에 우선순위가 된다는 것, 그리고 그 두 계명은 서로 필수불가결하게 연관되어 있음을 전제한다. 달리 말하면, 여기서 주장하는 개방성의 지평은 무한한 것이 아니다. 그것은 모든 사람을 사랑하시는 하나님의 뜻을 추구하려는 결심에 제약을 준다.[5] 이러한 전제 조건들은 우리에게 복음의 우선순위에 충실하고 기독교 설교에 필수적인 궤도를 따르게 한다. 내 첫 번째 질문은 그 중요성을 전제하고 우리를 토론으로 이끈다.

질문하는 방법을 배울 때, 우리는 질문자들이 대화의 흐름에 큰 영향력을 행사한다는 사실을 인지해야 한다. 우리가 던지는 질문이 우리를 어디로 이끌어 갈지 알 수 없지만, 그 질문들은 특정 방향을 가리킴으로써 우리의 주의를 끈다. 이러한 사실을 특별히 잘 이해한 설교자가 바로 월터 라우셴부시다. 그는 성직자들에게 정당들의 메가폰이 되어서는 안 된다고 경고했지만, "정당들이 옹호해야 할 이슈들을 만들어 냄으로써 정치판의 주인이 되어야 한다"고 했다. "제기되는 질문들은 정치적 이슈가 되기까지 일반적으로 오랫동안 논의된다."[6] 복음의 명령에 영감을 받은 라우쉔부시는 어떤 질문을 어떻게 제기해야 하는지 결정할 때 목회자와 설교자들에게 주어지는 특권적인 유산, 잠재력 그리고 책임에 대하여 알고 있었다. 어떻게 질문해야 하는지를 배우려면, 먼저 그 질문들에 내재된 힘을 인정하는 법을 배워야 한다.

주어진 질문이 우리를 특정한 방향으로 향하게 하고 질문을 제기한 사람이 우리의 대화 내내 영향력을 발휘한다면, 예수님이 의문문을 사용하심으로써 우리에게 가르치는 것이 무엇인지 주의 깊게 생각해 보는 것이 현명할 것이다. 복음서에서 예수님이 제기한 많은 질문들은 사람들을 하나님의 통치에 참여시키기 위해 중요한 질문들이었음을 보여 준다. 또한 그 질문들은 우리가 하나님과 이웃을 사랑하도록 하기 위해 어떻게 질문해야 하는지 이해할 수 있게 하는 질문의 패턴을 제시한다.

예수님의 질문들

예수님은 누가복음에서만 거의 80번이나 질문을 하신다. 확실히 이 가운데 많은 질문들은 예수님이 특정한 대답을 전제하고 던지는 질문들로서 수사학적 목적을 담고 있다(눅 2:49; 6:39; 13:15~16; 14:28). 어린 시절부터 예수님은 성전에서 교사들에게 질문했다(2:49). 예수님에게 질문은 하나님의 통치를 선포하는 도구였다는 점은 의심의 여지가 없다. 예수님은 종종 전형적인 랍비의 방식으로 질문과 함께 비유를 들어 주셨는데, 그것은 질문의 중요성을 더욱 강조하고 우리의 관심을 집중시키는 역할을 한다. "하나님의 나라가 무엇과 같을까? 내가 무엇으로 비교할까?"(13:18)

어떤 경우, 예수님은 그분의 가르침이 갖는 윤리적 중요성을 강조하고자 질문하기도 하셨다. "오늘 밤에 네 영혼을 도로 찾으리니 그러면 네 준비한 것이 누구의 것이 되겠느냐?"(12:20) 또 다른 경우 예수님의 질문은 제자들에게 중요한 가르침을 주는 순간을 열었다. "무리가 나를 누구라고 하느냐? …… 너희는 나를 누구라 하느냐?"(9:18~20) 또한 예수님의 질문은 듣는 이들로 하여금 하나님의 공의의 확실성을 더 깊이 생각해 보도록 불을 지폈다. "하물며 하나님께서 그 밤낮 부르짖는 택하신 자들의 원한을 풀어 주지 아니하시겠느냐? …… 인자가 올 때에 세상에서 믿음을 보겠느냐?"(18:7~8) 부활 후 예수님은 엠마오 도상에서, 그리고 예루살렘에서 그의 제자들을 만나셨을 때 여전히 질문을 던지셨다(24:17, 19, 41). 예수님 이전의 히브리 선지자들처럼(사 5:4; 호 6:3~6; 미 6:6~8), 예수님은 하나님의 우선순위, 그분의 관심사, 우리의 삶을 향한 그분의 뜻에 우리의 관심을 집중시키기 위해 질문을 제기하시고, 하나님의 통치에 우리를 참여하게 하신다.

또한 예수님의 질문들은 불의, 슬픔 그리고 고통에 대한 질문이 왜 중요한지 가르쳐 준다. 예수님이 제기한 많은 질문들이 극심한 좌절(막 8:17~21), 개인적인 고통(14:37, 41), 그리고 하나님으로부터 버림받은 것(15:34)에 대한 질문이다. 또 그것들은 죄인들을 향한 예수님의 긍휼(마 9:2~8), 믿지 않는 사람들에 대한 관심(막 5:30), 그리고 다른 사람을 향한 하나님의 자비를 거부하는 사람들의 굳게 닫힌 마음을 열고자 하는 결심(막 3:4) 등을 드러낸다. 예수님의 질문은 하나님의 통치에 대한 약속을 보여 줄 뿐 아니라 우리 가운데서 무엇이 가장 고통스럽고 무엇이 문제인지를 보여 준다. 이런 식으로, 예수님은 우리가 고통, 배신, 개인적 실패, 체계적인 불의 그리고 우리를 위협하는 악의 세력을 경험하면서 우리 마음속에 어떤 질문이 일든 그것을 인정하고 하나님께 내어놓으라고 하신다. 엘리 비젤은 그의 회고록에서 이렇게 주장한다. "인간은 무엇이 그를 안심시켜 주는지에 의해서보다는 무엇이 그를 힘들게 하느냐에 의해 규정된다."[7] 우리가 진정으로 다른 사람들을 사로잡는 복음을 선포하기 원한다면, 우리는 우리의 관심을 요구하는 무언의 질문들에 목소리를 내어야만 한다. 이런 식으로, 우리의 질문은 고통스런 현실을 인식할 뿐 아니라, 감추어진 빛을 찾아서 내면의 깊은 곳을 탐색한다.

우리는 우리 자신만을 위해서가 아니라 다른 사람을 위해, 즉 질문하기를 두려워하는 사람, 두려움과 압제로 인해 목소리를 낼 수 없는 사람들을 위해 질문한다. 스스로 질문하는 법을 배운 적이 없는 사람들을 위하여, 그리고 우리가 사랑하고 섬기라고 부름을 받은 그 모든 '다른 사람들'을 위하여 우리는 질문한다. 공동 예배를 인도하는 리더로서 그리고 예수 그리스도의 복음을 섬기는 사역자로서, 우리는 공동체가 질문을 던지도록 도울 수 있는 특별한 위치에 있다. 그 공동체는 다른 사람을 이해하고 사랑하려는 시도를 성급하게 포기해 버리지 않는 공동체다. 단순한 대화가 아니라 우리는 완전한 변화를 추구하며, 그것은 예배와 우리가 제기하는 질문을 통해 이루어진다. 우리가 하나님과 이웃을 사랑하고자 할 때, 우리의 질문은 하나님의 임재와 능력이 우리 가운데로 들어오도록 문을 열어 주는 역할을 한다.

29

윌리엄 윌리몬 William H. Willimon

노스캐롤라이나 주 더햄에 있는 듀크 대학교에서 기독교 사역을 가르쳤으며, 미국 연합감리교 감독이다. 저명한 설교자이자 실천 신학자로, *Who Will Be Saved?*, *Sermons From Duke Chapel* 그리고 *Proclamation and Theology* 등 다수의 저서가 있다.

설교자를 위한 조언

기독교적 설교란 하나님에 관한 이야기, 세상을 사랑하시는 하나님의 목적을 위해 이스라엘과 교회에 명하시는 그 특정한 하나님에 의해 생겨난 이야기다. 안타깝게도 내가 듣는 설교의 대부분은 조언의 수준에 머문다. 최고의 조언이라 해도 그것은 상대적으로 가치 있는 조언일 뿐이며, 그 조언은 다른 곳에서 들을 수 있는 것과 별반 다르지 않다. 이제 교회와 로터리클럽의 구분선은 희미해졌다. 적어도 로터리클럽은 주중 편리한 시간에 모이고 점심도 준다!

설교는 하나님에 관한 것이다

지루한 설교는 먼저 우리에 대해 이야기하고 나서 하나님에 대해서는 살짝 언급하는 정도로 끝난다. 신실한 설교는 먼저 하나님에 대해 이야기하고 나서 부수적이고 파생적인 부분으로 우리에 대해 이야기한다. 성경의 하나님은 우리보다 훨씬 더 흥미로운 분이다. 본질적으로 인류가 형성해 온 문화에 포로가 되어 있는 수많은 현 시대의 설교로부터 우리를 구해 낼 수 있는, 신학적으로 새롭게 단장한 설교가 절실하다.

성경은 설교자들에게 흥미로운 이야깃거리를 제공한다. 이야기책으로서의 성경을 회복하는 것은 설교에 활기를 불어넣는 일이 될 것이다. 성서비평이 본질적으로 역사적 관심에서 문학적 관심으로 옮겨 가고 있는 것은 우리 설교자들에게 좋은 소식이라고 할 수 있다. 우리 설교자들은 성경 저자들이 예술적이고 문학적인 도구들을 폭넓게 사용하여 예수 그리스도의 진리를 제시하는 그 방식들에 박수를 보낸다.

목회 사역에 입문했을 때, 내가 직면한 가장 큰 설교학적 도전은 회의적이고 비판적인 현대인들에게 순진하고 전근대적인 성경의 세계를 어떻게 설교해야 하는지였다. 이제 우리가 직면하는 가장 큰 도전은 시장에서 실제로 영향력을 발휘하는 다양한 현대의 영성들을 자세히 살펴보고, 우리의 설교에서 '당신은 어떤 하나님을 이야기하고 있는가?'라는 질문을 던지는 것이라고 믿는다.

그것이 바로 주류가 된 개신교도인 나 자신이 직면한 도전이다. 전 세계 기독교계의 한 부분으로서 우리가 진행했던 거대한 신학적 프로젝트는 성경의 하나님을 이 현대 세계에 지성적으로 안착시키고, 순응시키며, 동화시키는 것이었다. 이스라엘과 교회의 하나님이 특별하고, 구별되고, 기이하다는 점은 현대인들과 소통하는 데 위협이 되는 것으로 여겼다. 그러나 이제 나는 성경이 제시하는 그 독특한 하나님이 우리가 들을 수 있는 최고의 소망이라고 믿는다. 지독하게 영적이고 포스트모던한 이 시대의 사람들은 어떤 신이 진짜이고 어떤 신이 가짜인지 헷갈리고 있다.

훌륭한 설교자는 훌륭한 독자다

훌륭한 독자가 아니면서 훌륭한 저자가 되는 경우를 본 적이 없다. 이것은 설교자에게도 그대로 적용된다. 설교자들은 오직 말씀으로 죽은 자를 살려 내고, 세상을 움직이며, 교회를 탄생시키고, 그리스도를 전달하려고 한다. 하지만 우리는 연설을 값싸게 여기는 문화에서 설교하고 있다. 이 시대 대부분의 공공 담론은 상업적인 광고 연설로 도배되고 있다.

그래서 나는 두세 권의 책을 동시에 읽는다. 그 책의 내용을 보거나, 논리 전개 혹은 아이디어를 얻기 위해서만이 아니라, 사용한 언어들을 살펴볼 목적으로도 읽는다. 언어를 사랑하고 그것을 잘 사용한 사람들과 시간을 보내는 일은 활기를 북돋아 준다.

나이가 들어서는 현대 신학서적은 점점 덜 보게 되고, 시나 소설은 더 많이 읽게 되었는데, 소설이 일반적으로 비소설보다 더 진실하다. 최신 신학의 이러저러한 견해들로 더 이상 실망하지 않더라도 나는 충분히 사기가 저하되어 있다. 최고의 시나 소설들은 긴 안목으로 가장 중요한 문제들만을 직접 다루며, 학계에 몸담지 않은 사람들과도 대화하기를 원한다. 훌륭한 저작은 내 연설을 다듬어 주며 연설 기술도 향상시킨다. 우리 설교자들은 연설 도구들을 잘 관리하고 유지해야 한다.

나는 파워포인트나 그 외의 시각 자료들을 활용하는 것이 복음을 전하기 위해 언어를 사용하는 우리의 능력을 더욱 저하시키는 것은 아닌지 우려한다. 복음은 본래 청각적인 문제였다. 믿음은 들음으로부터 온다. 이 시대의 시각적인 전자 문화 가운데서 사람들은 언어적인 것이 아니라 시각적인 것에만 관심을 갖는다고 믿는 사람들이 있다. 나는 그들과 견해가 다르다. 언어가 격하되고, 언어 사용에 재능과 훈련을 받은 대중적 인물들이 적어지면 적어질수록, 세상은 우리 설교자들에게 새로이 귀를 기울이게 될 거라는 생각이 든다. 한 사람이 연단에 서서 다른 사람들에게 말을 하는 단순한 경이로움이 다시금 기적적인 일이 될 것이다. 능란하고 교묘하게 사람을 움직이며, 즉흥적인 반응을 이끌어 내는 텔레비전 아티스트들에게 너무나 자주 속아 온 사람들은, 다시금 연단에 서서 증언하는 사람들의 이야기를 듣는 기쁨에 경탄하게 될 것이다.

모방의 힘

신참이거나 설교의 질을 높이려는 설교자들을 위한 조언이 있다. 모방하라! 설교는 하나의 기술이며 솜씨다. 다른 기술들과 마찬가지로, 설교는 책에서 배울 수 있는 것이 아니다. 심지어 설교에 대해 이야기하는 이 책과 같은 책들도 마찬가지다! 당신은 장인(匠人)의 가르침을 받으며 견습을 해야 한다. 장인의 어깨 너머로 관찰하고, 그들이 어떻게 도구들을 다루고 자료들을 활용하는지 지켜보며, 기술에 대한 감을 잡아야 한다. 고대 수사학에서, 학생들은 연설을 하기 전에 먼저 12년 동안이나 스승의 연설을 연구하고 외웠다. 이렇게 스승의 설교를 듣는 목적은 다른 설교자들의 예화나 아이디어를 훔치려는 것이 아니라, 설교에 사용할 자신만의 예화나 아이디어를 만들어 내기 위해 필요한 기술을 개발하려는 것이다.

실습 중인 설교자들은 언젠가는 자신만의 목소리를 찾아야 한다. 그러나 그 일은 다른 사람들의 목소리를 되풀이해 주입하고 내면화하는 작업을 통하지 않고서는 불가능할 듯하다. 설교자가 어떻게 설교해야 하는지 제대로 감이 생길 때까지 충분히 많은 설교자들을 연구하고, 그런 다음에는 저명한 두세 명의 설교를 집중해서 연구할 것을 권한다.

이러한 관찰과 연구의 목표는 맹목적인 모방에 있지 않다. 오히려 설교자의 생각을 이해하고, 노련한 설교자들이 본문을 다루는 데서 나타나는 결점과 약점들을 발견하기 위한 것이다. 자신감 있고 노련한 설교자는 경험이 부족한 설교자에게 자신감을 주고, 위험을 감수하고 설교에 도전해 보려는 의지를 준다. 그런 자신감은 신참 설교자가 극복해야 하는 최대의 도전 중 하나다. 나는 아이팟으로 열두 명가량의 설교자들의 설교를 정기적으로 듣는다. 한 세대 전만 하더라도, 다른 설교자의 설교를 듣는 일은 불가능했다. 오늘날은 누구든지 설교의 장인 밑에서 배울 수 있게 되었다.

설교를 위한 준비

한번은 여행 중에 동료 목사들과 설교에 대해 이야기를 하는데 누군가 무심코 이런 질문을 던졌다. "목사님은 어떻게 설교 준비를 하십니까?" 참으로 적절한 질문이다. 어떤 의미에서는, 자신의 역할을 제대로 해내는 설교자일수록 항상 설교를 준비하고 있다. 설교자에게는 어떤 것도 버릴 게 없다. 경험은, 심지어 아무리 나쁜 경험이라 할지라도, 창조적인 설교자의 맷돌에 곡물을 제공한다. 설교자로 살아가는 가장 모범적인 형태는 언제든 주일에 할 설교가 준비되어 있도록 삶과 일정을 규율하는 것이다.

떠오르는 아이디어, 느낌, 예화들을 적을 수 있는 도구를 항상 지니고 있는 것이 유익하다. 컴퓨터의 검색 프로그램은 설교자가 단어를 찾거나 예전에 모아 둔 예화를 다시 찾아보는 데 편리하다. 설교자의 중요한 임무 중 하나는 신실한 사람들이 자신의 일상생활과 그리스도인으로서의 사명을 잘 연결할 수 있도록 돕는 것이다. 그러므로 우리 설교자들이 언젠가 활용할 설교 예화를 수집할 때가 바로 성도들이 연결점을 찾는 데 도움을 주는 목회 사역의 중심에 있는 때다.

나는 압박을 받으면 일을 잘하지 못한다. '토요일 밤의 스페셜'은 나에게 존재하지 않는다. 나는 거의 매달, 앞으로 할 설교들을 위한 준비 작업을 위해 하루를 비워 놓는다. 한 주일의 설교를 위해 파일을 하나씩 만든다. 앞으로의 주일 설교를 위해 성구집에서 성경 본문들을 소리 내어 읽는다. 그러고 나서 즉각적으로 받은 감동을 적는다. 나는 본문을 읽고 처음 받는 감동을 이전보다 더 신뢰하게 되었다. 당신의 회중은 그 성경 본문을 처음으로 접할 것이다. 그러므로 본문에 대한 당신의 첫 느낌이 이어지는 연구와 준비로 길을 잃지 않도록 주의해야 한다.

신학교에서 내가 배운 성경 연구 과목들은 우리의 첫 느낌을 믿지 말라고 가르쳤다. 전문가들을 찾아가고, 올바른 것을 이야기해 줄 성경주석을 살펴보며, 성경 본문에 대한 권위 있는 해석을 공부하라고 배웠다. 그러나 이제 나는 다르게 생각한다. 당신은 설교자이면서 동시에 목회자다. 당신이 갖고 있는 성경은 회중을 바로잡고 바른길로 이끌기 위한 것이지 학문적인 주석가의 기쁨을 위해 있는 것이 아니다. 당신의 목회 사역에서 중요한 질문들이 제기되는 것은 성경 본문에 기초한 설교가 그 응답이 되게 하려는 것이다.

이 분야에서 가장 뛰어난 교사 중 한 사람인 탐 롱은 성경적 설교자는 새로운 발견을 소망하면서 성경 본문에 다가간다고 말한다. 그리고 나서 설교자는 그 발견을 회중에게 선포한다. 롱에게 설교는 '발견된 유익을 초기 단계에서 나누는' 작업이다. 설교에서 정말 흥미로운 일들은 대부분 일찌감치, 설교자가 성경 본문을 처음 접하였을 때 일어난다. 설교자는 회중과 나눌 어떤 활력을 주는 내용을 발견하게 되기를 소망한다. 발견은 흥미진진하다. 평범하고 고리타분한 지혜는 지루하다. 무언가 새로운 것을 발견하게 되면, 우리는 그 발견을 회중과 나눌 방법을 찾을 것이다. 그리고 본문을 연구하면서 얻은 그 초반부의 발견이 '전문가'들의 연구로 맥 빠지게 되는 것을 원치 않을 것이다.

그리고 나서 나는 그 주간의 목회 사역 중에, 그리고 계속되는 성경 본문과의 씨름 중에 내 생각이 싹을 틔우게 한다. 어떤 예화나, 통찰이나, 질문이 생기면, 폴더에 저장해 둔다. 그 설교가 계속 싹을 틔우고 성장해서, 설교문을 작성해야 할 때가 왔을 때, 그 과정에서 창조적 날카로움이 무뎌지지 않고 잘 발전된 무엇인가를 갖게 되는 것이 나의 소망이다.

이 과정에서 내가 힘쓰는 것은 가능한 한 편안하게 마음을 열고, 다음 주일에 닥칠 교수형에 대한 불안감이 상상 속에서 나를 에워싸지 못하게 하는 것이다. 사람들을 목회하며 만나는 그 일반적인 상황에서, 가장 훌륭한 성경적 통찰을 얻게 되는 경우가 종종 있다는 사실에 놀라지 말라. 신약성경의 본문은 진정한 그리스도인이 자신의 믿음을 일상생활에서 살아내려고 하면서, 그리고 목회자들이 자신의 교구 안에서 진정한 기독교 공동체를 만들려고 하면서 제기하는 질문에 반응하면서 생명력을 지닌다.

목회의 핵심: 설교

설교는 목회자에게 가장 중요한 일이다. 지난 세기, 우리 문화에서, 목회자들은 모금, 조직 관리, 리더십, 상담, 지역사회 참여 등 참으로 많은 일들을 해왔다. 기도, 연구, 묵상, 독서, 글쓰기 등의 설교 훈련이 다른 일정들에 파묻혀 버리는 것은 너무 흔한 일이다. 루터가 설교자들을 가리켜 즐겨 사용한 말은, '말씀의 종'이었다. 설교를 통해 우리는 목회 사역의 가장 결정적인 일에 참여한다. 또 설교를 통해 사역의 신학적 토대가 더욱 확실해지고, 교회의 신학적 논리가 쇄신되며, 우리는 일차적으로 교회를 구성하고 소집하는 신학적 사명과 상호작용한다.

지금까지 수십 년 동안, 수많은 주석가들이 설교를 평가절하해 왔다. 설교는 권위적이며, 일방통행의 의사소통이고, 현란하고 시각적인 전자매체들과 경쟁할 수 없으며, 방송 매체의 연예인들이나 진행자들에 비해 우리 평범한 설교자들이 다소 어설퍼 보인다는 이유에서다. 그러나 여전히 목회자에게 가장 중요한 자질이 무엇이냐고 물으면, 회중은 항상 '설교'라고 대답한다.

실제로, 미디어에 흠뻑 젖어 있는 문화와 사람들 속에서 믿음을 증거하는 기쁨이 다시 살아나고 있는 것 같다. 신학적 기억상실, 신학적 초점의 상실, 그리고 성공에 대한 세속적 기대치에 동화되어 위험에 빠진 교회 안에서, 그 교회가 예수 그리스도의 교회로서의 정체성을 유지하도록 돕는 것은 다름 아닌 설교다.

30

스티브 토시오 야마구치 Steven Toshio Yamaguchi

캘리포니아 주 롱비치에 있는 그레이스 장로교회 담임목사로 사역했다.
2003년부터는 미국 장로교회(PCUSA) 로스랜초스 장로회의 임원으로 섬기고 있다.

특별한 사람들을
사랑하기

당신이 회중 앞에서 설교하는 사역에 뛰어들 생각을 하고 있다면, 다급히 두 가지만 호소하려 한다. 우선, 그 특별한 사람들을 소중히 여기고 그들의 특별한 이야기에 충성스런 청기지가 되라. 둘째로, 당신이 처한 특별한 장소를 깊게 그리고 부지런히 파고들라. 제대로 초점을 맞춘 노력을 기울이다 보면, 당신의 회중에게 복음을 설교할 때 당신이 연구한 성경 말씀은 엄청난 보화처럼 선포될 것이다.[1]

하나님은 당신을 부르셔서 지구상의 특별한 한 지점에 두셨다. 때로는 당신이 서 있는 곳보다 이웃들이 서 있는 지점이 흙도 비옥하고, 돌도 적고, 물도 많고, 전망도 좋아 보일 것이다. 그러나 이곳이 당신의 특별한 장소이며, 다른 어디와도 다른 당신의 거룩한 땅이다. 하나님은 또한 당신을 특별한 사람들에게로 부르셨다. 언뜻 보기에 그들은 당신이 이미 알고 있거나 들어본 적이 있는 사람들과 비슷하게 보일지 모른다. 그러나 이 그룹의 사람들은 유일무이하며, 당신 또한 그들을 사랑하고 소중히 여기라고 유일하게 부름 받은 것이다. 이 사실을 진지하게 받아들이는 것이야말로 하나님이 허락하신 새로운 가능성의 세계에 들어가는 일이다.

깊이 부지런히 파라

데이비드 한센은 목회자요, 작가이며, 내 인생의 친구이고, 내가 의구심이 들 때마다 격려해 주는 사람이다. 그의 이야기는 내가 어려운 시기를 보낼 때 특별한 목회적 소명에 대한 나의 관점을 바꾸어 놓았다.

그는 노만 매클레인의 영화 '흐르는 강물처럼'의 배경인 곳에서 그리 멀지 않은, 비터루트 밸리 근처, 몬태나의 미줄라 남부 지역의 한 교구에서 사역하고 있었다. 처음 몬태나에 도착했을 때, 그는 자신이 제물낚시꾼들의 천국에 왔음을 알게 되었다. 그곳은 낚시 여행객들이 단 며칠 동안의 낚시 관광에 수천 달러를 지불하며, 황홀하고 입이 떡 벌어지는 아름다움에 흥청대는 곳이다.

그곳에 데이비드가 정기 심방을 마치고 집으로 돌아오다 제물낚시를 즐기곤 하던 장소가 있었다. 아마도 그는 하루 종일 이 강줄기를 독점하고 누릴 수 있었을 것이다. 그의 낚시 기술은 세계적인 수준이어서, 많은 사람들이 그의 행운을 시샘했다. 전 세계에서 몰려온 사람들이 블루리본 송어 낚시를 했다. 그러나 고기가 워낙 잘 잡혀 제물낚시가 익숙해질수록 여행객들의 스릴도 잦아들었다.

당시 데이비드는 그 강의 작은 줄기(상대적으로 경치는 덜 인상적이었다) 옆 강둑에 살고 있었다. 그곳에서의 낚시는 시원치 않았다. 나도 마찬가지였다. 그는 그 강의 지류에서 살다시피했다. 수년 동안 그는 그곳의 계절과 그 작은 강 지류의 변화와 특성을 배워 갔다. 그곳에서 데이비드처럼 성공적인 제물낚시를 할 수 있는 사람은 없을 것이다. 그는 그 작은 지점에 대하여 가능한 한 깊이 모든 것을 배우기로 했기 때문이다. 그는 나에게 말했다. 나도 그의 말을 믿는다. 색다르고 더 심도 있는 방식으로 자기가 알고 있는 지점의 그 기이한 고기들과 만나는 것이 관광객들이 많이 가는 그 유명한 강에서 대중적인 트로피 같은 물고기를 잡는 것보다 더 흐뭇한 일이라는 것이다.

하나님이 그에게 주신 특별한 강물을 헤아리는 데서 오는 깊은 만족감은, 그의 거룩한 땅인 특별한 지역에서 그가 감당하는 목회 사역을 설명해 주는 비유가 되었다. 목회자인 당신도 당신에게 주어진 그 특별한 사람들과 연결되는 데 전문가가 될 수 있다. 그것이 당신의 소명이다. 다른 누구보다도 그들에 대해 잘 알아야 한다. 그러면 당신은 그들을 다른 누구보다도 잘 돌볼 수 있을 것이다. 당신은, 아주 특별하게, 하나님이 그들에게 원하시는 온전한 모습이 될 수 있도록 도울 수 있다. 그러나 당신은 먼저 그 특별한 당신의 회중을 소중히 여겨야 한다. 당신은 하나님이 그들을 위해 선택하신 목회자이며, 그들은 하나님이 당신을 위해 선택하신 사람들이라는 사실을 믿어야 한다. 이것은 다른 사람의 자리가 내가 차지한 자리보다 고기를 더 많이 잡는 것처럼 보일 때 더욱 받아들이기 어려울 것이다. 낚시꾼들이 하는 그런 이야기는 가끔 정말 수상할 때가 있다.

현지 낚시 가이드가 타지의 가이드보다 효과적인 이유는 그 지역 어류의 독특한 식습관, 환경, 서식처를 더 잘 알고 있기 때문이다. 많은 제물낚시꾼들이 미끼를 가득 채운 조끼를 입고, 제물낚시 가게에서 산 물건들, 윤나는 낚시 도구들, 낚시 프로들이 제안하는 각종 물품들로 무장하여 새로운 강줄기를 찾는다. 그러나 그 모든 장비들이 쓸데없는 것일 수도 있다. 현지 낚시가가 잘 고른 한줌의 낚싯밥으로도 (물론 그 낚싯밥은 추해 보일 수 있지만) 현지 고기의 기호와 잘 맞는 방법을 통하여 더욱 많은 고기를 잡아올릴 수도 있다. 현지 전문가가 자신이 사용하는 독특한 제물낚시용 미끼를 추천한다면, 나는 낚시 전문 가게에서 파는 화려하고 전형적인 미끼를 제쳐두고 그것을 고를 것이다. 현지 전문가는 특정한 물고기에 어떤 미끼를 사용해야 하는지 알고 있다. 그가 고른 도구들이 일반적이지 않을 수 있다. 또 그것이 다른 낚시 가게에서 파는 화려하고 전형적인 미끼와 다를 수 있다. 그러나 현지 전문가는 그 지역의 물고기가 좋아하는 미끼가 무엇인지 가장 잘 알고 있다.

설교를 위하여 성경을 연구하는 것도 이와 비슷하다. 당신이 현지 전문가라면, 당신은 가장 깊이 있게 그리고 열심히 그 일을 할 것이다. 현지 전문 가이드로서, 당신은 그 지역 사람이 아닌 다른 어디에선가 온 사람의 일반적 지침보다 더 나은 선택을 할 수 있다. 설교 잡지, 인터넷 설교 자료 혹은 각종 성경 주석들이 낚시 가게에서 파는 화려한 미끼처럼 유혹할 수 있다. 그러나 내 손으로 만든 설교문만큼 효과적일 수는 없다. 내 히브리어 교수였던 고든 허젠버거는 그 사실을 이렇게 설명했다.(그것은 내 인생을 바꾸어 놓았다.) "내가 사무엘서를 주해할 때에는, 나의 회중과 특별히 관련 있어 보이는 바로 그 흥미진진한 본문에 몰입하지만, 성경 주석을 쓰면서는 그런 것을 언급하지 않는다."

내가 요점을 놓친 것인가? 이렇게 생각해 보자. 사무엘서의 주석가들에게는 한정된 지면이 주어져 있고, 거기 들인 시간만큼만 대가를 받는다. 출판업자는 흥미로운 모든 흔적들을 하나하나 연구할 수 있을 만큼 두꺼운 책을 팔 수 없다. 주석가는 매우 중요한 요점들만을 다루어야 한다. 그들은 당신이 관심이 있는 특별한 지역을 당신만큼 깊이 있게 파헤칠 수 없다. 주석가는 당신의 회중을 당신이 아는 만큼 알 수 없다. 주석가가 살고 있는 세상이 당신의 세상과 전혀 다를 수도 있다. 이 사실은 특별히 문화적으로, 언어적으로, 인종적으로 혹은 경제적으로 주석가가 섬기고 있는 교회와는 전혀 다른 교회를 섬기고 있는 사역자들에게 매우 중요한 부분이다. 당신이 회중의 이야기를 잘 듣고 그들에게 세심한 관심을 기울인다면, 그들의 가장 큰 관심을 끌 수 있는 것이 무엇인지 그리고 복음으로 어떻게 사람들을 양육할 것인지에 대해 전문가가 될 수 있다.

당신의 회중에게 꼭 들려줘야 할 본문을 찾아라

데이비드 한센이 거칠고 미심쩍은 이웃들의 특이한 성격에 익숙해져 가고 있을 때, 나는 다른 종류의 황무지로 부름을 받았다. 1988년에 하나님은 나를 캘리포니아 주 파라마운트에 있는 그레이스 장로교회 목사로 섬기도록 부르셨다. 1925년 롱비치에 일본인 장로교회로 설립된 그 교회는 1987년 파라마운트 근처로 옮겨 갔다. 평균 예배 출석 인원은 25명이었다. 대부분은 은퇴자들이었고, 젊은이들은 떠나고 없었다. 건물은 금방이라도 무너질 듯 황폐해 있었다. 잔디는 다 죽었고, 꽃밭에는 잡초만 무성했으며, 교회에 비치된 성경책과 찬송가도 심하게 훼손되어 있었다. 건물은 수많은 해충들과 교회 폐기물들로 뒤덮였다. 세례를 거행하지 않은 지 5년이 넘어서 성수반(聖水盤)이 없어졌다는 것도 모르고 있었다. 교회는 마약상과 갱단 활동으로 유명한 콤튼이라는 도시의 바로 동쪽인 콤튼 대로상에 있었다. 이 특별한 회중은 겁에 질리고 노쇠해 있었다. 라틴어 수료장과 특별상을 수상하며 프린스턴 신학교를 막 졸업한 나는 그곳에 가서, 그레이스 교회의 유일한 직원이 되었다. 그러는 동안 내 친구 데이비드는 몬태나에서 송어 낚시를 하고 있었다. 수년 후 우리는 둘 다 동일한 목회 일을 하고 있다는 사실을 깨닫게 되었다.

그레이스 교회의 환경이 열악했던 만큼이나, 나를 깜짝 놀라게 한 가장 슬픈 일은 부임 후 두 주 뒤 설교단에 섰을 때였다. 나는 이미 대부분의 사람들을 알고 있었다. 왜냐하면 예배 평균 출석 인원인 25명 중에서 13명이 담임목사 청빙위원회의 구성원들이었기 때문이다. 그러나 그 주일 그들의 면면을 들여다보면서, 나는 그들 대부분이 일본 정부에 의해 투옥되고 제2차 세계대전 중 황무지의 수용소로 강제 이송되었던 사람들이라는 사실을 알게 되었다.

이야기를 들으면서 나는 그 교회가 한 번도 그들의 과거 황무지 포로 생활과 성경에 있는 하나님의 이야기를 분명하게 연결해서 생각해 본 적이 없었음을 발견했다. 나는 곧바로 출애굽과 광야와 유랑에 대해 설교하기 시작했다. 외부 사람들에게는 하나님께 버려진 것같이 보이는 이 여정이 실은 어떻게 전혀 그렇지 않았는지 알기 위해 성경을 파고들었다. 하나님이 광야에서 어떻게 그들을 만나 주셨는지, 어떻게 그 여정을 함께하셨는지, 어떻게 그들을 인도하시고, 공급하시고, 그리고 어떻게 그들을 당신의 특별한 백성으로 만드셨는지 성경의 이야기들을 함께 들었다. 우리가 가진 특별한 귀로……

참으로 특별한 시간이었다. 나는 내 히브리어 실력을 활용하여 구약에 나오는 그 특별한 사람들을 알고 이해하기 위해 부지런히 성경을 연구했다. 주석가들은 언급하지 않았지만 우리 교회 사람들에게는 엄청난 의미가 될 수 있는 다른 번역본들을 찾아보기도 했다. 드러나지 않는 부분을 발굴하기 위하여 더 열심히 파헤쳐야만 했다. 설교 자료나 주석에서는 찾을 수 없는 본문을 선택했기 때문이다.

교회 사람들의 이야기를 점점 더 많이 알게 되면서, 나는 부지런히 성경을 연구하여 그들의 삶을 하나님의 이야기에 연결시킬 수 있게 도울 수 있었다. 우리가 아무리 광야와 같은 곳에 있다 할지라도, 심지어 하나님께 버림받은 것과 같은 역사를 지닌 사람들일지라도, 우리는 하나님의 이야기에 엮여 있는 우리의 이야기를 보기 시작했다.

하나님이 우리와 함께 계심을 더 확실히 믿기 시작했다. 우리의 이야기에 감사와 소망이 가득 차기 시작했다. 우리 교회 사람들은 다른 광야에서 온 사람들, 다른 나라에서 온 난민이나 포로 출신들, 가난한 동네의 사람들, 특권층이나 고통받는 지역에서 온 사람들을 받아들이기 시작했다. 우리는 하나님이 우리에게 그렇게 되라고 부르신 그 특별한 사람들로 성장하고 있었다. 우리 주변에는 세계적으로 유명한 대형교회들이 진을 치고 있었기 때문에, '다른 특별한' 사람들을 모방하려는 시험에 빠질 수도 있었다. 우리가 다른 누군가가 되려고 했다면, 우리는 굶주려 죽었을 것이다. 내가 목회자로서 한 일은 그들의 특별한 이야기를 하나님이 그들을 위하여 성경에 보관해 두신 보물에 비추어 진지하게 들려주는 것뿐이었다.

깊이 연구하고 쉽게 설교하라

자, 이제 이 경고를 주의해서 들어보라. "열심히 일하라, 그러나 보여 주기 식으로 하지는 말라." 히브리어와 헬라어로 성경을 연구하는 것은, 지금도 노력 중인데, 신학교에서보다 훨씬 어려웠다. 하지만 사람들이 그것을 알 필요는 없었다. 우리가 그것을 이해하도록 돕기 위하여, 브라이언트 커클랜드 교수는 프린스턴 신학교 설교학 수업(이 수업도 내 인생을 바꾸어 놓았다)에서 이렇게 말했다. "당신이 장롱을 만드는 재능이 있어서 사랑하는 사람을 위해 보석함을 만든다면, 그것이 완성되었을 때 그 선물을 말 없이 주세요. 그 작품의 아름다움과 예술성이 스스로 말하게 하세요."

그는 너무 많은 설교자들이 자기가 사용하는 도구들을 자랑한다고 설명했다. 사랑하는 사람에게 선물을 주기도 전에, 그들은 그 사람을 창고로 데리고 가서 비싼 독일제 조각칼을 보여 준다든지, 사용하지도 않은 나무의 결이나 대패질 등을 보여 준다. 그냥 그 선물만 주어라! 설교단에 히브리어와 헬라어 본문을 가지고 올라갔을 때조차도, 나는 그 흔한 '헬라어 원문을 보면……'이라는 말을 하며 과시하지 않았다. 이런 배타적인 말을 하게 되면, 사람들은 성경에 사용된 단어의 실제 의미를 해독하기는 어려우며 그것은 오직 목사만 번역할 수 있다고 생각하게 되고, 기운이 빠져 버릴 수 있다. 많은 설교자들이 그 오만한 문구를 사용하는 이유는 헬라어 원문을 조잡하게 번역한 실수를 들먹이려는 데 있다. 하지만 그 사람들의 입장을 생각해 보라. 열심을 드러내기 위해 이상한 이야기를 하지 않고도, 멋진 조각칼이나 고급 접착제에 대한 기술적인 언급을 하지 않고도, 진실로 수고하여 얻은 그 선물의 아름다움을 드러낼 수 있는 멋지고 겸손한 방법들이 있다.

이 힘든 설교를 시작한 지 1년이 지나, 존경하는 어느 장로님이 나에게 "나는 목사님의 설교가 너무 신학적이지 않아서 좋습니다"라고 이야기했다. 나는 씽긋 웃었다. 아마도 그분 말씀은 내 설교가 인기를 얻기 위해 신학적 기교를 부리지 않고 있다는 뜻이었을 것이다. 나는 내 설교가 괴로운 주석 작업을 통해 만들어진 심도 깊은 신학적 설교라고 믿는다. 그러나 내가 힘들게 작업을 하는 것은 아무 문제가 아니다. 설교는 특별한 사람들의 특별한 이야기와 교차되는 하나님의 이야기를 통해 좋은 소식을 단순하고 아름다운 선물로 전달하는 것이다.

우리는 교회 폐기물들 더미에 깔려 있었던 성수반을 찾아내서 보수했다. 5년째 되던 해 8월, 맏딸인 리디아가 네 명의 세례자 중 한 사람이 되었다. 8년째 되던 해 부활절에는 막내딸 조이가 스물다섯 명의 세례자 중 한 사람이 되었다. 낡은 건물에 비하여 너무 성장한 그레이스 교회는 이사를 했고, 다른 교회와 합병했다. 지금은 역동적이고, 선교적이며, 다문화적인 교회의 모습을 갖추고 있다. 이제 교회 이름은 그레이스 제일장로교회다.

정말 힘든 일이지만, 누구의 목회 사역인들 힘들지 않겠는가? 사역은 때로 두렵기도 하고, 길을 잃은 것 같은 이상한 느낌을 주기도 한다. 그러나 우리는 결코 혼자가 아니다. 우리는 특별한 사람들과 함께 특별한 사역을 위하여 길을 인도하시는, 우리 중에 계신 살아 계신 하나님께 결속되어 있다. 누가 이 특별한 여정에서 하나님의 영광을 증거하는 일의 기쁨을 놓치고 싶겠는가?

주(Notes)

01

1. Charles Marsh, *The Beloved Community* (New York: Basic Books, 2005), 1에서 인용.
2. Frederick Buechner, *Wishful Thinking* (New York: Harper and Row, 1973), 54.

02

1. John S. McClure, *The Roundtable Pulpit: Where Leadership and Preaching Meet* (Nashville: Abingdon Press, 1995).
2. 이러한 역할을 설교만이 감당하는 것은 아니다. 회중이 어떻게 하나의 시스템으로 기능하는지 연구하기 위해서는 Ronald J. Allen, *Preaching and Practical Ministry*, Preaching and Its Partners (St. Louis: Chalice Press, 2000)를 보라.
3. May Alice Mulligan and Ronald Allen, *Make the Word Come Alive: Les-*

sons from Laity (St. Louis: Chalice Press, 2005).

4. Ronald Allen, *Hearing the Sermon: Relationship, Content, and Feeling* (St. Louis: Chalice Press, 2004).

5. Mary Alice Mulligan, Diane Turner-Sharazz, Dawn Ottoni Wilhelm, and Ronald Allen, *Believing in Preaching: What Listeners Hear in Sermons* (St. Louis: Chalice Press, 2005).

6. John S. McClure, Ronald Allen, Dale P. Andrews, L. Susan Bond, Dan P. Moseley, and G. Lee Ramsey Jr., *Listening to Listeners: Homiletical Case Studies* (St. Louis: Chalice Press, 2004).

7. 인터뷰와 관련해 좀더 자세한 정보를 얻기 위해서는, ibid., 141-164을 보라.

8. 사용된 질문 전체는 Allen, *Hearing the Sermon*, 135-136, and in McClure et al., *Listening to Listeners*, 181-82에 있다.

03

1. 성령은 성육신의 대리인이다. 성령이 오심으로 마리아는 잉태하였다. 성령은 예수님이 세례를 받으실 때 다시 나타났고, 성육신에 대한 부가적인 증거를 제시하면서, 온전히 인간으로서 시험 받으시도록 그를 광야로 데려갔다. 우리를 양자로 삼아 삼위일체적인 친교로 인도하시는 성령은 또한 성화의 대리인이다. 따라서 성령의 사역은 그리스도를 우리에게, 그리고 우리를 그리스도에게 결속시키는 것이다.

2. Fyodor Dostoevsky, *The Brothers Karamazov*, trans. Andrew R. MacAndrew (New York: Bantam Books, 1970), 304-305.

05

1. Barbara Brown Taylor, *Leaving Church* (San Francisco: HarperSanFrancisco, 2006).
2. Frederick Buechner, *Secrets in the Dark: A Life in Sermons* (San Francisco: HarperSanFreancisco, 2006), 153.
3. Eileen Lindner, *Thus Far on the Way: Toward a Theology of Child Advocacy* (Louisville, KY: Witherspoon Press, 2006), 15.
4. Taylor, *Leaving Church*, 31.

06

1. 만일 내가 설교학 입문 교재를 선택해야 한다면, 분명 Thomas G. Long의 *The Witness of Preaching*, 2nd ed. (Louisville, KY: Westminster John Know Press, 2005)을 택할 것이다.
2. David Buttrick, *Homiletic: Moves and Structures* (Philadelphia: Fortress Press, 1987).

11

1. Elizabeth Lynn and Barbara G. Wheeler, *Missing Connections: Public Perceptions of Theological Education and Religious Leadership*, Auburn Studies 6 (New York: Auburn Theological Seminary, 1999).
2. Katharine Rhodes Henderson, *God's Troublemakers: How Women of Faith Are Changing the World* (New York: Continuum, 2006), 53에서 인용.

3. ibidl., 51에서 인용.

4. Robert Wuthnow, "Responding to the New Religious Pluralism," *Cross-Currents* 58, no. 1 (Spring 2008).

5. Paul Knitter, *One Earth, Many Religions: Multifaith Dialogue and Global Responsibility* (Maryknoll, NY: Orbis Books, 1995).

12

1. Stephen King, *On Writing: A Memoir of the Craft* (New York: Pocket Books, 2000), 142.

2. Danny Meyer, *Setting the Table: The Transforming Power of Hospitality in Business* (New York: HarperCollins, 2006).

3. Harry G. Frankfurt, *On Bullshit* (Princeton, NJ: Princeton University Press, 2005).

4. Michael Erard, *Um…Slips, Stumbles, Verbal Blunders, and What They Mean* (New York: Pantheon, 2007).

5. Karl Barth, *The word of God and the Word of Man*, trans. Douglas Horton (New York: Harper & Row, 1956), 186.

14

1. Gardner C. Taylor, *How Shall They Preach* (Elgin, IL: Progressive Baptist Publishing House, 1977), 60.

2. Fred B. Craddock, *As One without Authority* (Enid, OK: Phillips University Press, 1974), 77.

3. Dragnet은 경찰을 주제로 1960년대와 1970년대 방영된 텔레비전 프로그램이다. 잭 웹(Jack Webb)이 역을 맡은 주인공 조 프라이데이(Joe Friday) 경사는 가능성이 있는 증인에게 매회 이런 경고의 말을 되풀이한다.

4. John H. Leith, *From Generatoin to Generation: The Renewal of the Church according to Its Own Theology and Practice* (Louisville, KY: Westminster John Knox Press, 1990), 89.

5. Taylor, *How Shall They Preach*, 58.

6. Samuel D. Proctor, *The Certain Sound of the Trumpet: Crafting a Sermon of Authority* (Valley Forge, PA: Judson Press, 1994); Thomas G. Long, *The Witness of Preaching* (Louisville, KY: Westminster/John Knox Press, 1989), 60-77; Paul Scott Wilson, *The Four Pages of the Sermon* (Nashville: Abingdon Press, 1999); and Ronald J. Allen, *Interpreting the Gospel: An Introduction to Preaching* (St. Louis: Chalice Press, 1998), 119-150을 보라.

16

1. John Updike, "Hub fans Bid Kid Adieu," *Baseball Almanac* online edition, http://www.baseball-almanac.com/articles/hub_fans_bid_kid_adieu_article.shtml.에서 인용. *New Yorker*, October 22, 1960에 처음 실렸다.

2. Ted Williams and John Underwood, *The Science of Hitting* (New York: Simon & Schuster, 1986).

3. ibid., 12.

4. ibid., 23.

5. Georges Bernanos, *The Diary of a Country Priest* (New York: Carroll & Graf, 1983), 28.

6. Heidi Neumark, *Breathing Space: A Spiritual Journey in the South Bronx* (Boston: Beacon Press, 2003), 7, 9-10.

7. Williams and Underwood, *Science of Hitting*, 14.

8. Karl Barth, "The Need and Promise of Christian Preaching," in *The Word of God and the Word of Man* (Boston and Chicago: Pilgrim Press, 1928), 108.

9. Williams and Underwood, *Science of Hitting*, 63.

10. ibid., 13.

11. "Ted Williams on Hitting," unpublished sound recording.

12. Thomas G. Long. "Stolen Goods: Tempted to Plagiarize," *Christian Century* 124, no. 8 (April 17, 2007).

13. David J. Lose, *Confessing Jesus Christ: Preaching in a Postmodern World* (Grand Rapids: Eerdmans, 2003), 3; 강조는 원문.

14. Updike, "Hub Fans Bid Kid Adieu."

17

1. 성화벽은 이콘(성화, 성상)을 거는 대나 장막으로, (제단과 성도석을 구분해 주는 것이기는 했지만) 장벽이 아니라 교회의 승리와 함께 성만찬에 초대하는 것이다. 이 회중은 미국 정교회의 일파인 비잔틴 전례교회다. 사제는 주교를 위해 예약된 중앙의 '고단'(High Place)이나 '교수단'(Teaching Place)의

오른쪽, 성화벽 뒤에 선다.

2. "거룩하신 하나님! 거룩하신 전능자! 거룩하신 영원자! 우리에게 자비를 베푸소서"(세 번 노래한다).

3. *The Divine Liturgy according to St. John Chrysostom*, 1967, 2nd ed. (South Canaan, PA: St. Tikhon's Seminary Press, 1977), 41-43.

4. 이 자세는 러시아 정교회에서 규정하는 자세다.

5. 미국 복음주의 루터교회(ELCA), 미국 장로교회(PCUSA), 개혁교회(ECA), 그리고 그리스도 연합교회(UCC)가 온전한 성만찬을 선언한 합의문서로, 1997년에 개정되었다. 온전한 성만찬에 대한 합의를 이끌어낸 이 신학적 대화는 '상호간의 긍정과 권면'이라는 작용원리를 사용하였고, 이것은 서로 상대방의 교리적 합의 사항에 대해 교화하고 교정할 수 있게 해주었다. See http://www.elca.org/ecumencial/fullcommunion/formula/official_text.html.

6. 이 짧은 글에서 나는 그 원칙이 제안하는 대화의 파트너는 아니지만, 발견적 교수법의 방식으로 그것을 사용한다. 나는 정교회의 방식을 긍정하지도 권면하지도 않을 것이다(비록 여기서 분명한 성性-리더십과 언어적 차이에 대해 지적하고 있기는 하지만). 이 작업은 다른 곳에서 좀더 길게 논의하게 될 대화를 시작하게 해줄 것이다. 이러한 관찰들에 대한 대화에 대해 캘리포니아 샌 안젤모 신학교의 성 니콜라스 학장이며 은혜롭고 학식이 넘치는 스테판 메홀릭 목사와 조지 골리첸 부제께 감사한다.

7. 나는 최근 몇 년 동안 이것을 장로교 상황에서뿐만 아니라 다른 개신교 지체들에서 경험하면서 설교에 대해 이 점을 묻는다.

8. 부제는 예배 의식에서 낭독하기 전에 먼저 그 본문을 헬라어, 라틴어 그리고

고대교회 슬라브어로 연구한다.

19

1. Thomas G. Long, *The Witness of Preaching* (Louisville: KY. Westminster John Knox Press, 2005), 3.

2. Merrill Abbey, *The Word Interprets Us* (Nashville: Abingdon Press, 1967).

3. Linda L. Clader, *Voicing the Vision. Imagination and Prophetic Preaching* (Harrisburg, PA: Morehouse Publishing, 2003), 34.

4. John Wesley, 'On Working Out Our Own Salvation,' in *The Works of John Wesley*, ed. Albert C. Outler (Nashville: Abingdon Press, 1986), vol. 3, 208.

5. Paul Scott Wilson, *The Practice of Preaching, Revised Edition* (Nashville: AbingdonPress, 2nd edition, 2007), 31.

6. James C. Fenhagen, *More Than Wanderers. Spiritual Disciplines for Christian Ministry* (New York: Seabury Press, 1978), 25.

7. Fred B. Craddock, *Preaching* (Nashville: Abingdon Press, 1985), 55.

8. Barbara Brown Taylor, *The Preaching Life* (Cambridge, MA: Cowley Publications, 1993), 50.

9. Thomas H. Troeger, *Creating Fresh Images for Preaching. New Rungs for Jacob's Ladder* (Valley Forge, PA: Jodson Press, 1982), 12.

10. Julia Cameron, *The Artist's Way: A Spiritual Path to Higher Creativity* (New York: Tarcher, 2002)와 Julia Cameron, *The Right to Write: An*

Invitation and Initiation into the Writing Life (New York: Penguin/Putnam, 1998)을 보라.

11. Henry H. Mitchell, *Celebration and Experience in Preaching* (Nashville: Abingdon Press, 1990), 17.

12. Saint Augustine, *On Christian Doctrine*, trans. D. W. Robertson Jr., Liberty of Liberal Arts (New York: Macmillan, 1989), 136.

13. Barbara Brown Taylor, 'Preaching the Body,' in *Listening to the Word: Studies in Honor of Fred B. Craddock*, ed. Gail R. O'Day and Thomas G. Long (Nashville: Abingdon Press, 1993), 212.

20

1. Blaise Pascal, *Pensées*, trans. A. J. Krailsheimer (Baltimore: Penguin Books, 1968), 316. 전체 구절을 인용하면 다음과 같다. "존엄하신 그리스도로 인하여, 그것이 위대한 일인 것처럼 작은 일들을 하라. 그는 그 일들을 우리 안에서 행하시고, 우리의 삶을 사신다. 또한 그의 전능하신 능력으로 인하여, 그것들이 작고 쉬운 일인 것처럼 위대한 일들을 하라."

2. C. S. Lewis, *The Silver Chair* (New York: Macmillan, 1953), 16.

21

1. Charles Williams, *The Descent of the Dove: The History of the Holy Spirit in the Church* (London: Longmans, Green & Co., 1939)를 보라.

2. Emily Dickinson, 'Tell all the Truth but tell it slant,' in *Collected Poems*, ed. Thomas H. Johnson (Boston: Little, Brown & Co., 1960), 506.

25

1. George Buttrick, *God, Pain, and Evil* (Nashville: Abingdon Press, 1966), 195

2. Joseph Fort Newton, *The New Preaching* (Nashville: Cokesbury, 1930,, 45

27

1. Paula Carlson and Peter S. Hawkins, *Listening for God: Contemporary Literature and the Life of Faith*, 4 vols. (Minneapolis: Augsburg Fortress Press, 1994-2003)

2. Sheri Reynolds, *The Rapture of Canaan* (New York: Berkley Books, 1996), 17.

28

1. Hans-Georg Gadamer, *Truth and Method*, 2nd revised ed., trans. and rev. Joel Weinsheimer and Donald G. Marshall (New York: Continuum, 2004), 357.

2. Abraham Joshua Heschel, *God in Search of Man. A Philosophy of Judaism* (NewYork: Farrar, Straus & Giroux, 1980), 136.

3. John S. McClure, *Other-wise Preaching: A Postmodern Ethic for Homiletics* (St. Louis: Chalice Press, 2001). 133-134.

4. 가다머는 거짓 질문(다른 사람의 반응에 진실하게 열려 있지 않은 질문)과 비뚤어진 질문(질문을 주도하고 있는 전제 조건들은 인식하지 못한 채 개방성

만을 의도하는 질문)이 있다는 사실을 상기시켜 준다. 그는 질문이 "개방성의 수준에 도달하지 못하고 거짓 전제 조건들을 유지함으로써 이미 거기에 도달 했다고 결론짓는 오류를 범한다. 그러한 질문은 결정을 위한 개방성과 민감성을 갖추고 있는 듯 가장하지만 실은 그렇지 않다"고 주장한다. 이와 비슷하게, 그는 비뚤어진 질문은 "올바른 방향에서 빗나가 있다. 그 빗나간 질문은 실제 어떤 방향도 제시해 주지 않으며, 그렇기 때문에 어떤 대답도 가능하지 않다"고 말한다. Gadamer, *Truth and Method*, 357-358.

5. 여기서 우리는 아우구스티누스의 가르침을 상고해 볼 수 있다. "그러므로, 누구든지 성경을 이해한다고 생각하면서 하나님과 이웃에 대한 사랑을 두 배로 더하지 않는다면, 그것은 진정으로 성경을 이해한 것이 아니다." Saint Augustine, *On Christian Doctrine*, trans. D. W. Robertson Jr. (Upper Saddle, NJ: Prince-Hall, 1958), 30.

6. Walter Rauschenbusch, *Christianity and the Social Crisis in the 21st Century: The Classic That Woke Up the Church*, ed. Paul Rauschenbusch (New York: Harper One, 2007), 295. 라우셴부쉬의 주요 저작 출간 100주년에 즈음한 이 책은 현대 기독교 학자, 설교자, 활동가 들의 에세이들은 물론 그의 논문도 실려 있다.

7. Elie Wiesel, *Memoirs: All Rivers Run to the Sea* (NewYork: Schocken Books,1995), 124.

30

1. 나는 여기서 '당신의' 회중이라고 하는 것이 매우 조심스럽다. 교인들이 일반적으로 '내 교회'라고 하듯이 목회자도 소유의 개념이 아닌 소속의 개념

으로 '내 교회'라고 하는 것이 옳다. 목회자의 입에서 나오는 '나의 회중'이라는 말은 소속보다는 소유를 암시한다. 그래서 나는 '나의 회중'이라는 말보다는 '내가 섬기는 회중'이라는 말을 선호한다. 그래서 내가 '당신의 회중'이라 할 때, 회중은 당신과 내가 섬길 수 있는 특권을 주신 하나님의 소유라는 것을 기억한다.

목회 수업 30

엮은이 윌리엄 칼 III
옮긴이 림형천
펴낸이 정애주

편집 송승호 이현주 한미영 황교진 김기민 김준표 오은숙 유진실
미술 김진성 문정인 송하현 최혜영
제작 윤태웅
영업 오민택 차길환 국효숙 박상신 송민영
총무 정희자 마명진 김은오 윤진숙

펴낸날 2011. 4. 22. 초판 1쇄 인쇄
      2011. 4. 29. 초판 1쇄 발행

펴낸곳 주식회사 홍성사
1977. 8. 1. 등록 / 제 1-499호
121-897 서울시 마포구 합정동 369-43
TEL. 02) 333-5161 FAX. 02) 333-5165
http://www.hsbooks.com E-mail: hsbooks@hsbooks.com

ⓒ 홍성사, 2011

ISBN 978-89-365-0859-3
값 14,000원 ※잘못된 책은 바꿔 드립니다.